国家社会科学基金项目《相对集中行政许可权实现机制研究》
（批准号：17CFX016）研究成果

THE REALIZATION MECHANISM OF
RELATIVELY CENTRALIZING
ADMINISTRATIVE LICENSING POWER

相对集中行政许可权实现机制研究

石肖雪　著

法律出版社 LAW PRESS · CHINA
北京

图书在版编目(CIP)数据

相对集中行政许可权实现机制研究 / 石肖雪著. --
北京 : 法律出版社, 2022
ISBN 978 - 7 - 5197 - 6749 - 5

Ⅰ. ①相… Ⅱ. ①石… Ⅲ. ①行政许可法-研究-中
国 Ⅳ. ①D922.114

中国版本图书馆 CIP 数据核字(2022)第 081922 号

相对集中行政许可权实现机制研究
XIANGDUI JIZHONG XINGZHENG XUKEQUAN SHIXIAN JIZHI YANJIU

石肖雪 著

策划编辑 郑 导
责任编辑 郑 导 曲 杰
装帧设计 汪奇峰

出版发行 法律出版社
编辑统筹 学术·对外出版分社
责任校对 晁明慧 王 皓
责任印制 陶 松
经 销 新华书店

开本 710 毫米×1000 毫米 1/16
印张 15.5 **字数** 217 千
版本 2022 年 8 月第 1 版
印次 2022 年 8 月第 1 次印刷
印刷 三河市龙大印装有限公司

地址:北京市丰台区莲花池西里 7 号(100073)
网址:www.lawpress.com.cn
投稿邮箱:info@lawpress.com.cn
举报盗版邮箱:jbwq@lawpress.com.cn

销售电话:010 - 83938349
客服电话:010 - 83938350
咨询电话:010 - 63939796

书号:ISBN 978 - 7 - 5197 - 6749 - 5
定价:78.00 元

凡购买本社图书,如有印装错误,我社负责退换。电话:010 - 83938349

目录

第一章 绪 论

一、研究背景与研究基础

2001年中国开启了行政审批制度改革的序幕，随后颁布施行的《行政许可法》将统一行使行政许可权作为一项规则以法律的形式正式确定下来。[①] 2015年12月，中共中央、国务院印发了《法治政府建设实施纲要（2015—2020年）》，在“依法全面履行政府职能”这一任务中明确提出，深化行政审批制度改革，“加快推进相对集中行政许可权工作，支持地方开展相对集中行政许可权改革试点”。2015年3月《相对集中行政许可权试点工作方案》出台，[②]确定了8个省（市）开展相对集中行政许可权的试点工作。而2021年8月11日印发的《法治政府建设实施纲要（2021—2025年）》，则进一步要求分级分类推进行政审批制度改革；并要依托全国一体化政务服务平台等渠道，全面推行审批服务“马上办、网上

---

① 《行政许可法》第25条：“经国务院批准，省、自治区、直辖市人民政府根据精简、统一、效能的原则，可以决定一个行政机关行使有关行政机关的行政许可权。”第26条：“行政许可需要行政机关内设的多个机构办理的，该行政机关应当确定一个机构统一受理行政许可申请，统一送达行政许可决定。行政许可依法由地方人民政府两个以上部门分别实施的，本级人民政府可以确定一个部门受理行政许可申请并转告有关部门分别提出意见后统一办理，或者组织有关部门联合办理、集中办理。”

② 参见中央编办、国务院法制办《关于印发〈相对集中行政许可权试点工作方案〉的通知》（中央编办发〔2015〕16号）。

办、就近办、一次办、自助办”。如果我们以2015年为界来看行政审批制度改革,可以发现,2001年开始至2015年开展的数轮行政审批事项清理,是行政审批制度改革的第一阶段,一项标志性成果是审批数量的大幅度精简,并且各地政府还在此基础上建立了包括许可权在内的权力清单制度。2015年后我国进入了行政审批改革的深化阶段,主要目标是进一步实现许可职权行使方式的优化、提高审批效率,其中相对集中行政许可权的改革,是行政审批制度改革在2015年之后的重点内容。本研究就是在此背景之下,来审视相对集中行政许可权的实践模型,探索许可权集中的规范内涵和法理结构,并建构相对集中许可权的综合运行模式。

与上述研究背景以及改革的历史进程相关,国内学者关于行政许可权集中的研究也是在行政审批制度改革的框架之下展开的。在改革初期,学者们主要从宏观层面上关注审批制度改革本身的问题;而就相对集中许可权概念的法定化、制度化,以及审批制度改革的精细化等问题而言,学者们主要着眼于对许可权集中的多种模式和制度实践进行整理归纳和学理提升。随着实证研究的逐步深入,法学以及其他相关学科领域的学者开始反思许可权集中的规范性问题,以及行政审批制度改革的法治化制约问题。

行政审批制度改革及其推进机制研究。行政审批制度改革是相对集中行政许可权研究产生和发展的制度基础。随着2004年《行政许可法》的颁布实施,行政审批制度进一步规范化,行政审批权、行政许可权与法治的关联度进一步得以提高。尽管《行政许可法》的出台被寄予厚望,但学者们(周汉华,2005;王克稳,2007)仍发现该法实施中存在诸多困境,特别是行政许可与行政审批相分离的现象仍然存在。也就是说,尽管立法者希望通过《行政许可法》来广泛规制所有的政府事前审批行为,但仍有大量事项被以“非许可类审批”的名义保留了下来,这些也成为之后数轮行政审批事项清理的重点。[①] 针对改革困境,不少学者(王克稳,2014;沈岿,2014;朱新力,2016)都关注到了法治化思路在实现改革本身的常态化、持续化、规范化方面的重要作用,研究

① 参见周汉华:《行政许可法:观念创新与实践挑战》,载《法学研究》2005年第2期;王克稳:《我国行政审批与行政许可关系的重新梳理与规范》,载《中国法学》2007年第4期。

提出的方向涵盖了法律制定实施、行政体系与过程内部结构设计、外部责任机制等。[①] 从行政法学的角度来看,这些研究结论覆盖了行政法中的主体论、行为论、程序论和救济论的各个方面,是以行政法之“控权法”原理审视行政机关自身改革模式的典范。

相对集中行政许可权改革实践研究。现有的相对集中行政许可权的实践模式主要为行政服务中心模式和行政审批局模式,学者的研究也主要以此为对象展开。行政服务中心在行政审批制度改革初期就已出现,而行政审批局则是部分省市在行政服务中心模式基础上进一步打造出的更为实质化集中的许可权集中模式。对于实践中的这两种做法,学者们(徐继敏,2011;王敬波,2013;朱新力等,2013)一般都认同,行政服务中心只能实现行政机关办公场所上的物理集中,并未触及权力行使的本质问题;但是对于直接跃升至行政审批局模式,学者们还是抱持更为谨慎的态度。多数学者都认为,应侧重于对行政服务中心模式作适当调整(如对行政服务中心进行实质性充权),并应考虑行政事务的关联性、专属性、行政层级等因素,采用分门别类的方式来对行政许可权作一定程度的集中。[②] 与此相关,王克稳教授(2015)将行政审批分成了资源配置类、市场进入类、危害控制类三种类型,[③]这一分类是在《行政许可法》所明确的五种许可类别的基础上提出的,[④]从政府与社会、市场的边界,以及审批权行使目的的角度出发,为行政审批制度改革的精细化发展提供了可取思路,同时也为许可权根据行政管理的不同维度进行类型化的集中奠定了理论基础。

行政许可权集中相关问题的法治化研究。跳脱出行政体制机制改革的语境,许可权的行使本身是一个重要的行政法议题,而许可权的相对集中,则

---

① 参见王克稳:《我国行政审批制度的改革及其法律规制》,载《法学研究》2014 年第 2 期;沈岿:《解困行政审批改革的新路径》,载《法学研究》2014 年第 2 期;朱新力:《困境与出路:行政审批制度改革的法治进阶》,载《中共浙江省委党校学报》2016 年第 3 期。

② 参见徐继敏:《相对集中行政许可权的价值与路径分析》,载《清华法学》2011 年第 2 期;王敬波:《相对集中行政许可权:行政权力横向配置的试验场》,载《政法论坛》2013 年第 1 期;朱新力、黄玉寅:《“行政服务中心”模式的实践、正当性与时代出路》,载《浙江学刊》2013 年第 5 期。

③ 参见王克稳:《论行政审批的分类改革与替代性制度建设》,载《中国法学》2015 年第 2 期。

④ 参见《行政许可法》第 12 条。

明显涉及行政机关职权边界和职权行使方式的调整。对此，学者通常会关注许可权集中模式背后的规范内涵和法治理念。从行政组织（主体）角度出发，骆梅英教授（2013、2014）指出，许可权的相对集中行使，可被视为碎片化政府（部门分立）向整体型政府（部门整合）转变的一种标志，在转变的过渡阶段，行政服务中心发挥了协调型组织的功能，一定程度上化解了不同部门在实体规范和程序标准上的冲突，从而化解了碎片式审批体制的困境。[①] 朱旭峰教授等（2015）则从公共管理学和政治学的视角，提出了本地经济条件与行政因素、纵向横向扩散机制和地方领导的政治流动等因素对行政服务中心的产生、存在和扩散产生的重要影响。[②] 这些都是地方政府在行政组织结构变革上的外部制约条件。而在行政程序层面，有学者（唐明良等，2016）观察到，实践中地方存在的审批流程整合与程序集中化，也是一种相对集中行政许可权的表现形式，并取得了一定的改革绩效。[③] 这些研究都涉及了许可权集中规范内涵的某些侧面，事实上已经一定程度破解了单一模式（行政服务中心、行政审批局）的局限。从行政法学的角度出发，许可权的完整内涵包含许可主体、程序、内容等，而体系化的相对集中行政许可权实现机制研究应有多维度的展开。

我国受传统的计划经济体制影响，审批是政府管理社会的常见手段。继承了这样的传统，行政权的事前介入成为一种“缺省状态”；行政审批制度改革就是以精简审批事项为起点，划清政府职权边界，逐渐减少行政权的事前介入，并把权力收入法治框架。然而，行政许可并不是西方国家行政管理方式中最常见的方式。如果说我国的改革是政府事前介入的由繁至简，那么西方国家走的路径则是政府事前介入的从无到有。在政府规制理论的不断发展下，许可正成为政府介入社会经济活动的一项手段。当然，尽管发展进路

---

① 参见骆梅英：《行政审批制度改革：从碎片政府到整体政府》，载《中国行政管理》2013 年第 5 期；骆梅英：《行政许可标准的冲突及解决》，载《法学研究》2014 年第 2 期。

② 参见朱旭峰、张友浪：《创新与扩散：新型行政审批制度在中国城市的兴起》，载《管理世界》2015 年第 10 期。

③ 参见唐明良、骆梅英：《地方行政审批程序改革的实证考察与行政法理——以建设项目领域为例》，载《法律科学（西北政法大学学报）》2016 年第 5 期。

不同，但是，无论我国还是西方国家，都承认政府需要对社会经济生活进行适度的监管，因而最终的问题都会落脚于政府与社会的边界以及政府介入手段的选择。

行政许可相关政府规制理论研究。在许多西方国家特别是英美法系国家，关于许可的研究主要置于政府规制这一话题之下展开。政府规制分为社会性规制和经济性规制两类，分别处理社会自治手段失灵和市场失灵情况下出现的问题。社会性规制手段包括信息规制、标准制定、事前批准等；经济性规制手段主要为公有制、价格控制和公共特许分配等。[①] 在这样的背景之下，政府的介入（无论是事前还是事中）并不是管理社会的首选方式，而是不得已的情况下所采取的手段。特别是从干预强度的角度出发，从信息规制到标准制定，再到事前审批，政府的干预强度在不断增加，许可则被视为最为严厉的措施之一（奥格斯，译著于2008年出版）。[②] 正如我国在逐步推进的行政审批制度改革一样，西方国家的规制体系也在不断的变革过程中，只不过我国关注的主要问题是政府在逐步退出社会和市场的过程中，如何保留必要的提前介入的权力并有效地履行职责，而西方国家的规制理论所处理的问题则更为复杂一些：一是需要修正传统的司法审查模式，为行政权的自主性、灵活性、专业性等留下空间；二是要突破传统经济学进路下的规制理论，并关注元规制、自我规制、回应性规制这些更细致和精巧的手段；三是避免规制手段的碎片化，以及规制主体多元化给民主制实践带来的挑战。[③] 这是一个与我国的改革具有共性的问题，在我国，规制主体和手段的碎片化体现为上文所述的政府部门分立的现象。关于对规制体系的改革，史蒂芬·布雷耶大法官

---

① 特许在我国《行政许可法》中被列为许可的一种类型。但在其他一些国家，特许被视为与一般许可完全不同的一类政府规制行为。我国也有学者专门著述论证，特许权具有区别于一般许可的物权属性，并应配套专门的制度规范。参见王克稳：《行政许可中特许权的物权属性与制度构建研究》，法律出版社2015年版。

② 参见［英］安东尼·奥格斯：《规制：法律形式与经济学理论》，骆梅英译，中国人民大学出版社2008年版，第217页以下。

③ 参见［英］罗伯特·鲍德温、马丁·凯夫、马丁·洛奇编：《牛津规制手册》，宋华琳、李鸻、安永康、卢超译，上海三联出版社2017年版，第87页。关于超越传统经济学进路的规制理论，参见该书第三章；关于多种新的规制程序和策略，参见该书第七章、第八章和第九章相关内容。

(1982,译著于2008年出版)指出,规制改革应注重改善行政机关的程序,重塑行政机关与政府其他部门之间的关系,鼓励实体变革等。[①]

行政权集中行使与多方利益协调机制研究。相对集中行政许可权,是行政权集中化运行机制的一种探索,从比较法的角度来看,这在德国法和美国法上都有成熟的经验。德国行政程序法中有一类比较特殊的计划确定程序,就是专门用来处理特定复杂领域的行政权集中行使问题。例如,在建筑业的许可领域,计划确定程序代替一般的行政程序,成为行政权集中行使的重要方式,由此形成的计划确定裁决,包含并取代了原来需要分别作出的建筑许可、水利许可等决定,从而实质性地达到了许可权在主体和程序上的集中(毛雷尔,译著于2000年出版)。[②] 美国行政法中不严格区分行政行为的形式,而是简单区分行政决定(adjudication)和规则制定(rulemaking)两类行为,行政许可虽然在大致范围上属于行政决定行为,但在适用的程序上又有区别于行政决定或规则制定程序的地方。[③] 主要原因在于许可权的行使会牵涉除许可申请人以外的第三人,并可能涉及广泛的公共利益,而且正式行政决定所采取的准庭审(quasi-judicial)程序,也并不适合处理许可这类可能涉及多中心议题的决定。[④] 富勒教授(1978—1979)指出,在多中心的政策问题中,单一利益诉求对于政策结果的影响都不是直观的,最终的决策结果将是各方权益共同协商形成的复杂均衡。[⑤] 针对这类问题,美国行政法中出现了一类区别于正式听证("on-the-record" hearing,适用于正式的行政决定和规则制定行为)或通告—评议(notice-and-comment,适用于非正式的规则制定行为)的协商性规则制定程序(negotiated rulemaking),这类程序力图将所有受影响的主体都纳入政策草案形成过程中,以促成决策作出者与相关主体之间的充分协调

---

① 参见[美]史蒂芬·布雷耶:《规制及其改革》,李洪雷、宋华琳、苏苗罕、钟瑞华译,北京大学出版社2008年版,第453页以下。

② 参见[德]毛雷尔:《行政法学总论》,高家伟译,法律出版社2000年版,第453页。

③ See 5 U.S.C. §551(6),5 U.S.C. §557,5 U.S.C. §558.

④ 关于美国行政程序法中正式程序的准庭审性质及其历史脉络,参见石肖雪:《作为沟通过程的行政听证》,载《法学家》2018年第5期。

⑤ See Lon L. Fuller, *The Forms and Limits of Adjudication*, 92 Harv. L. Rev. 353, 409 (1978 - 1979).

(Strauss,Rakoff,Farina,Metzger,2011)。[①]

通过上述简要分析可发现,学术界在相对集中行政许可权的理论和实践研究方面已经达成了较多的共识。但总体而言,相关研究还有进一步深化的余地,主要表现在:第一,在实证研究的层面上,学者更多地侧重于对行政审批制度改革以及相对集中行政许可权实践的评价,但欠缺对相关问题的学理提升,特别是对已经形成的改革模式在规范上的内涵关注较少;第二,从法学理论或其他社会科学原理角度出发,现有研究对于相对集中行政许可权运行机制的探讨通常集中在某一方面,并且研究较为分散,缺乏体系化的探讨;第三,相对集中行政许可权是一个实践先行的议题,理论研究通常是在改革探索已经初步成形,或者是改革实践遇到瓶颈时方才介入,这导致了无论是在法学界还是其他社会科学领域的研究,多以评价性、分析性研究为主,也就是用理论工具来剖析实践问题,而鲜少从行政任务具体需求视角来审视许可权集中问题。

相比较上述研究成果,本研究将主要从以下几个方面作进一步的修正:第一,相对集中行政许可权在行政法学意义上的问题再现(representation)。[②]问题再现,或者实践问题在理论上的整理和表达,是实践问题提升到理论模型的第一步。本研究将在实证调研素材的基础上,剖析现有改革模式(行政服务中心模式与行政审批局模式)在规范上和法理上的基本内涵和表现形式。第二,提炼许可权集中化运行的法治价值。一方面,要论证在法治化的语境下,许可权集中的正当性基础是什么,现代法治理论既强调对行政权的制约,也突出保障行政权的高效;另一方面,要分析许可权的集中,在学理上可以包含哪些视角,并体现为何种法理结构。第三,设计相对集中行政许可权的制度体系。本研究希望从不同维度和不同层面来描述相对集中行政许

---

① See Peter L. Strauss,Todd D. Rakoff,Cynhia R. Farina,Gillian E. Metzger, *Gellhorn and Byse's Administrative Law: Case and Comments* (11th ed),Foundation Press,2011,p. 209.

② 问题再现(representation)指的是对于实践中的做法进行理论化的归类,特别是对实践中存在的问题进行类型化、学理化的表达。管理学大师西蒙就把决策的过程划分成:设定议程、问题再现、搜索并选择备选方案等几个步骤。See Herbert A. Simon, *Administrative Behavior: A Study of Decision-Making Processes in Administrative Organization* (4th ed.),New York: Free Press,1997,p. 122 – 127.

可权的实现路径,以此来克服以往研究中单一化、分散化的弊端,从而更利于从总体上把握许可权集中化行使的可行制度框架。第四,综合性地服务于相对集中行政许可权的改革实践。当以政府改革实践为分析对象时,就必须注重理论和实践的双向互动,既要在理论上进行制度设计,也要从实践中撷取经验;在理论框架形成之后还要再次回到具体的行政领域中,关注具体个案的集中机制。第五,相对集中行政许可权的改革还是更大范围的行政体制改革的一个部分,其与行政审批事项清理、权力清单制度、商事登记制度改革、规划体制改革,以及更宏观层面上的政府职能调整与机构改革,都有密切的关联。因此,本研究还需要在行政体制改革的整体背景之下来把握相对集中行政许可权的意义。

二、研究方法

就社会科学研究方法而言,既可以包括选取和应用研究素材的方法,也包括选择研究视角和形成研究结论的方法。前者作为形式上的研究方法,在相似领域中一般存在共性,就法学等社会科学研究而言,不外乎实证分析、规范分析、比较分析等;而后者作为实质上的研究方法,则与研究结论中的基本命题和整体框架密切相关。即便是针对同一个研究主题,不同研究者的视角可能大相径庭,决定了研究旨趣的高低和分析结构的自洽程度。

针对相对集中行政许可权的实现机制这一具有实证性的主题,在研究素材的选取和应用上本研究将主要运用以下方法:第一,现有改革模式的历史和实证分析。相对集中行政许可权改革是行政审批制度改革的一个部分,许可权的集中是行政审批制度改革已有成果的延续,需要在改革的整体脉络之下定义许可权集中这一概念的内涵与外延。同时,本研究与行政实践密切相关,为使研究成果能够更好地应用到相对集中行政许可权实施的过程中,对现有实践模式的实证分析也将构成研究的基础。在完成理论体系的建构之后,仍需运用法律实证分析的方法,来予以验证和修正。第二,行政许可权相关规范和学理分析。相对集中行政许可权的改革是一个具有明显行政政策色彩的论题,为避免实证分析因受限于行政手段主导的思维而缺乏反思性,本研究将特别对行政许可权的实施方式进行了规范解析和学理归纳;基于对法治化制约的关注,本研究运用行政法学独有分析框架,对相对集中行政许可权的现有政策进行解释、论证和反思。第三,国内外理论与实践比较分析。从对上述研究基础的阐述可以发现,行政许可及其集中化行使,与政府规制理论和行政程序理论密切相关。国外政府规制的经典理论以及规制改革方面的主要成果将对此议题的阐释有重要借鉴价值。此外,在我国统一的行政程序法尚未出台的情况下,对其他各国行政程序制度的深入解读(如上文提及的计划确定程序、协商性规则制定程序等),可以在一定程度上缓解规范分析空缺造成的研究困境。

关于研究视角和基本命题的形成,在上述研究方法的运用过程中,开放性、分析性的思维是本研究的主要特点。在社会科学研究中,关于什么是"好"的解释机制的选择上,可以有两种标准:一种是解释和分析方法的简单性,另一种是理论的预测和发展能力。对于已有现象的实证研究,就不同实践模型进行比较分析是常见的方法,如提炼行政服务中心模式与行政审批局模式的共性与差异,并在两者之间择取其一或者对其中一种模式进行一定程度的修正,进而得出研究结论。这是一种比较简单、且在其研究框架下能够自洽的方法。但是,这是一种还原论的方法,而不是开放的方法(也就是研究结论的得出事实上仍限于已有的研究对象和素材)。对研究议题而言更有价值的是,产生一种能够进行持续讨论,并被不断修正的分析框架;也就是在同等条件下应采用开放性的理论而非还原性的理论,其目的是使辩论的空间得以最大化。① 从这样一个方法论的基本假设出发,实践中的行政服务中心模式或行政审批局模式,某种意义上都是韦伯所说的"理想类型"(idealtypus),②也就是相对集中行政许可权实现机制的某一种纯粹模式。而相对集中行政许可权的实际运行方式,因为行政任务的差异,必然存在多种

---

① 参见[英]威廉姆·奥斯威特:《新社会科学哲学:实在论、解释学和批判理论》,殷杰、张冀峰、蒋鹏慧译,科学出版社2018年版,第58~59页。

② 参见[德]马克斯·韦伯:《社会科学方法论》,李秋零、田薇译,中国人民大学出版社1999年版,第32页。

不同模式,而不可能是简单地在两种纯粹模式中择一为之。开放性的思维要求脱离于已有模型,建构一个更具包容性的相对集中行政许可权运行模式,从而能回应现实中的行政任务,甚至能够具有自我修正和发展的能力,以应对行政任务的变化。这一分析框架的形成有赖于在学理层面上对行政许可权作更基础性的分解与重构。

第一,关于分解的框架。行政法学理论从传统控权论的角度出发,一般将行政法学体系分为主体论、行为论、程序论、救济论等方面,以此来对行政权行使的各个方面进行制约。当然,当下学者对行政法学基本理论的研究已不再局限于传统的"合法性",而延伸至"最佳性"的层面,不过,作为审视行政权的一种基本结构,上述体系划分仍然成立。① 就相对集中行政许可权这一议题而言,目前的实践模型和理论研究事实上主要集中于行政许可权的实施主体,究竟是原行政机关(行政服务中心模式)继续行使许可权,还是由行政审批局来统一行使,或者是对两者进行某种调整;程序论角度,主要是对审批流程进行优化,以及在行政机关之间建立沟通和协调机制。但本研究认为,基于分析性和体系化的思维,相对集中行政许可权的实现机制并不仅仅是上述某一方面的集中化问题,而是许可权运行方式的整体变革。因此,应从主体、行为、程序等的各个学理层面来对许可权进行分解,②在每一个方面审查许可权相对集中的问题,而后形成一个系统性的运行模式。

第二,关于重构的视角。行政许可权的集中行使,显然不是一个传统的控权问题,行政法治的权利本位与权力制约思维能够划定改革的边界,但无法回答"最佳性"的问题,因此,本研究一方面仍以法学研究的规范分析方法为根本,另一方面也将在方法论上结合政治学和管理学的视角。具体而言,从实体的组织法角度来看,行政许可的主体和职权配置,根本上是一个行政

---

① 参见朱新力、唐明良等:《行政法基础理论改革的基本图谱:"合法性"与"最佳性"二维结构的展开路径》,法律出版社2013年版。尽管本书作者着重于行政法基础理论的"最佳性"视角,但仍然以对象论、原则论、主体论、行为论、程序论、救济论为框架来区分行政法基础理论的主要板块。本书的主要创新之处是超越传统控权论的"合法性"审查,增加了行政活动的"最佳性"视角。

② 行政法学的救济论部分主要为行政赔偿、行政复议和行政诉讼,由于相对集中行政许可实现机制的研究主要针对的是行政处理过程,即行政程序的上游,因此,作为整体行政程序下游的救济论部分就不单独展开。

机关之间及其内部的权力分配问题,属于政治学与法学的交叉领域;特别是现在行政法学出现了关于整体政府决策的行政正当性理论,[①]能够为复杂行政领域中权力的相对集中提供很好的理论支持。从行为法的角度看,许可职权的转移和合并的根本问题在于如何对不同权力内容的相关性进行判断,还原到法学研究的视角,就是在规范和理论上对于行政行为构成要件的关联性进行认定。从程序法的角度来看,许可决定的作出,特别是复杂行政任务中的许可决定,是一个综合性的决策过程。传统行政程序法理论主要解决行政过程中某一环节的程序正当问题,而对多个机关参与、多个行为构成的宏观行政过程关注不足。管理学中的决策过程理论,[②]能够弥补传统行政程序法的这一缺陷,并帮助构建一套更为系统的行政程序理论,也能对我国行政程序法的制定有所助益。

三、基本命题与整体框架

基于对现有研究基础的反思,结合上述方法论方面的阐述,本研究的基本命题如下:许可权的相对集中而非绝对集中意味着,相对集中许可权应以多层次、系统化的方式实现。基于组织法、行为法和程序法上的法理结构,许可权的集中可以分解出多个维度的实现路径。而在运行模式上,需要根据行政任务的差异,在行政机关的同层级部门之间以及各层级机关之间进行许可权的分配,以实现许可权的横向与纵向集中;在许可权行使方式上应以集中程度的具体需求,而选择上述某一维度的集中路径或者是对各种集中手段进行组合。为了完整阐述以上命题,本研究的整体架构将包括以下几个方面:主体内容包含五个部分,第一部分和第二部分为历史经验和现实经验的实证研究,第三部分和第四部分为学理分析框架的建构,第五部分是结合具体任务类型来阐述相对集中行政许可权的运行模式。

---

① See Elena Kagan, *Presidential Administration*, 114 Harv. L. Rev 2245, 2385 (2001); Kathryn A. Watts, *Proposing a Place for Politics in Arbitrary and Capricious Review*, 119 Yale L. J. 2, 85 (2009).

② See Herbert A. Simon, *Administrative Behavior: A Study of Decision-Making Processes in Administrative Organization* (4th ed.), New York: Free Press, 1997.

第一,相对集中行政许可权的历史脉络。相对集中行政许可权的改革背景是更广泛意义上的行政审批制度改革。通过梳理行政审批制度改革的发展脉络,基本可以将改革进程的发展描述为,从行政手段推动下的审批事项清理到基于法规范的相对集中行政许可权。2004 年《行政许可法》的实施,是行政审批制度改革的重要一环,特别是其中第 25 条、第 26 条关于统一行使行政许可权的规定,为相对集中行政许可权提供了法律依据和权威性的规范来源。制度梳理的功能在于明确相对集中行政许可权这一概念的外延以及本议题的研究范畴,重要的问题包括审批与许可的关系、审批事项清理与许可权集中的关系以及相对集中行政许可权改革在行政审批制度改革中的基本定位。

第二,相对集中行政许可权的现状审视。实践中的相对集中行政许可权改革,大致形成了两种具有代表性的模式:行政服务中心模式和行政审批局模式。行政服务中心及其配套程序优化机制,提高了许可事项办理的便利化程度,并为相关权力之间的协调提供了平台,行政审批局模式更是在实质上达到了许可权向单一部门集中的效果。但现有改革也存在模式单一化的现象,缺乏对其他集中化运行机制的关注与整合。此外,实践中出现了为追求改革成效而突破法律框架,或者是囿于规范制约而有名无实的情况。面对实践困境,本研究提出两个突破方向:相对集中行政许可权应受到法治化制约;许可权的集中化行使包含多层次的内涵。

第三,相对集中行政许可权的法理结构。现有模式是行政手段推动下的产物,改革实践往往以解决问题为导向,缺乏学理基础的支撑,从而无法达到内部的自洽;模式单一化则是对相对集中行政许可权这一概念认识不够全面导致的。在依法治国的大背景下,行政许可权集中必须符合法治理念与法治要求。要实现相对集中行政许可权的法治化,就必须在行政法学原理上解释其正当性基础。职权法定、程序正当是法治的基本要求,而在许可权集中的模式之下,这些法治理念应当具有新的内涵,并能够实现权利保障和权力制约的目的。从行政法学的理论框架来看,既可以用静态的组织视角,也可以用动态的过程视角来描述许可权的集中问题。据此,相对集中行政许可权并不仅仅指的是许可机关组织集中的型态,还包括许可行为和许可程序等各方面的内容。从行为法视角和程序法视角来看相对集中行政许可权:前者的关键问题在于如何识别关联许可行为,并对各机关职权内容的相关性进行认定;后者则需要在多个许可机关参与的复杂程序中,分析程序结构以及机关之间的沟通和决策机制,以优化许可流程和职权行使方式。

第四,相对集中行政许可权的多维路径。许可权集中可从空间、程序、事项、职权集中等维度来展开。(1)空间集中,各行政主体集中办理许可,是许可权形式性的集中。对于空间集中的代表,即行政服务中心模式,应注重以法规范的形式,将非正式措施标准化、固定化和公开化,从而明确中心的主体地位。(2)程序紧缩,既包括单一事项的手续精简,也包括复合许可中的各环节整合,以实践中的联合审批为典型代表。流程再造需符合正当程序的要求,遵循公开、参与、中立等基本原则。(3)事项归并,本质上代表了许可职权在部门间的调整,迈向了同类事项管辖的实质性集中,这需要法律规范更大程度的授权,但不得突破禁止性规定,不得超越或滥用职权。实践中的事项归并,包括横向集中(一级政府部门内部以及各部门间许可事项归并)和纵向集中(事项层级下放或者上收)。(4)职权整合,是最实质性的集中。职权集中需在上述各层次探索的基础上,形成优化行政权配置的方案;在具体内容上也综合性地包含了组织、程序和事项的集中。实践中的职权整合可以通过单独创设具有许可职权的机关(行政审批局)来实现,也可以通过组织机构的合并来实现。

第五,相对集中行政许可权的运行模式。在上述多维度体系框架下,针对各行政许可领域对于集中程度和集中手段的具体需求,可以制定不同的行政许可权集中模式。具体而言,应当从以下几方面入手:一是集中范围,考察特定领域内的行政许可权是否有集中的必要,比如具有专属性的许可事项无需集中行使。二是集中程度,从空间到职权,是集中程度实质化扩充的过程。对于某一许可事项,需要对集中的层次、类别作出选择。三是集中模式,多项行政职权交织的复杂领域,如行业准入、建设项目类许可,存在许可权集中的复合模式,需要考察不同集中路径在各环节的组合。此外,基于电子政务的发展和互联网工具的普及,某些许可权的集中化问题,可通过技术上的共享手段来实现。

第二章　相对集中行政许可权的历史脉络

行政审批制度改革是相对集中行政许可权实施的背景与前身,中央各部委及地方各级人民政府在审批事项的清理过程中,逐步厘清了各职能部门的职权内涵,从而为许可权的集中行使奠定了基础。自 2001 年以来,中央主导了多批次的审批事项清理工作;而各级地方政府在建立权力清单制度的过程中,也对包含许可权在内的各项行政职权进行了梳理和规范,极大地压缩了权力行使的裁量空间。但是,在事项调整与清理等基础性工作取得明显成效的同时,行政审批制度开始从增量改革进入了存量改革阶段;更进一步的改革措施将会触及各职能部门最核心的利益,并对保留下来的许可职权进行重新配置。深层次的审批制度改革无疑会涉及政府引导与市场调节之间的合理配比问题,2013 年《国务院机构改革和职能转变方案》的出台则是政府角色转变和政府职能转型的一个明确信号。以政府角色转变和职能转型为目标的行政审批制度,显然不能满足于审批事项的清理,而需要开始关注许可权的集中运行,乃至政府治理模式的整体调整。当然,在深入探讨相对集中行政许可的具体实现机制之前,还是应该回首历史进程、总结当下经验,以掌握改革进一步推进的制度条件和技术装置。

第一节　行政手段推动下的审批事项清理

2001 年,行政审批制度改革工作领导小组成立,标志着行政审批制度改革的正式启动。[①] 此后,以审批事项清理为核心的改革历程,大致可以分为前后两个阶段:第一阶段(2001 年至 2013 年),中央改革者有计划有步骤地推出了六轮行政审批事项的清理和调整方案;第二阶段(2013 年至 2015 年),以《国务院机构改革和职能转变方案》的发布为标志性节点,对于前期以调整管理手段这样的方式保留下来的审批事项作了进一步清理。前一阶段的改革是最具规模和最为系统的审批事项清理工作,后一阶段则可以被视为对前者的深化和补充。正是在第二阶段的后期,中央开始全面推行权力清单制度,[②] 并着手部署相对集中行政许可权的改革试点。

一、第一阶段:2001 年至 2013 年

从《国务院关于取消第一批行政审批项目的决定》(国发〔2002〕24 号)到《国务院关于第六批取消和调整行政审批项目的决定》(国发〔2012〕52 号),[③] 国务院先后公布了六个关于取消和调整行政审批事项的决定。第一批至第四批行政审批项目的清理和调整方案,正是在前述提到的行政审批制度改革工作领导小组的组织下出台的。而到了 2008 年 5 月,国务院批准建立了行政审批制度改革工作部际联席会议制度,以联席会议的组织形式取代了领导小组,并成为第五和第六轮改革的组织者。这六次清理工作最为直观的成效便是取消和调整的审批项目的数量。根据这十年间发布的改革文件,来对六批审批事项清理的数据进行统计,并通过比较分析这些改革措施和数据之间的

① 国务院办公厅《关于成立国务院行政审批制度改革工作领导小组的通知》(国办发〔2001〕71 号)。

② 《关于推行地方各级政府工作部门权力清单制度的指导意见》(中办发〔2015〕21 号)。

③ 关于国务院在各个阶段发布的关于取消和调整审批事项的决定,均来自国务院政府信息公开平台,http://www.gov.cn/zhengce/xxgk/index.htm。

关系,可以展现出行政审制度改革第一阶段逐步发展的过程及其特点。

表 2－1　国务院第一批至第六批取消和调整行政审批项目

	第一批	第二批	第三批	第四批	第五批	第六批
清理总数	789	488	470	186	184	314
取消数量（比例）	789（100%）	406（83.2%）	385（81.9%）	128（68.8%）	113（61.4%）	171（54.5%）
调整数量（比例）	0（0）	82（16.8%）	85（18.1%）	58（31.2%）	71（38.6%）	143（45.5%）

资料来源:国务院关于第一批至第六批取消和调整行政审批项目的决定及其附件。其中第三批取消和调整决定中有 25 项涉密事项未公布于附件中,上述统计未予以计入。

就绝对数值而言,从表 2－1 所列的历次审批事项清理总数来看,除第六批以外,清理数量基本呈现下降趋势;细分其中的取消和调整(包括改变管理方式、下放管理层级等)的数量,可以发现,取消的数量在发展趋势上和总数的变化比较一致,而调整的数量则相反。如果绝对数值的比较还不是很明显,那么,图 2－2 所展现的是历次改革中取消和调整的审批事项各占清理总数的比例,则非常直观地展现了两者截然不同的趋势。在第六批审批事项清理的目录中,取消和调整这两种方式已几乎平分秋色。

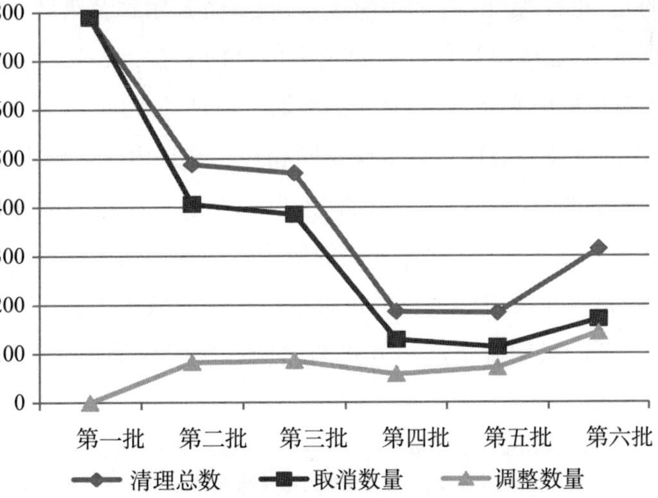

图 2－1　六批次行政审批项目取消与调整数量

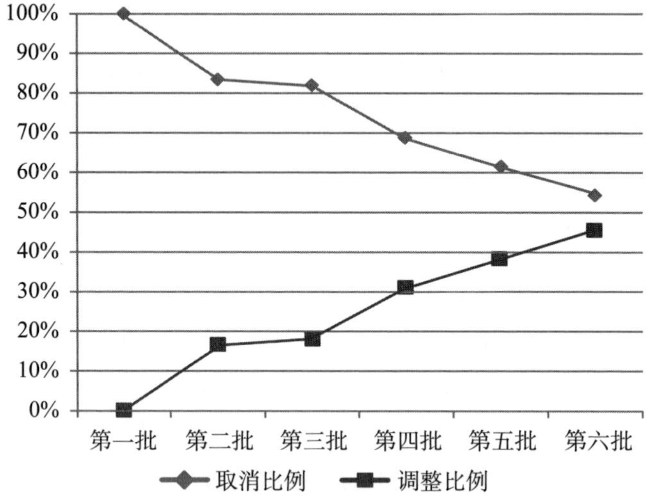

图 2－2　六批次行政审批项目取消与调整所占比例

以上的数据和变化的曲线，直观地刻画了历次改革的态势，也生动反映了审批制度改革从增量改革逐渐走入存量改革的过程。首先，历次改革的清理数量逐渐下降。从第一次改革大刀阔斧清理的 789 项审批事项，到后期阶段的谨小慎微，这一方面自然是由于可清理的审批事项有所减少，另一方面更为重要的是，随着清理工作的不断深入，改革者开始触及难度大、“含金量”更高的审批事项，这些事项往往涉及更大的部门利益，或者是因为法律的明确规定而确有保留的必要，这些原因都增加了清理的难度。① 其次，在清理的方式上，取消的数量与清理总数呈现相同趋势。这是由于取消审批事项是一种釜底抽薪式的改革，表明政府部门在该事项上彻底放弃事前介入的权力，随着总体改革难度的加大，此种方式的使用也更为谨慎。最后，一个有趣的现象是，尽管每一次改革中调整的审批事项在绝对数值上并无特别的规律，但结合清理总数，采用调整这一方式的比例逐次明显增加。与取消审批事

① 事实上，除被清理的审批事项，每年还有大量增设的审批项目。例如，以第一批清理之前的原有审批项目总数为参照，随着每次改革，之后可清理的存量确有减少，但如加上新增的审批事项，以存量和增量之和作为清理的基数，则很难说是否有所减少。因此，发生以上趋势的主要原因应该是清理难度的增加。

项相比，调整审批事项是相对温和的改革措施，也是在针对无法马上取消但现行管理方式又不合理的审批事项时，可以采取的缓兵之计，对这一方式的逐渐倚重，昭示着改革难度的逐渐加大。而且值得注意的是，许多审批制度改革初期就已出现的调整管理方式的措施，如下放管理层级、合并同类审批事项等，也成为许可权集中的实现方式之一。因此，行政审批制度改革与相对集中行政许可权改革之间呈现了明显的历史脉络和制度传承关系。

除取消和调整的审批事项的数据以外，每次发布的相关决定还反映了中央在历次审批制度改革过程中的探索路径和不同时期的侧重点。行政审批制度改革是转型期中国各项改革中的一个重要环节，各项改革之间不能截然分离；行政体制改革、经济体制改革的不断推进会对行政审批制度改革产生影响，因此，审批制度改革的不同阶段各有相应的重点领域，各项改革协同发展、齐头并进，在互相推动的过程中不断实现突破。六轮行政审批制度改革方案的相应改革重点，以及与之相关的其他重要制度，如表 2 – 2 整理的内容所示。

表 2 – 2　六轮行政审批制度的改革重点及其他相关制度

<table>
<tr><th>行政审批制度改革要求</th><th>其他相关文件</th></tr>
<tr><td rowspan="5">《国务院关于取消第一批行政审批项目的决定》（国发〔2002〕24 号）
要按照完善社会主义市场经济体制的目标和建立“廉洁、勤政、务实、高效”政府的要求，进一步转变政府职能，继续深入推进行政审批制度改革。要将行政审批制度改革与政府机构改革、实行政务公开和“收支两条线”管理以及其他有关工作紧密结合起来，努力建立适应社会主义市场经济体制要求的行政管理体制。</td><td>《国务院关于全面推进依法行政的决定》（国发〔1999〕23 号）</td></tr>
<tr><td>《中共中央办公厅、国务院办公厅关于在全国乡镇政权机关全面推行政务公开制度的通知》（中办发〔2000〕25 号）</td></tr>
<tr><td>《中华人民共和国国民经济和社会发展第十个五年计划纲要》（2001 年 3 月 15 日第九届全国人民代表大会第四次会议批准）</td></tr>
<tr><td>国务院批转《关于行政审批制度改革工作实施意见的通知》（国发〔2001〕33 号）</td></tr>
<tr><td>国务院办公厅转发财政部《关于深化收支两条线改革进一步加强财政管理意见的通知》（国办发〔2001〕93 号）</td></tr>
</table>

续表

<table>
<tr><th>行政审批制度改革要求</th><th>其他相关文件</th></tr>
<tr><td rowspan="5">《国务院关于取消第二批行政审批项目和改变一批行政审批项目管理方式的决定》(国发〔2003〕5号)
要按照社会主义市场经济体制的要求,将行政审批制度改革与政府机构改革、财政管理体制改革、电子政务建设、相对集中行政处罚权和综合行政执法试点等工作紧密结合起来,进一步转变政府职能,深化行政管理体制改革,促进依法行政,加强行政管理,提高行政效能。</td><td>中共中央办公厅、国务院办公厅关于转发《国家信息化领导小组关于我国电子政务建设指导意见》(中办发〔2002〕17号)</td></tr>
<tr><td>《国务院办公厅关于继续做好相对集中行政处罚权试点工作的通知》(国办发〔2000〕63号)</td></tr>
<tr><td>《国务院关于进一步推进相对集中行政处罚权工作的决定》(国发〔2002〕17号)</td></tr>
<tr><td>《国务院办公厅转发中央编办关于清理整顿行政执法队伍实行综合行政执法试点工作意见的通知》(国办发〔2002〕56号)</td></tr>
<tr><td>《国务院机构改革方案》(2003年3月10日第十届全国人民代表大会第一次会议通过)</td></tr>
<tr><td rowspan="5">《国务院关于第三批取消和调整行政审批项目的决定》(国发〔2004〕16号)
要按照全面推进依法行政、建设法治政府的要求,以贯彻实施《中华人民共和国行政许可法》为契机,深化行政审批制度改革,进一步规范行政权力和行政行为;加快行政管理体制改革进程,进一步转变政府职能;不断更新管理理念、创新管理方式,努力提高社会主义市场经济条件下政府管理经济和社会事务的能力和水平。</td><td>《关于进一步推进省级政府行政审批制度改革意见的通知》(国办发〔2003〕84号)</td></tr>
<tr><td>《全面推进依法行政实施纲要》(国发〔2004〕10号)</td></tr>
<tr><td>《国务院办公厅关于贯彻实施行政许可法工作安排的通知》(国办发〔2003〕99号)</td></tr>
<tr><td>《中华人民共和国行政许可法》(2003年8月27日第十届全国人民代表大会常务委员会第四次会议通过)</td></tr>
<tr><td>《国务院关于投资体制改革的决定》(国发〔2004〕20号)</td></tr>
<tr><td rowspan="2">《国务院关于第四批取消和调整行政审批项目的决定》(国发〔2007〕33号)
要深入贯彻科学发展观,适应完善社会主义市场经济体制、加强和改善宏观调控以及转变政府职能的要求,继续深化行政审批制度改革,依法对行政审批项目实行动态管理,加强对行政审批权的监督制约,努力在规范审批行为、创新审批方式、完善配套制度、建立长效机制等方面取得新的进展。</td><td>《高举中国特色社会主义伟大旗帜 为夺取全面建设小康社会新胜利而奋斗》(胡锦涛在中国共产党第十七次全国代表大会上的报告)</td></tr>
<tr><td>国务院办公厅转发发展改革委《关于2007年深化经济体制改革工作的意见》(国办发〔2007〕47号)</td></tr>
</table>

续表

行政审批制度改革要求	其他相关文件
《国务院关于第五批取消和下放管理层级行政审批项目的决定》(国发〔2010〕21 号) 要按照深化行政管理体制改革、转变政府职能的要求,继续深化行政审批制度改革,进一步减少行政审批项目,规范审批流程,创新审批方式,健全行政审批制约监督机制,加强对行政审批权运行的监督。	中共中央、国务院印发《〈关于深化行政管理体制改革的意见〉的通知》(中发〔2008〕5 号)
	《国务院办公厅转发监察部等部门关于深入推进行政审批制度改革意见的通知》(国办发〔2008〕115 号)
	《国务院关于鼓励和引导民间投资健康发展的若干意见》(国发〔2010〕13 号)
	《国务院办公厅关于鼓励和引导民间投资健康发展重点工作分工的通知》(国办函〔2010〕120 号)
	国务院批转发展改革委《关于 2010 年深化经济体制改革重点工作的意见》(国发〔2010〕15 号)
	《国务院关于加强法治政府建设的意见》(国发〔2010〕33 号)
《国务院关于第六批取消和调整行政审批项目的决定》(国发〔2012〕52 号) 一、进一步取消和调整行政审批项目;二、积极推进行政审批规范化建设;三、加快推进事业单位改革和社会组织管理改革;四、进一步健全行政审批服务体系;五、深入推进行政审批领域防治腐败工作;六、把行政审批制度改革与投资体制、财税金融体制、社会体制和行政管理体制改革紧密结合起来。	《中华人民共和国国民经济和社会发展第十二个五年规划纲要》(2019 年 3 月 14 日第十一届全国人民代表大会第四次会议通过)
	《政府工作报告》(第十一届全国人民代表大会第五次会议)
	国务院批转发展改革委《关于 2012 年深化经济体制改革重点工作的意见》(国发〔2012〕12 号)
	中共中央办公厅、国务院办公厅印发《〈关于深化政务公开加强政务服务的意见〉的通知》(中发办〔2011〕22 号)
	国务院办公厅转发全国政务公开领导小组《〈2012 年全国政务公开和政务服务工作要点〉的通知》(国办发〔2012〕29 号)

1999 年《国务院关于全面推进依法行政的决定》(国发〔1999〕23 号)提出了"全面推进依法行政,从严治政,建设廉洁、勤政、务实、高效政府"的要求,这也成为首轮行政审批制度改革启动时的重要指导理念。从具体的改革领域与配套措施来看,一方面,财政部于 2001 年 11 月出台《关于深化收支两条线改革进一步加强财政管理意见的通知》,实行"收支两条线"的管理方式,有利于行政审批收费工作的规范化,便于解决预算外资金管理中的突出问题。

另一方面,基层各级政府的政务公开制度也一并全面推进中。[①] 审批条件的透明化是行政审批制度改革的重要目标,也是首要工作,政务公开制度要求政府依法公开行政管理、经济管理活动的相关事项,此项制度的切实推广,是行政审批制度改革顺利开展的重要保障。

《行政处罚法》首先提出了相对集中行政处罚权的概念,在 2000 年至 2002 年,国务院出台多个文件,推进综合行政执法的试点工作,第二轮行政审批制的改革正是在此背景下展开的。合并同类审批事项以及跨部门审批集中等调整措施开始成为集中配置审批权的一种方式,显然,综合行政执法的试点为这些审批权优化措施提供了重要借鉴。我们甚至有理由推测,后续《行政许可法》将相对集中行政许可权予以规范化,与综合行政执法的经验有密切关联。行政处罚权与行政许可权的相对集中,都是整体政府理念和大部门体制改革的重要实践。此外,2001 年 8 月,国家信息化领导小组正式成立,并于 2002 年发布了《国家信息化领导小组关于我国电子政务建设指导意见》,标志着我国电子政务建设的正式开展。电子政务的推广,为政府的各项工作,包括行政审批工作的高效开展提供了重要的技术支持。

2004 年《全面推进依法行政实施纲要》正式明确了"全面推进依法行政,建设法治政府"的要求,行政审批制度改革的过程亦是实现"合法行政、合理行政、程序正当、高效便民、诚实守信、权责统一"的过程。法治政府的建设,要求政府的经济管理职能"转到主要为市场主体服务和创造良好发展环境上来",要求通过行政审批制度改革不断转变政府职能,强化公共服务。《行政许可法》的颁布,又为行政审批制度改革的深化提供了契机,为审批事项的清理、审批程序的优化,以及相对集中行政许可权的实施确立了法律基础。第三轮行政审批制度改革,以《全面推进依法行政实施纲要》的公布和《行政许可法》的出台为背景,奠定了行政许可权行使方式的法治化基础。这一阶段的方案,强调依法进行行政审批制度改革,进一步规范行政审批权的行使,同时亦强调政府职能的转变,以及政府管理经济和社会事务能力的提升。

2007 年和 2010 年推出的两轮行政审批制度改革方案,均对行政审批制

---

① 参见中共中央办公厅、国务院办公厅《关于在全国乡镇政权机关全面推行政务公开制度的通知》(中办发〔2000〕25 号)。

度改革提出了更为细致的要求,以审批项目、审批流程、审批方式等全方位的改革为下一步推进的重点内容,并强调行政审批制约监督机制的完善。《关于2007年深化经济体制改革工作的意见》和《关于2010年深化经济体制改革重点工作的意见》,以及2010年国务院发布的关于鼓励和引导民间投资健康发展的文件,[①]都要求政府职能的进一步转变和市场环境的进一步优化,要求政府加强对民间投资的服务、指导和规范管理。在此要求之下,行政审批制度改革开始从最初的源头控制和外围优化,逐渐转变为对整个行政审批链条的全方位改革。这两阶段的改革方案突出展现了,作为一项体系化变革的审批制度改革,已经脱离了单纯的职权内容清理和职权边界划分,而开始包含行政权的各方面内涵,这正是本研究所提出的多维度集中路径在历史脉络中的来源;同时,行政审批制度改革作为更宏观的行政体制改革的一个部分,也需要与政府在社会经济各方面的变革相配套,这种系统化的视野,对于相对集中行政许可权实践机制的探索而言同样非常重要。

与前几轮相比,第六轮方案尤为详尽地阐述了改革下一步推进的重点领域:从审批事项的规范,到管理方式的调整和社会组织的培育,以及与行政审批制度改革相配套的投资体制、财税金融体制等的完善,这些内容都为改革的推进指明了努力方向。其中尤其值得关注的是,第六轮改革方案首次提出了对新设审批项目的规范要求,"新设审批项目必须于法有据,并严格按照法定程序进行合法性、必要性、合理性审查论证"。[②] 根据行政审批制度改革工作部际联席会议公布的数据,国务院各部门先后六批取消和调整了2497项行政审批项目,占原有总数的69.3%;31个省(自治区、直辖市)本级取消和调整了3.7万余项审批项目,占原有总数的68.2%。[③] 从这些数据来看,原有审批项目的一半以上已被清理,但为何民众仍然觉得审批多如牛毛,那正是因为审批事项存在边清理、边增设的现象。第六轮改革方案对于新设审批项目

---

① 参见《国务院关于鼓励和引导民间投资健康发展的若干意见》(国发〔2010〕13号)、《国务院办公厅关于鼓励和引导民间投资健康发展重点工作分工的通知》(国办函〔2010〕120号)。

② 参见《国务院关于第六批取消和调整行政审批项目的决定》(国发〔2012〕52号)。

③ 参见周英峰、刘铮:《行政审批改革:坚定步伐再出发——专访行政审批制度改革工作部际联席会议办公室负责人》,中央政府门户网站,http://www.gov.cn/jrzg/2012-10/10/content_2240666.htm,2021年1月21日访问。

的规范,正体现了改革者从源头上控制审批数量、规范审批设定方式的决心。

二、第二阶段:2013 年至 2015 年

第一阶段的六轮审批事项清理,基本对各个部门所拥有的行政审批职权进行了全方面的梳理,并按照每一轮发布的清理办法确定了各个阶段的改革目标和重点内容,是非常有计划、有步骤的系统性清理。因此,上文对这一阶段中央发布的顶层设计方案作了详细的剖析,以展现行政审批制度改革的基本脉络。而后续第二阶段改革措施的启动,以第十二届全国人民代表大会第一次会议批准的《国务院机构改革和职能转变方案》为重要标志。以该方案的发布为契机,从 2013 年至 2015 年,国务院先后又发布了七份关于取消和调整行政审批项目等事项的决定。① 这一时期七个批次的审批事项清理工作,相比较第一阶段而言,更多的是一种补充性的清理,主要特点在于,第二阶段发布文件,通常并没有像第一阶段一样,特别明确本阶段的改革重点或者布置下一阶段的主要方向,并且在取消和调整的审批项目数量上也远少于第一阶段。

此外,在 2015 年和 2016 年,国务院先后又发布了两个关于取消中央指定地方实施行政审批事项的决定,②这两个文件针对的是"以部门规章、规范性文件等形式设定的具有行政许可性质的审批事项"。如果严格按照《行政许可法》的规定,这些审批事项并不符合许可设定的条件,③但在第一阶段的六

① 这些文件分别为:《国务院关于取消和下放一批行政审批项目等事项的决定》(国发〔2013〕19 号)、《国务院关于取消和下放 50 项行政审批项目等事项的决定》(国发〔2013〕27 号)、《国务院关于取消和下放一批行政审批项目的决定》(国发〔2013〕44 号)、《国务院关于取消和下放一批行政审批项目的决定》(国发〔2014〕5 号)、《国务院关于取消和调整一批行政审批项目等事项的决定》(国发〔2014〕27 号)、《国务院关于取消和调整一批行政审批项目等事项的决定》(国发〔2014〕50 号)、《国务院关于取消和调整一批行政审批项目等事项的决定》(国发〔2015〕11 号)。

② 《国务院关于第一批取消 62 项中央指定地方实施行政审批事项的决定》(国发〔2015〕57 号)、《国务院关于第二批取消 152 项中央指定地方实施行政审批事项的决定》(国发〔2016〕9 号)。

③ 《行政许可法》第 14 条:"本法第十二条所列事项,法律可以设定行政许可。尚未制定法律的,行政法规可以设定行政许可。必要时,国务院可以采用发布决定的方式设定行政许可。实施后,除临时性行政许可事项外,国务院应当及时提请全国人民代表大会及其常务委员会制定法律,或者自行制定行政法规。"第 15 条:"本法第十二条所列事项,尚未制定法律、行政法规的,地方性法规可以设定行政许可;尚未制定法律、行政法规和地方性法规的,因行政管理的需要,确需立即实施行政许可的,省、自治区、直辖市人民政府规章可以设定临时性的行政许可。临时性的行政许可实施满一年需要继续实施的,应当提请本级人民代表大会及其常务委员会制定地方性法规。"第 17 条:"除本法第十四条、第十五条规定的外,其他规范性文件一律不得设定行政许可。"

批次清理中,这些事项或者完全未被清理,或者以下放管理层级的方式予以保留了。随着《国务院关于第一批取消62项中央指定地方实施行政审批事项的决定》《国务院关于第二批取消152项中央指定地方实施行政审批事项的决定》这两个决定的发布,“以部门规章、规范性文件等形式设定的面向公民、法人和社会组织的审批事项已清理完毕”,那么在中央层面,目前保留的所有审批事项,在设定依据上,均已符合《行政许可法》的要求。今后如要创设新的许可事项,必须严格依照《行政许可法》明确的权限和条件来进行,也就是说,在中央层面,原则上只有法律和行政法规可以设定行政许可,部门规章或规范性文件均无设定权。至此,经过第一阶段六批次大规模的清理以及第二阶段的补充,在《行政许可法》正式实施十年之后,①中央所设定的所有审批事项,按照该法的要求全部清理完毕。此次清理历时之久,足以体现行政许可权种类之复杂、事项之庞杂。

除补充性的清理工作以外,第二阶段另一个突出的特点是,多份改革文件中都强调:要完善取消和下放管理层级的行政审批事项的落实和衔接工作,特别是要加强后续监管;对于保留的行政审批权,要提升管理手段的科学性和规范性,加强对行政审批权运行的监督。由此可见,随着审批事项的清理工作进入收尾阶段,行政审批制度改革的重点已发生转向,相对集中行政许可权的改革试点,也正是以2015年《法治政府建设实施纲要(2015—2020年)》和《相对集中行政许可权试点工作方案》的出台为标志而全面展开的。

第二节 审批事项清理背后的权力调整模式

本研究在绪论的研究方法和整体框架中提出,相对集中行政许可权实现机制的研究可以从组织法、行为法和程序法等视角展开,其中,在组织法层面主要关注的是许可权的分配问题,涉及政府内各部门之间、上下级政府之间,

① 《行政许可法》第83条:“本法自2004年7月1日起施行。本法施行前有关行政许可的规定,制定机关应当依照本法规定予以清理;不符合本法规定的,自本法施行之日起停止执行。”

以及政府与社会之间的权力边界问题。而作为相对集中行政许可权的前身，审批事项清理这一改革措施的背后，也包含了政府权力调整的意涵。归纳整理历史经验中的权力调整模式，能为学理层面上分析许可权的分配和运行机制提供重要基础。当然，实践中的行政服务中心模式与行政审批局模式，对于相对集中行政许可权实现机制的学理研究来讲，也属于重要的现实经验，这将在第二章中详细展开。

一、权力调整模式概况

行政审批制度改革的过程亦是政府放权的过程，如果以第一阶段较大规模的六轮改革方案为样本，就可以发现其中包含的多种事项清理手段其实展现了改革放权的不同模式。从表2－3可见，随着改革的推进，事项清理的手段越来越多元化，除了最为重要的取消以外，还出现了改变管理方式（不再作为行政审批，移交行业组织或社会中介机构自律管理）、下放管理层级、调整实施机关、合并同类事项、减少审批部门等多种事项调整方式。

表2－3　行政审批事项情况的多元化手段　　单位：件

<table>
<tr><td colspan="2">权力调整模式</td><td>第一批</td><td>第二批</td><td>第三批</td><td>第四批</td><td>第五批</td><td>第六批</td></tr>
<tr><td rowspan="2">政府向市场放权</td><td>取消</td><td>789</td><td>406</td><td>409</td><td>128</td><td>113</td><td>171</td></tr>
<tr><td>改变管理方式</td><td>—</td><td>82</td><td>39</td><td>—</td><td>—</td><td>—</td></tr>
<tr><td>中央向地方放权</td><td>下放管理层级</td><td>—</td><td>—</td><td>47</td><td>29</td><td>71</td><td>117</td></tr>
<tr><td rowspan="3">同层级权力调整</td><td>调整实施机关</td><td>—</td><td>—</td><td>—</td><td>8</td><td>—</td><td>—</td></tr>
<tr><td>合并同类事项</td><td>—</td><td>—</td><td>—</td><td>21</td><td>—</td><td>17</td></tr>
<tr><td>减少审批部门</td><td>—</td><td>—</td><td>—</td><td>—</td><td>—</td><td>9</td></tr>
</table>

资料来源：权力调整模式的总结与数据源于国务院关于第一批至第六批取消和调整行政审批项目的决定。

（一）政府向市场放权

代表政府向市场放权的清理手段是取消审批事项和改变管理方式，这两者也是最早出现并且最为重要的改革措施。对这两者稍作区分的话，取消审批事项是政府还权于个人,将一些原本需要政府事前审核的行为完全变为个人自由安排的行为。改变管理方式是还权于社会,政府将部分事项或者部分环节移交行业组织或社会中介机构管理,则并没有完全取消对相关领域的监管,而是将部分监管职能交给了社会组织。社会组织在行政审批制度中的角色和任务,要求其既要与政府部门脱钩,又能够接管好政府退出后的市场。但是,目前我国存在社会组织发育不健全,管理体系不完善的现象,更重要的是社会组织与政府主管部门在财政、编制等方面有着千丝万缕的联系。因此,在审批事项清理基本完成之后,国务院就开始着手清理行政审批相关的中介服务事项,①目的在于减少作为审批前置环节的技术审查评估等事项,并进一步规范中介组织的行为。

(二)中央向地方放权

下放管理层级自第三轮行政审批制度改革开始逐渐成为越来越重要的改革措施。通过这一调整方式,改革者将原本由国务院各部门管辖的审批事项下放到省一级的行政主管部门,由各地按照本区域实际需求对相应事项进行自主管理,因而可被视为中央向地方的放权之举。各地发展程度不同,审批职权下放后,地方可以根据本地的产业结构和经济发展趋势,对审批标准进行细化和调整,能使相关领域的政府规制活动更为科学、合理。当然,结合第二阶段的补充性清理工作,以及地方试点工作,中央向地方放权的行为事实上可分为三种类型:第一种是行政审批权限应当保留,并在职权分配上应属于地方事务的,这属于此处所述的中央向地方放权的典型。第二种是行政审批事项按照规范要求不应保留,但因涉及范围较广、各地差异较大,中央改革者认为无法一次性全部取消,因而将审批权限下放至地方政府自行处理,待过渡期结束再行取消。这也就是上述在第二阶段部分提到的两批次取消的 214 项中央指定地方实施的行政审批事项。② 第三种情况针对的是一部分由中央的法规范设定的,但实施主体为地方行政机关的审批事项。对于此类事

---

① 《国务院办公厅关于清理规范国务院部门行政审批中介服务的通知》(国办发〔2015〕31 号)。

② 《国务院关于第一批取消 62 项中央指定地方实施行政审批事项的决定》(国发〔2015〕57 号)、《国务院关于第二批取消 152 项中央指定地方实施行政审批事项的决定》(国发〔2016〕9 号)。

项的改革措施，中央授权部分省、自治区、直辖市进行试点，目的就是通过试点来了解，这些审批事项是否需要在全国范围内予以取消或者调整。这种情况实际上是直接将改革的权力进行了下放，而前两种情况是由地方政府承接了中央改革的结果（被下放的审批事项）。第三种情况比较特殊，不在表2－3所统计的类型中，具体将在下文第三部分“地方试点型放权”中详细阐述。

（三）同层级权力调整

对于国务院各机关内部以及机关之间进行同层级的权力调整，如果以中央政府权力边界是否发生变化（政府与市场之间的边界，中央与地方之间的边界）这一标准来看，这并非一种放权行为。但对于国务院各部门来讲，其各自的职权内容有增减，行使审批权的主体数量亦有减少，并且这样的调整可以使审批权的行使更为优化，是一种很有效的许可权集中手段。此种权力调整方式主要包括调整实施机关、合并同类事项和减少审批部门。调整实施机关旨在使各机构之间行政职能分配更为合理，如第四轮改革将原由发展改革委管辖的首次公开发行股票核准、上市公司发行新股核准、发行可转换公司债券审批等事项交由中国证监会管理和实施。合并同类事项通常是将同一部门行使的数个关联性较强的审批行为合并成同一个项目，如将国境口岸食品生产经营单位卫生许可证核发、国境口岸服务行业卫生许可证核发、国境口岸储存场地卫生许可证核发合并为口岸卫生许可证核发。这一方面减少了审批项目的数量，减少了类似事项重复审核的情况；另一方面也是通过事项的合并实现了同一部门内部各机构之间职能的整合。减少审批部门主要针对跨部门审批的情况，将原本由数个部门负责管理的事项划归为其中职能最相符的机关来行使，从而减少了跨部门协调的难度，亦缩减了审批事项在各部门之间流转的环节。

通过上述对审批事项清理背后的权力调整模式的细分可以发现，真正涉及改革放权的方式为政府向市场放权（取消和改变管理方式）和中央向地方放权（下放管理层级），并且前者较后者而言，属于更深层次的放权模式。而同层级权力调整，尽管从政府与公民这一外部关系的角度来看，并未发生行政权边界的收缩，但是，这恰恰是相对集中行政许可权在审批制度改革早期阶段的雏形和探索。值得注意的是,本部分所讨论的审批事项清理背后的几种权力调整模式,可以被视为行政审批制度改革从审批事项清理到相对集中行政许可权这两个阶段的缩影:审批事项清理处理的是政府许可权边界的划分,是权力外延的厘定;相对集中行政许可权处理的是许可权边界已经明确后,如何在政府内部进行配置和运行的问题。从学理层面特别是组织法角度来看,许可权的行使,本质上讲的是许可权的外部边界(政府与市场/社会之间)和内部结构(政府内部纵向和横向之间)。这两方面问题不能简单地分离,审批事项清理过程中同样会触及政府内部的权力调整,部分的权力调整方式就是许可权集中的一种方式;而相对集中行政许可权的改革过程中也会不断地修正政府与社会、国家与公民之间的权力/权利边界。正是这一权力配置的共同逻辑贯穿了行政审批制度改革的两个主要方面,使之成为一项体系化的整体变革。

二、部门主导型放权

在本章第一节中,关于审批事项清理顶层推进的宏观数据显示了改革的总体发展历程,而这一改革历程又以各部门主导的事项清理和权力下放为主要构成元素。国务院各部委的管辖领域存在差别,宏观的数据可以反映一般性的统计结果,勾勒权力调整模式的概况,但无法深入展现改革放权的过程。鉴于此,以下将选取一个特定领域,来具体呈现权力调整的具体样貌。如表 2 - 4 所示,商务部自 2005 年起连续出台了多个文件,有计划、有步骤地实现了外商投资领域审批权的逐渐下放。这一商务部主导的放权历程,反映了行政审批制度改革的渐进性,同时也展现了改革逐渐深入、放权力度逐渐加大的特征。

表 2 - 4　商务部 2005 年 ~ 2010 年以来外商投资领域下放审批权一览

文件名称	权力下放事项
《下放外商投资企业备案和批准证书发放管理权限、进一步简化审批程序等有关问题》(商务部公告 2005 年第 59 号)	限额以下外商投资企业的备案、发证权限。

续表

文件名称	权力下放事项
《关于委托审批部分外商投资企业变更事项》(商务部公告2007第11号)	1. 已设立外商投资股份有限公司(不包括上市公司)的变更事项(不包括公司为上市进行的变更事项); 2. 外商投资企业办理不涉及外商投资企业批准证书记载事项的变更事项。
《商务部关于下放外商投资股份公司、企业变更、审批事项的通知》(商资函〔2008〕50号)	1. 新增投资总额及新增注册资本限额(《外商投资产业指导目录》鼓励类、允许类1亿美元,限制类5000万美元,简称"限额")以下的; 2. 限额以下(转制企业以评估后的净资产值计算)外商投资股份公司的设立及其变更。
《商务部关于进一步简化和规范外商投资行政许可的通知》(商资函〔2008〕21号)	1. 外商投资企业,非实质性变更(包括外商投资企业名称变更、投资者名称变更、同一城市经营地址变更、董事会人数变更、符合法律规定的经营期限变更); 2. 限额以下外商投资企业变更事项(投资性公司、涉及专项规定、特定产业政策和国家宏观调控行业的外商投资企业除外)。
《商务部关于下放外商投资商业企业审批事项的通知》(商资函〔2008〕51号)	外商投资商业企业的设立和变更(通过电视、电话、邮购、互联网、自动售货机等无店铺方式销售的企业或从事音像制品批发,图书、报纸、期刊销售的企业除外)。
《商务部关于省级商务主管部门和国家级经济技术开发区负责审核管理部分服务业外商投资企业审批事项的通知》(商资函〔2008〕64号)	下述服务业外商投资企业的设立及变更事项(以及原由商务部批准设立的以下范围内的外商投资企业变更事项):《外商投资产业指导目录》总投资1亿美元以下鼓励类、允许类及总投资5000万美元以下限制类的外商投资道路运输(旅客运输)、城市规划服务、进出口商品检验鉴定机构、国际船舶运输、国际船舶代理、光盘复制生产、认证培训和认证咨询。
《商务部关于由省级商务主管部门和国家级经济技术开发区负责审核管理部分服务业外商投资企业审批事项的通知》(商资函〔2009〕2号)	下述服务业外商投资企业的设立及变更事项(以及原由商务部批准设立的以下范围内的外商投资企业变更事项):《外商投资产业指导目录》总投资1亿美元以下鼓励类、允许类及总投资5000万美元以下限制类的外商投资国际货物运输代理(经营范围涉及"国际快递业务")、融资租赁、营业性演出经纪、保险经纪、独资船务公司。
《商务部关于进一步改进外商投资审批工作的通知》(商资函〔2009〕7号)	鼓励类且不需要国家综合平衡的外商投资企业(含股份公司)设立、增资、合同/章程及其变更事项。 商务部此前下放至省级商务主管部门的审批管理事项,自本通知下发之日起,副省级城市商务主管部门和国家级经济技术开发区亦享有同等审批管理权限。

续表

文件名称	权力下放事项
《商务部关于下放外商投资举办投资性公司审批权限的通知》(商资函〔2009〕8号)	注册资本1亿美元及以下投资性公司设立及变更事项,包括商务部批准设立的投资性公司后续变更事项(单次增资超过1亿美元的除外)。 副省级城市商务主管部门享有同等审批管理权限。
《商务部关于外商投资创业投资企业、创业投资管理企业审批事项的通知》(商资函〔2009〕9号)	资本总额1亿美元及以下外商投资创业投资企业、外商投资创业投资管理企业的设立及变更,包括商务部批准设立的投资性公司后续变更事项(外商投资创业投资企业单次增资超过1亿美元和必备投资者变更的除外)。 副省级城市商务主管部门和国家级经济技术开发区享有同等审批管理权限。
《商务部关于下放外商投资审批权限有关问题的通知》(商资函〔2010〕209号)	1.《外商投资产业指导目录》鼓励类、允许类总投资3亿美元和限制类总投资5000万美元(简称限额)以下的外商投资企业的设立及其变更事项; 2. 限额以上鼓励类且不需要国家综合平衡的外商投资企业的设立及其变更事项; 3. 注册资本3亿美元以下外商投资性公司和资本总额3亿美元以下外商投资创业投资企业、外商投资创业投资管理企业的设立及其变更事项; 4. 除法律法规明确规定由商务部审批外,服务业领域外商投资企业的设立及其变更事项(包括限额以上及增资); 5. 由商务部、原外经贸部以及国务院有关部门批准设立的外商投资企业的变更事项(除单次增资达到或超过限额以及涉及第4条规定的情况外)。 副省级城市商务主管部门和国家级经济技术开发区享有同等审批管理权限。

(一)权力下放的种类和层级的调整

从商务部发布的一系列文件可见,自2005年至2010年,下放的权力呈现实质化、深入化的特点。从最初的备案、发证权限的委托,[①]到非实质性变更审批权的松绑,[②]至企业设立、增资、变更事项审批权的完整下放。权力下放种类的调整体现了商务部逐渐将外商投资领域的实质审批权力交还地方的

① 《下放外商投资企业备案和批准证书发放管理权限、进一步简化审批程序等有关问题》(商务部公告2005年第59号)。

② 《商务部关于进一步简化和规范外商投资行政许可的通知》(商资函〔2008〕21号)。

过程。此外,审批权下放有严格的层级性,2008 年之前,下放的权力严格限制于省级商务主管部门,而 2009 年起,商务部开始将下放的审批管理事项进一步授权给副省级城市商务主管部门和国家级经济技术开发区,从而使更为基层的区域享有自主决定权。权力从中央下放到地方,特别是下放到基层的行政机关,一方面是央—地关系上权力边界的调整,另一方面其实也是一种许可权的集中方式,即纵向的向下集中。一般来讲,许可权的向下集中主要发生在与地方社会经济发展密切相关的领域,或者是出于管辖便利性的考虑,这在地方的相对集中行政许可权改革中也有实例,具体将在后续章节中详细展开。

(二)类型化、分批次的放权

在外商投资领域审批权向地方逐渐松绑的总体趋势之下,各投资领域和投资类型的放权过程显示出类型化、分批次放权的特征。首先,2008 年至 2010 年,《外商投资产业指导目录》所列鼓励类、允许类投资资本限额逐渐增加,而至 2010 年,对于鼓励类且不需要国家综合平衡的外商投资事项的审批权下放,则完全取消了限额的要求,这意味着地方对于更大规模的外商投资企业的审批事项有自主决定权。其次,各项文件对于外商投资创办股份有限公司、商业企业、投资性公司、创业投资企业以及外商投资服务业相关领域,采取了分批次放权的措施,放权的先后表明政府在各投资领域内进行风险控制的必要性存在差异,较晚放权的领域自然是最有必要进行风险控制的。最后,外商投资领域审批权下放从开始的肯定性列举转变为否定性列举,亦即商务部从对个别事项进行授权转变为对个别领域排除放权。如在服务业投资领域,省级商务主管部门审核管理的事项原先限于两项文件列举的类型,[①] 至 2010 年,则除法律法规明确规定由商务部审批的情况以外,服务业领域外商投资企业的设立及变更事项均由地方自行管理。[②]

从外商投资领域审批事项取消和下放的改革历程来看,中央的主管部门

① 参见《商务部关于省级商务主管部门和国家级经济技术开发区负责审核管理部分服务业外商投资企业审批事项的通知》(商资函〔2008〕64 号)、《商务部关于由省级商务主管部门和国家级经济技术开发区负责审核管理部分服务业外商投资企业审批事项的通知》(商资函〔2009〕2 号)。

② 参见《商务部关于下放外商投资审批权限有关问题的通知》(商资函〔2010〕209 号)。

是改革最为主要的推动者，而改革也是有计划、有步骤地在逐步深入。如果最开始的行政审批制度改革是为了应对“入世”的压力，那么，随着权力调整愈加规模化、体系化，行政审批制度改革在中央层面，早已变被动为主动，成为一种“自觉意志模型”式的变革。当然，值得注意的是，由中央各部委主导的自上而下的权力下放模式，导致地方政府具有比较明显的被动性。地方职能部门所实施的与中央密切相关的审批职权主要有两类：第一类是地方承接的由中央下放的审批事项，即上述改革所涉及的内容；第二类是一部分由中央层级的法规范设立的审批事项，但其执行权在事项设立之初就被授权给了地方职能部门。对于这两类审批职权，地方政府原则上都没有取消或者调整的权力，而只有部分省市获得了进行试点的权力。

三、地方试点型放权

顶层推进式的行政审批制度改革的传统是中央各部门主导的放权模式，但在第六轮改革中，广东省获得了行政审批制度改革先行先试的机会，开始了地方试点型放权模式的探索。在获得先行先试的机会之前，广东省的各级各类政府部门，自2012年初开始，就已清理出1120个审批事项，其中就包含多项由法律、行政法规等设定的，由地方政府及其职能部门来实施的事项。地方无法撼动中央制定的审批项目，这成为地方政府进行审批事项精简工作最大的障碍。而广东省的改革之所以能够崭露头角，在于其特别整理了一份涉及中央法律、法规的广东审批事项目录，并提交中央有关部门，这成为广东省改革打通上下阻隔的第一步。最终，在2012年8月22日召开的国务院常务会议，在公布国务院第六轮审批事项清理方案的同时，还批准广东省在行政审批制度改革方面先行先试。广东省于2012年7月11日和9月7日，先后公布了两批改革事项目录，共取消和调整审批事项383项，其中取消的事项主要涉及投资、社会事业发展和非行政许可类审批项目。[①]

---

① 参见《广东省人民政府2012年行政审批制度改革事项目录（第一批）》（广东省人民政府令〔2012〕第169号）、《广东省人民政府2012年行政审批制度改革事项目录（第二批）》（广东省人民政府令〔2012〕第172号）。

此后,中央批复同意了广东省的试点方案,[①]宣布在广东省内停止实施66项行政审批事项,并下放34项行政审批的管理层级。获准的这100个审批事项均由行政法规、国务院及部门文件设定,[②]另有25项涉及法律规定的行政审批项目,将提请全国人大常委会审议决定。细究上述批复所涉100个审批事项可以发现,中央的放权仍然比较谨慎:在停止实施的66个审批事项中,只有3项的原实施机关为中央政府部门。这意味绝大部分被取消的审批事项原审批权便属于地方,只不过这些审批事项是由中央规范性文件设立的,地方无权自行取消。因此,在这66个审批事项中,3项属于中央向市场放权,63项属于地方向市场放权。而下放管理层级的34项中,原实施机关为中央政府部门的为16项。亦即其中一半以上的审批事项其审批权的调整均为地方主管部门之间的管理层级下放,并不涉及中央和地方的权力边界调整。总的来讲,在所涉100个审批事项中,只有16项为中央向地方放权的事项,3项为中央政府向市场放权的事项,此次中央的放权的力度其实是比较小的。此外,中央以明确列举100个改革事项的方式,严格限制了广东省先行先试的范围,事实上就是在不适宜对于这些由行政法规、国务院及部门文件设定的部分行政审批项目,立即予以清理并于全国范围内停止实施或进行调整的情况下,先在广东省加以试点。广东省并无自行取消或下放其他由中央规范性文件设立的审批事项的权力。由此可见,国务院所批准的广东省先行先试方案,主要解决的是审批设定权和执行权分离的情况下,执行机关调整自身职权内容的需求。除此之外,地方政府还是很少有机会基于地方经验就机构职能调整进行更多参与,中央对于地方自行进行审批事项精简的授权还是审慎而有限的。

根据本节所归纳的权力调整模式,审批事项清理过程中包含三种主要类型。尽管在前两种模式,即政府向市场放权和中央向地方放权方面,地方政府的能动空间较小,但在第三种相对温和的同层级权力调整上,地方政府在权限

---

① 参见《国务院关于同意广东省“十二五”时期深化行政审批制度改革先行先试的批复》(国函〔2012〕177号)。

② 从《国务院关于第一批取消62项中央指定地方实施行政审批事项的决定》(国发〔2015〕57号)、《国务院关于第二批取消152项中央指定地方实施行政审批事项的决定》(国发〔2016〕9号)这两个文件的发布时间来看,广东省先行先试时期,中央所设定的审批事项还未按照《行政许可法》的规定清理完毕,因此,当时仍存在由国务院及部门文件设定的审批事项。

范围内开展了极为丰富且有益的探索,其中已经包含了相对集中行政许可的某种实现机制。地方改革者之所以对审批制度改革有很大的热情,在很大程度上来自执行中央政令以及改革绩效考核的压力,但同时地方改革者对于政府职能转变和角色转型的重要性也有着高度的认同感,除此以外,经济诱因也在推动着地方改革的进行。从表2－2梳理的相关规范可以发现,在行政审批制度改革伊始,改革者就清楚地认识到市场经济体制的完善与行政审批制度改革之间的密切联系。《国务院办公厅转发发展改革委〈关于2007年深化经济体制改革工作意见〉的通知》(国办发〔2007〕47号)和国务院《批转发展改革委〈关于2010年深化经济体制改革重点工作的意见〉的通知》(国发〔2010〕15号),以及2010年国务院发布的关于鼓励和引导民间投资健康发展的多个文件,[①]都要求政府职能的进一步转变和市场环境的进一步优化,要求政府加强对民间投资的服务、指导和规范管理。与这些文件同时期出台的行政审批制度改革方案,也不再满足于审批事项清理,而开始侧重于对审批项目、审批流程、审批方式等各个方面进行全方位改革,以实现行政审批制度改革与经济体制改革的协同发展。

在"经济先行"理念的引导下,经济体制的改革和市场化的完善往往成为中国各项改革的重要驱动力。科斯在考察市场经济的中国之路时认为,同级地方政府之间在经济发展水平上的激烈竞争,是引起地方经济改革试点蓬勃发展的重要原因。地方政府自然认识到了市场结构的优化对于拉动地方经济的突出成效。地方改革者对于部门权力的整合、整体政府的构建有着强烈的需求,而此种需求的真正动力则源自"市场经济的发展需要最大限度地破除行业准入壁垒",[②]行业市场准入条件繁多、规则不透明、部门职权交叉,显然不利于营商环境的优化。在区域竞争压力的驱动下,到底是部门各自为政、紧握手中的审批权,还是整合相关职能、降低市场准入壁垒,地方改革者两相权衡之后毫不犹豫地选择了后者。地方政府显然希望抓住行政审批制度改革这一契机,实现促进地方产业转型升级、拉动区域经济发展的目标。

例如,大型基本建设项目投资领域的审批流程优化,是以改革拉动经济

① 参见《国务院关于鼓励和引导民间投资健康发展的若干意见》(国发〔2010〕13号)、《国务院办公厅关于鼓励和引导民间投资健康发展重点工作分工的通知》(国办函〔2010〕120号)。

② 骆梅英:《行政审批制度改革:从碎片政府到整体政府》,载《中国行政管理》2013年第5期。

发展的典型代表,也是各地政府最热衷的领域,地方政府这一领域内的尝试,几乎贯穿审批制度改革始终,自审批事项清理基本完成之后,一直延续到相对集中行政许可权的改革阶段。各地不仅联合本级各审批机关为项目投资者提供“订单式”审批服务,还采取模拟审批的机制,将审批的工作“提前”,充分利用取得土地使用权的时间,促进工程项目及早开工,以吸引更多的项目投资。① 此外,广东省还在国家工商行政管理总局的支持下,开展了商事登记制度的试点改革,包括采取更为宽松的登记主体、场所和资金条件等。② 企业投资管理体制的改革同样也在广东省积极试点,对于一定规模以下的投资核准事项采取标准化网上备案制。在广东省的改革者看来,这些改革措施最突出的成效便是企业设立数量和缴税金额的明显增加,而这些都是以行政审批制度改革吸引投资、拉动经济的直观例证。由此可见,尽管在前两种放权模式中受到较多的限制,但是就同层级间权力调整和审批流程优化而言,地方改革者在制度空间内迸发出了极大的创造力,也为相对集中行政许可权的实现机制提供了丰富的实践样本。

第三节　行政主导型改革的困境

新制度经济学者用强制性制度变迁来描绘此种由政府命令推行的自上而下式的改革模型。统治者权威的合法性或权力行使的正当性是与现行制度安排密切相连的,当出现制度不均衡(现有行政审批制度不适应当前社会经济发展),而需强制推行新的制度时,会伤害统治者权威的合法性或权力行使的正当性,由此导致了现行权力掌有者更倾向于维持现有制度安排的

① 模拟审批,是浙江省余姚市在基本建设项目行政审批领域进行的改革尝试,是在其他地区所采取的联合审批基础上进行的一种突破。对于特定范围内的基本建设项目,在土地未出让前,由项目主体按照审批的程序提交相应资料,其他审批部门视同其已取得土地使用权,开始进行其他事项的联合审批工作。关于模拟审批的具体内容及其评价,详见第三章现状审视中的“行政审批程序优化机制”部分。

② 参见国家工商行政管理总局《关于印发〈国家工商行政管理总局关于支持广东加快转型升级、建设幸福广东的意见〉的通知》(工商办字〔2012〕38 号)。

现象。[①] 因此,即便改革者对于改革能够创造更有效率的制度环境有着高度认同,也不可避免地存在对于旧有制度的依赖性。更何况行政审批制度改革就是以政府职能部门为直接改革对象,改革过程中的惰性是难以避免的。由行政命令自上而下推动的改革,其成效还有赖于每一阶段改革决策者的判断,而此时的决策风险是高度集中的,决策者的有限理性,使改革有可能出现反复。此外,在改革过程中,中央和地方决策者在改革目标上并不完全一致,这有可能导致地方对于经济效益的过度推崇,进而影响改革的规范性和公正性。

一、改革的反复性和有限理性

尽管改革方案的制定者往往都是专家型、学者型官员,但也难以对新的制度尝试作出最佳的安排。由于有限的决策主体所能掌握的知识是不完备的,能够设计出的备选方案也只是全部可能行动方案中的少数几个,又由于后果产生于未来,决策者对改革方案的实际成效的预见不可能是完整的,因此改革决策者永远无法制定出完全符合理性标准的方案。[②] 行政审批制度改革自然是一个逐步探索的过程,决策者的有限理性,意味着每一轮的改革方案都需要被不断修正,这使得改革呈现一定的反复性。

以保险中介领域的审批事项为例,第一轮至第三轮行政审批制度改革实施过程中,中国保监会共取消了 108 个审批项目,其中涉及保险中介机构的为 35 项。对于取消后的 35 个审批项目,大部分的后续管理措施均为设定相应标准和要求,由保险中介机构事后报告,属于真正意义上的取消事前审批。但就在第三轮改革方案出台后不久,国务院颁布的《国务院对确需保留的行政审批项目设定行政许可的决定》保留了 15 项涉及保险中介机构的审批事项,其中就包括在第三轮方案中被取消的保险代理机构、经纪公司、公估机构的开业核准。根据国务院对于三种中介机构设立审批的保留决定,保监会之前的关于取消审批

① 参见林毅夫:《关于制度变迁的经济学理论:诱致性制度变迁与强制性制度变迁》,载[美]R. 科斯、A. 阿尔钦、D. 诺斯等:《财产权利与制度变迁:产权学派与新制度学派译文集》,上海三联书店、上海人民出版社 1991 年版,第 384、398 页。

② See Herbert A. Simon, *Administrative Behavior: A Study of Decision-Making Processes in Administrative Organization* (4th ed.), New York: Free Press, 1997, p. 94 – 96.

的决定实际上部分的被废止了。如表 2－5 所示,关于这三种机构的设立审批,原本在第三批改革方案中已经被取消,但随着国务院决定的出台,其管理措施又被调整为:保监局先进行场所、设备的现场验收和相关人员的资格核查,之后分别作出批准决定或报送保监会再行决定。① 保监会改革方案所涉内容,在出台一个多月之后就被否定,从取消审批改为一定程度的管理层级下放,而保险中介领域审批事项的精简也一直延续了此种反复性。2009 年《保险法》出台以后,《国务院对确需保留的行政审批项目设定行政许可的决定》所保留的 15 个与保险中介机构相关审批事项中的一部分被以法律的形式确定下来。② 但在经过第五轮、第六轮改革之后,完全被保留下来的审批事项只有表 2－6 中的前 6 项。在经过审批事项的“精简—膨胀”之后,改革者根据实际行政管理需求,调整大部分审批项目的管理方式,完成了事项膨胀之后的“再精简”。

表 2－5　保险代理机构、经纪公司、公估机构开业核准的清理与调整

项目名称	设立依据	清理情况	后续管理措施
保险代理机构开业核准	《保险代理机构管理规定》(中国保险监督管理委员会令〔2001〕第 4 号)	第三批取消	保监局负责受理申请材料审查申请材料的完整性和真实性,与主要投资人、拟任法定代表人和拟任总经理谈话并进行风险提示,对营业场所、计算机软、硬件设施进行现场验收,审查高级管理人员及从业人员的资格等。 对于设立保险代理机构的申请,保监局在对拟设机构进行现场验收后,作出是否批准的决定,并将决定抄报保监会;对于设立保险经纪机构、保险公估机构的申请,保监局在对拟设机构进行现场验收后,将审核意见、谈话记录和申请材料一并报保监会,保监会作出是否批准设立的决定。
保险经纪公司开业核准	《保险经纪公司管理规定》(中国保险监督管理委员会令〔2001〕第 5 号)		
保险公估机构开业核准	《保险公估机构管理规定》(中国保险监督管理委员会令〔2001〕第 3 号)		

① 中国保险监督管理委员会《关于印发已取消行政审批项目后续管理措施的通知》(保监发〔2004〕79 号)。

② 除保险公估机构的设立、重大事项变更、高级管理人员任职资格、动用营业保证金、从业人员资格的事前许可,无法在《中华人民共和国保险法》找到直接的规范依据以外,其他的九项许可的设立均已被法定化。

表 2–6　保险代理机构、经纪公司、公估机构审批事项的清理

项目名称	设立依据	清理情况
设立保险公估机构审批	《国务院对确需保留的行政审批项目设定行政许可的决定》(国务院令第 412 号)	保留
设立保险代理机构审批	《国务院对确需保留的行政审批项目设定行政许可的决定》(国务院令第 412 号) 《保险法》第 119 条	保留
设立保险经纪公司审批	《国务院对确需保留的行政审批项目设定行政许可的决定》(国务院令第 412 号) 《保险法》第 119 条	保留
保险公估机构高级管理人员任职资格核准	《国务院对确需保留的行政审批项目设定行政许可的决定》(国务院令第 412 号) 《保险法》第 121 条	保留
保险代理机构高级管理人员任职资格核准	《国务院对确需保留的行政审批项目设定行政许可的决定》(国务院令第 412 号) 《保险法》第 121 条	保留
保险经纪公司 高级管理人员任职资格核准	《国务院对确需保留的行政审批项目设定行政许可的决定》(国务院令第 412 号) 《保险法》第 121 条	保留
保险公估机构 重大事项变更审批	《国务院对确需保留的行政审批项目设定行政许可的决定》(国务院令第 412 号)	第五批 取消
保险代理机构 重大事项变更审批	《国务院对确需保留的行政审批项目设定行政许可的决定》(国务院令第 412 号) 《保险法》第 132 条	第五批 取消
保险经纪公司 重大事项变更审批	《国务院对确需保留的行政审批项目设定行政许可的决定》(国务院令第 412 号) 《保险法》第 132 条	第五批 取消
保险公估机构 动用营业保证金审批	《国务院对确需保留的行政审批项目设定行政许可的决定》(国务院令第 412 号)	第六批 取消
保险公估从业人员资格核准	《国务院对确需保留的行政审批项目设定行政许可的决定》(国务院令第 412 号)	第六批 下放管理层级
保险代理从业人员资格核准	《国务院对确需保留的行政审批项目设定行政许可的决定》(国务院令第 412 号) 《保险法》第 122 条	第六批 下放管理层级

续表

项目名称	设立依据	清理情况
保险经纪从业人员资格核准	《国务院对确需保留的行政审批项目设定行政许可的决定》(国务院令第412号)《保险法》第122条	第六批 下放管理层级
保险代理机构 动用营业保证金审批	《国务院对确需保留的行政审批项目设定行政许可的决定》(国务院令第412号)《保险法》第124条	第六批 下放管理层级
保险经纪公司 动用营业保证金审批	《国务院对确需保留的行政审批项目设定行政许可的决定》(国务院令第412号)《保险法》第124条	第六批 下放管理层级

尽管事项清理的反复性对于行政审批制度改革本身而言,并非一个积极的现象,但从保险中介市场准入与机构变更事项相关审批的改革历程来看,事项清理的反复性并不能单纯地用改革的不彻底来概括。在第三轮改革时,保监会就已决定取消保险中介机构的设立审批,但在国务院上述决定作出之后,这一审批事项被完整保留至今。而从保监会的后续措施看来,审批事项清理过程中碰到的阻力主要不在于部门对于自身利益的追逐,更大程度上还是源于市场调节机制的不完善。2012年3月,中国保监会发布通知,暂停了对区域性保险代理机构和部分保险兼业代理机构的市场准入许可,而这一过渡性措施出台的主要原因就是保险代理市场存在"小、散、乱、差"的问题,依靠市场的自行调节能力还完全无法实现兼业代理的专业化和专业代理的规模化需求。① 由此可见,很多时候改革初衷是非常积极的,但初期大刀阔斧的改革方案,可能尚未经过充分的合理性和可行性论证,因而存在操之过急、矫枉过正之嫌,而之后事项清理的反复性恰恰是对此的应激反应。

二、经济诱因下改革公正性存疑

新制度经济学者认为自上而下式的强制性制度变迁模式,导致政策失败

---

① 《保监会有关部门负责人就暂停区域性保险代理机构及金融机构、邮政以外的所有保险兼业代理机构市场准入许可工作答记者问》,载中央人民政府官网,http://www.gov.cn/jrzg/2012-03/27/content_2101450.htm,2021年1月23日访问。

的一个重要原因就是，不仅顶层方案设计者有其制度改革的目标，每一个机构本身作为理性的个体也有自己所谓的诉求；地方的改革实施者并没有被中央决策者所完全控制，其自利行为也没有彻底消除掉，由此可能导致的结果就是，中央决策者所偏好的效益最大化的政策，在执行时却被地方或者下级机构扭曲成使其最为受益的政策。① 在管理学中也有类似的观察，复杂的组织结构中，组织整体的目标与其组成部门自身目标之间的偏差几乎是无法避免的，特别是在高度专业化分工的情况下，每一个部门各自决策中的最优解，可能会对组织中其他部门的决策构成限制，因此，对组织整体而言最满意的决策，往往不是对其内部的每一个部门都最有利。② 当然，各级地方政府之间以及其与中央之间的关系，并不是专业化分工的结果，而各级地方政府在行政组织上也具有类似的结构和功能，因此，其相互之间以及与中央在目标上的冲突，并不是因为专业分工所导致的功能差异型的冲突。③ 但是，地方政府除了当下的审批制度改革以外，还有常规性的社会治理任务，因此，在本节的语境下，中央与地方政府之间的目标冲突，可能主要是常规性治理目标与改革目标之间的不一致；并且在对这两个目标的追求过程中，各地政府之间还存在某种意义上的竞争关系，凡此种种都可能导致审批制度改革的中央决策者与地方实施者之间的目标偏差。

在压力型体制的背景下，各级政府围绕一些量化的指标和任务展开各项工作，最为重要的目标、同时也是最易考核的指标便是经济增长情况，④因此，对于地方政府而言，使其最为受益的政策便是能拉动经济增长的改革措施。从上文所阐述的地方试点措施就可以发现，一方面中央决策者的改革目标获

---

① 参见林毅夫：《关于制度变迁的经济学理论：诱致性制度变迁与强制性制度变迁》，载［美］R. 科斯、A. 阿尔钦、D. 诺斯等：《财产权利与制度变迁：产权学派与新制度学派译文集》，上海三联书店、上海人民出版社1991年版，第399页。

② See Herbert A. Simon, *Administrative Behavior: A Study of Decision-Making Processes in Administrative Organization* (4th ed.), New York: Free Press, 1997, p. 160.

③ 企业中的不同业务部门存在专业分工上的差异，因此，各个部门在功能和目标上会存在冲突，这类似于一级政府内各行政机关的功能差异，但不是一级政府相互之间产生冲突的根源。

④ 参见荣敬本等：《从压力型体制向民主合作体制的转变：县乡两级政治体制改革》，中央编译出版社1998年版，第28～30页。

得地方的高度认同,另一方面对经济增长的追求又强化了地方改革者对前一命题的确信,并成为各地政府重要的改革动力。与中央改革者重点关注政府职能转变和角色转型不同,经济增长对于地方改革者而言,成为此次行政审批制度改革的"意外收获"甚至主要目标。但是,在过分关注经济效益的情况下,地方可能会以一种良性的甚至是被中央默许的方式,扭曲改革的初衷。

与此相类似的,在经济体制改革过程中,地方政府同样明白,本地经济增长对政府政绩的重要性,因而或通过中央授权进行试点,或自主进行制度创新,来实现向市场经济制度的过渡。地方官员变身"政治企业家",为提升自身政绩考核水平,采取具有市场取向的改革措施,激活微观主体的活力并以此带来经济的增长,这些"政治企业家"成为推动经济制度变迁的第一行动集团。① 在经济制度改革过程中,地方改革者追求一些相对独立的目标、进行一些"破格"的尝试,通常被认为是成功的,②很重要的原因在于地方与中央的改革目标最终是一致的,是对于市场经济的完善和经济发展的追求。但在行政审批制度改革中,地区经济增长并不是最主要的目的,一味地追求经济效益的最大化可能会带来一些改革措施和路径上的偏差。

由政府主导的制度革新,尤其是发生在地方的改革,新制度产生的利益将在政府和社会公众之间进行分配。尽管经济增长对社会总体而言是有利的,但政府和社会公众的需求并不一定完全一致。当经济效益在行政审批制度改革过程中被过度放大时,会造成政府与社会公众之间改革利益分配的不均衡,进而造成改革公正性的缺失。其一,改革目的的片面化,导致改革资源配置的不合理。大型投资类项目审批流程的改造几乎是所有地方改革者关注的重点,而模拟审批等制度创新也以大型建设项目或者地方亟需的产业项目为主要服务对象。此类改革措施在惠及投资主体并促进地方经济增长的同时,不一定完全符合其他社会公众的利益需求。部分地方改革者就曾坦

---

① 参见杨瑞龙、杨其静:《阶梯式的渐进制度变迁模型——再论地方政府在我国制度变迁中的作用》,载《经济研究》2000 年第 3 期。

② 科斯认为,中国的经济体制改革中,家庭联产承包责任制等制度创新之所以成功,正是由于这些改革是游离于中央的改革计划之外的,是地方改革者以及微观经济主体在追求自身独立目标的过程中产生的。

言，“特事特批”和“绿色通道”会导致政府资源的过度倾斜，使其必须对其他一般审批事项承诺较长的办公时限，以预留出“特事特办”的时间。其二，重经济轻社会，公众对改革实效缺乏体验。与上述改革资源配置不合理相关联的，是社会管理和服务领域的行政审批制度改革受到的重视程度普遍较低。经济先行的改革思路，让大部分社会公众只能从地方经济增长中间接分享行政审批制度改革的成果，而在接触较多的社会管理与服务领域，则无法直观体验改革的成效。

第四节　以规范为基础的相对集中行政许可权

行政审批制度改革的启动以及后续以审批事项清理为核心的改革措施，基本是在行政手段推动下进行的，目的是在政府内部自上而下地实现治理模式的转变，这一点从推动整个改革进程的各项文件中就可了解。审批事项清理每一阶段的部署，均以国务院发布的规范性文件为依据，并且在每个阶段都明确刻画了职能转变的重点任务。尽管这些推动改革进程的文件都是由最高层级行政机关发布，但其中的绝大部分在法律渊源的效力层级中仍属于规章级别以下的规范性文件，在法理中为非正式渊源。① 当然基于行政机关的层级和组织决策原则，国务院发布的文件对国务院部门和地方各级人民政府有很强的拘束力，因而此种行政手段推动下的改革仍有明显的效果。但是，行政许可作为审批的规范化表达，是法律所规范的对象，审批制度改革在规范意义上需要以实现许可权行使的法治化为目标。如果说审批制度改革的一条主线是行政手段推动下的审批事项清理，那么，另一条主线则是规范

① 关于国务院发布的非行政法规的其他规范性文件，其性质在法律上并未完全明确。根据法规范的效力等级及相关法理，其属于规章以下的规范性文件；但从现有法规范来看，其效力的处理与一般的规章以下规范性文件又有所不同，并不属于行政诉讼附带审查的范围。例如，《行政诉讼法》第53条规定：“公民、法人或者其他组织认为行政行为所依据的国务院部门和地方人民政府及其部门制定的规范性文件不合法，在对行政行为提起诉讼时，可以一并请求对该规范性文件进行审查。前款规定的规范性文件不含规章。”本条附带审查的对象不含国务院制定的规范性文件。

基础上的相对集中行政许可权实现机制。从审批事项清理到相对集中行政许可权,某种程度上是行政许可制度从治理到法治的转型,审批事项清理过程中也有审批权集中的机制,但主要是行政意义上的权力集中,而我们现阶段所谈的相对集中行政许可权,更多是法律意义上的权力集中。《行政许可法》的实施,为相对集中行政许可权的实现,提供了重要的规范基础。

一、从行政审批到行政许可

审批相较于许可,是一个行政色彩非常浓的用词;与此相关的,相对集中行政许可权是一个拥有规范依据的表达,而审批制度改革则更多是行政意义上的。尽管事前的行政审批在行政管理活动中,特别在计划经济时代,是一项非常重要的手段,但其在学理研究中始终是一个模糊的概念,其与行政许可的关系也是众说纷纭。《行政许可法》对于可以设定许可的事项有明确列举,并附有不设许可的情形,同时该法第 83 条第 2 款还规定:“本法施行前有关行政许可的规定,制定机关应当依照本法规定予以清理;不符合本法规定的,自本法施行之日起停止执行。”从《行政许可法》的立法原意来看,审批和许可原本指的应当是同一种行政行为,[①]《行政许可法》试图以一部统一的法律来调整所有需要私人主体事前申请行政主体予以批准的行为,并将其一概命名为“许可”。第 83 条规定的清理和停止执行的要求,基本是对不符合该法规定的各种审批事项下了最后通牒。但是,就在《行政许可法》出台前后,国务院连续发布了《国务院对确需保留的行政审批项目设定行政许可的决定》(国务院令第 412 号)和《国务院办公厅关于保留部分非行政许可审批项目的通知》(国办发〔2004〕62 号)两个文件。根据《行政许可法》第 14 条的规定,国务院可以通过两种方式设定许可:一种是正式以行政法规的方式设定,另一种是以发布决定的方式设定临时性的许可。国务院发布的这两个文件,前者是将实质上符合《行政许可法》第 12 条之条件,但形式上的规范载体不合法(法律、行政法规以外的规范性文件设定)的 500 项审批事项,通过行政

① 参见杨景宇:《关于〈中华人民共和国行政许可法(草案)〉的说明》,载《全国人民代表大会常务委员会公报》2003 年第 5 期。

法规的方式进行了事后合法化;后者则是对于实质上和形式上均不符合该法之规定的审批事项,以临时性命令的方式,创造出了"非行政许可审批"这样一种类型。尽管该文件指出,所保留的项目"主要是政府的内部管理事项,不属于行政许可",但根据学者的详细分析,该文件中所涵盖的211个审批项目,有很多都很难被认定为行政机关的内部管理事项。[①] 该文件无疑给一部分不符合《行政许可法》的审批事项颁发了"丹书铁券"。"非行政许可审批"的名号,更让大量不符合《行政许可法》规定的审批项目得以改头换面,游离于《行政许可法》的规范之外。除此以外,根据《行政许可法》的规定,国务院各部委不再具有行政许可的设定权,这让原需审批的大量投资审批项目面临违法的问题,而就在《行政许可法》正式实施以后,国务院公布了关于投资体制改革的决定,破解了政府投资主管部门行使审批权的合法性困境。[②]

但需要承认的是,《行政许可法》为改革的法治化提供了最为全面的规范框架,对于行政审批制度改革的作用不容小觑。从《行政许可法》正式实施后发布的三轮取消和调整目录可见,上述两个文件所保留的审批项目也有不少被清理:第四批至第六批改革方案共取消和调整的项目中共有194项的设定依据是《国务院对确需保留的行政审批事项设定行政许可的决定》,占原保留总数的38.8%;而另有60项被取消或调整的项目的设定依据是《国务院办公厅关于保留部分非行政许可审批项目的通知》,占原保留总数的28.4%。《行政许可法》以及《国务院对确需保留的行政审批事项设定行政许可的决定》、《国务院办公厅关于保留部分非行政许可审批项目的通知》两个文件的出台,拉开了行政审批事项清理"精简—膨胀—再精简"循环往复、周而复始的序幕。直到2015年《国务院关于取消非行政许可审批事项的决定》,宣布取消49项非行政许可审批事项,将剩余的84项非行政许可审批事项调整为政府内部审批事项,"非行政许可审批"这一审批类别才正式退出历史舞台。但即便如此,学者还是发现不少被清理的审批事项并没有被真正废止,而是以其

① 参见王克稳:《我国行政审批与行政许可关系的重新梳理与规范》,载《中国法学》2007年第4期。

② 参见周汉华:《行政许可法:观念创新与实践挑战》,载《法学研究》2005年第2期。

他行政权力的方式被保留了。[①] 因此,尽管在规范意义上,许可的概念与范围是很明确的,但在行政治理过程中,许可与审批的关系还是没有被真正梳理清楚。

除此之外,许可实施过程中的裁量权控制难度也比较大。按照《行政许可法》的规定,对于符合该法规定而被设立的行政许可事项,相关的法规范要就许可的实施机关、条件、程序和期限等作出详细规定,因此一般来讲,许可事项(特许除外)的实施过程中,行政机关并不存在非常广泛的裁量空间。但是,一方面,实质意义上的非许可类审批事项广泛存在又不受《行政许可法》调整,无论是审批标准的设定还是审批实施的过程,都给行政机关留下了较大的自由裁量权。另一方面,即便是按照法定形式创设的许可,由于设立许可的法规范通常位阶较高,仅对"是否要许可"作出规定,而"怎样许可"则授权下位规范加以细化,真正影响到相对人权益的是具体化后的审查标准,这也为许可机关留下了大量的裁量空间。追根溯源,审批事项的设定与实施是在个人自由与公共利益之间寻求平衡,行政许可或审批的正当性也建立在公益基础之上,但所谓公益标准具有模糊性和不确定性,无法对自由裁量权的运作提供有效约束。[②] 而如果寄希望于通过司法程序对审批权运作进行严格控制,则又将面临高昂的司法成本。同时由于行政审批几乎涉及经济生活的各个领域,作为一项有力的管制手段,具有极强的专业性,在实务中更多涉及的是合理性而非合法性的判断,法院在介入时可能还存在专业上的不足。因此,尽管审批概念的行政色彩一直饱受诟病,而相对集中行政许可权的提出,是强调要通过法治化的途径来对行政审批制改革作进一步深化,但是,我们仍然应尊重改革实践者的智慧并从中撷取经验,根本上来讲还是要寻求"法治权威与政治权力"的协调。

行政审批具有强烈计划经济和行政管理色彩,与行政许可这一规范概念之间又有着复杂的关系。从本研究的目的出发,作为历史渊源的行政审批制度及其改革,对于相对集中行政许可权的实施有重要影响。在两个概念之间

① 参见王克稳:《行政审批(许可)权力清单建构中的法律问题》,载《中国法学》2017 年第 1 期。
② 参见陈端洪:《行政许可与个人自由》,载《法学研究》2004 年第 5 期。

的关系上,本研究更多的是在历史脉络的意义上使用行政审批的概念,而在规范分析的意义上使用行政许可的概念,并以此来建构规范框架下的相对集中行政许可权实现机制。鉴于这样的历史脉络,上述关于行政审批相关学理问题的讨论主要是作为行政许可制度及相对集中行政许可权问题的一个相关背景而予以阐述,后文就不再详细展开。当然,基于本章描述的历史进程可以明确,一般情况下,改革早期的审批事项清理主要是以行政手段为主而推动的政府治理改革,而相对集中行政许可权则主要是在规范基础上实现许可权行使方式的革新。尽管相对集中行政许可权在审批制度改革的整体背景下展开,但仍需要区分行政意义上的集中与法律意义上的集中。但从使用便利的角度出发,以下不对行政审批与行政许可作严格的区分,而是遵循通常的用语习惯。

二、规范框架下的行政许可制度

2004 年《行政许可法》的出台,无疑是行政审批制度改革的大事件。面对行政审批制度改革的重重困境,《行政许可法》试图力挽狂澜,以立法的方式为此项改革提供理论支持和规范依据。尽管审批事项纷繁复杂,涉及经济社会生活的各个领域,但《行政许可法》仍然从许可设定条件、设定主体、实施程序等方面对这一复杂的行政活动进行了规范。尽管如上文所分析的,《行政许可法》的实施效果仍然有很大的提升空间,但该法无疑为行政许可制度提供了体系化的框架,也为行政审批制度改革设定了明确的法治目标,更为相对集中行政许可权的实施提供了规范来源。

第一,审批权的学理依据与许可的设定条件。对审批制度改革的前一阶段,即审批事项清理而言,最核心的问题是为什么要进行事前审批,何种理由构成政府事前介入的正当性基础。这一问题在《行政许可法》中以法定的许可设定条件这样的方式作出了明确,目的是从源头上严格控制新的许可事项的产生。《行政许可法》第 12 条和第 13 条对许可事项的设定进行了正反两方面列举,将政府以许可或审批方式所从事的所有事前禁止性的规制活动,限定在一些特定的政府确有介入之必要的领域。[①] 从学理上来说，一般意义上的行政许可，是在特定领域中对个人自由进行了一般性的禁止，并明确了相应的解禁条件，而后交由政府予以事前审核，对符合条件者解除禁止的一项制度。此为"解禁说"意义上的许可，由于最开始所设定的一般性禁止领域，原本属于个人自由，只不过在权衡公共利益的情况下予以禁止，因此，无论在规范上还是在学理上都需要对一般性禁止的理由加以论证。《行政许可法》第 12 条规定的五种可以设定许可的情形，也对应于五种许可类型：普通许可、特许、认可、核准、登记。[②] 其中普通许可、认可与核准，其设立的学理基础较为一致，主要是对涉及公共利益或者对不特定他人的人身财产安全有影响的行为、职业、物品，采取事前审查的方式予以规制，并设定了实质性的审查和解禁条件。特许并不符合一般"解禁说"的意涵，而是一类特殊赋予相对人权利的许可，目的是对自然资源或公共资源进行高效、公正的分配。而登记主要用于确认市场主体或社会组织资格，从其事前审查的方式来看，这类许可采取的是形式审查，并未实质性地进行禁止和解禁，[③]此类事前审查对于主管机关来讲更多的是信息获取的功能，这在商事登记制度改革中也有所体现。由此可见，《行政许可法》关于许可种类及其设定的规则，其实并未根据

---

① 《行政许可法》第 12 条："下列事项可以设定行政许可：(一)直接涉及国家安全、公共安全、经济宏观调控、生态环境保护以及直接关系人身健康、生命财产安全等特定活动，需要按照法定条件予以批准的事项；(二)有限自然资源开发利用、公共资源配置以及直接关系公共利益的特定行业的市场准入等，需要赋予特定权利的事项；(三)提供公众服务并且直接关系公共利益的职业、行业，需要确定具备特殊信誉、特殊条件或者特殊技能等资格、资质的事项；(四)直接关系公共安全、人身健康、生命财产安全的重要设备、设施、产品、物品，需要按照技术标准、技术规范，通过检验、检测、检疫等方式进行审定的事项；(五)企业或者其他组织的设立等，需要确定主体资格的事项；(六)法律、行政法规规定可以设定行政许可的其他事项。"第 13 条："本法第十二条所列事项，通过下列方式能够予以规范的，可以不设行政许可：(一)公民、法人或者其他组织能够自主决定的；(二)市场竞争机制能够有效调节的；(三)行业组织或者中介机构能够自律管理的；(四)行政机关采用事后监督等其他行政管理方式能够解决的。"

② 《行政许可法》中并未明确五类许可的名称，此种归纳来自立法者的解释。参见杨景宇：《关于〈中华人民共和国行政许可法(草案)〉的说明》，载《全国人民代表大会常务委员会公报》2003 年第 5 期。

③ 《行政许可法》第 56 条："实施本法第十二条第五项所列事项的行政许可，申请人提交的申请材料齐全、符合法定形式的，行政机关应当当场予以登记。需要对申请材料的实质内容进行核实的，行政机关依照本法第三十四条第三款的规定办理。"

学理上的不同目的而作严格的区分，而是希望将所有需要行政机关事前审核的事项尽可能地纳入《行政许可法》，以便体系化地限制行政机关事前规制的权力。这对于相对集中行政许可权实现机制的意义是，许可设定依据和种类的区分，可以为许可权集中模式的类型化提供规范上的基础和学理上的启发。

第二，审批权的设定主体和许可的规范载体。对于需要事前审核的事项，谁有权予以设定，又交由谁来实施，这在行政法学理上是许可权的职权法定问题。从分权和控权的目的出发，职权法定要求行政机关行使的职权必须来自法律的授权，当然这样的法律授权并不是事无巨细的"法律保留"，而主要是对立法的权限进行分配，[①]也就是说，一般采取重要事项保留的规则，与公民基本权利关系越密切、侵害性越强、越是触及权力分配之根本的事项，应由越高位阶的法规范来设定。由于事前审批权的创设，涉及对公民自由进行一般性禁止，《行政许可法》将其视为法律上的重要事项，只有较高位阶的法规范才享有设定权。[②] 而在改革之前，各级各类文件特别是规章以下的规范性文件也能创设审批项目，这显然有行政机关自我赋权之嫌疑，违背了职权法定的原则。值得注意的是，《行政许可法》并未授予部门规章以许可设定权，这就避免了国务院各部委出于部门利益而为自己或者下辖部门设立许可的可能性。[③]

第三，审批权的制约机制和许可的实施程序。事前审查的权力符合规范和法理，并被有权机关制定的法规范所设立之后，其运行机制还应进一步被制度化与法定化。与审批制度改革基本宗旨一脉相承的，《行政许可法》提出

① 参见[德]哈特穆特·毛雷尔：《行政法学总论》，高家伟译，法律出版社2000年版，第114页。

② 参见《行政许可法》第14条至第17条。

③ 作为对照的，省级地方政府规章可以在尚未制定上位法的情况下设定临时性许可，参见《行政许可法》第15条。一般认为，省级政府与国务院部委在行政组织上属于相同级别，省级地方政府规章与部门规章的效力等级也相同，但从《行政许可法》的规定来看，在许可权的设定和实施过程中，地方政府比同级别的中央部委拥有更大的权限。省级地方政府与国务院部委的立法权与行政权，在哪些行政领域中存在差异，以及各自的权限范围如何，这在立法学和行政组织法中都是值得进一步研究的问题。

了对许可事项进行定期评价和清理的要求。[①] 这一点又同许可事项的设定标准相关,因为可以设立许可的事项只限制在《行政许可法》第 12 条所列的必要范围之内,那么当不再具备必要性时,特别是能够按照《行政许可法》第 13 条的方式进行管理时,自然应当解除这种事前禁止。从行政审批制度改革开始,中央和地方都对审批事项进行了数次清理,而《行政许可法》第 20 条的这项规则,真正将许可事项的清理工作以法律的形式固定了下来,审批事项清理也从一项行政手段推动的事务变成了一项制度化的审批权制约机制。而且,评价的主体包括了许可设定机关、实施机关和一般公众,评价主体的多元化安排更利于评价结果的科学性,而公众参与亦是正当程序的题中之义。值得注意的是,实施机关对许可实施情况及必要性的评价,对于许可设定与实施主体相分离的情况尤为重要,特别是本章第二节提及的审批事项由中央层级的法规范设定,而由省级以下人民政府及其职能部门实施的情况。作为实施主体的地方行政机关,能够了解这类事项是否符合实际管理需要、是否有取消之必要,但无权自行作出清理;而相对的,国务院及各部委在设定了审批事项后,并不直接参与实施,无法了解其实际运行情况。此种信息不对称需要通过许可实施中评价和清理机制的常规化和制度化来予以解决。除此以外,《行政许可法》还就许可的实施程序进行了规范。除对办理过程的高效统一、许可条件的公开化提出要求之外,还强调了电子政务在行政许可实施过程中的重要性。凡此种种,都进一步精简了行政许可的实施流程,也为相对集中行政许可权的实现机制提供了规范基础。

三、相对集中行政许可权的规范依据

在《行政许可法》中,除了有上述关于许可设定和清理的核心条款,以作为中央几轮行政审批事项清理工作的依据之外,还明确提出了行政许可实施

---

① 《行政许可法》第 20 条:"行政许可的设定机关应当定期对其设定的行政许可进行评价;对已设定的行政许可,认为通过本法第十三条所列方式能够解决的,应当对设定该行政许可的规定及时予以修改或者废止。行政许可的实施机关可以对已设定的行政许可的实施情况及存在的必要性适时进行评价,并将意见报告该行政许可的设定机关。公民、法人或者其他组织可以向行政许可的设定机关和实施机关就行政许可的设定和实施提出意见和建议。"

的高效、便民原则。[①] 特别是《行政许可法》的第25条、第26条明确规定了许可实施的"精简、统一、效能"要求,这两个条款关于统一行使行政许可权的规定以及其他相关的法律、法规,为相对集中行政许可权的具体实现机制提供了明确的法律依据和权威性的规范来源。

《行政许可法》第26条规定:"行政许可需要行政机关内设的多个机构办理的,该行政机关应当确定一个机构统一受理行政许可申请,统一送达行政许可决定。行政许可依法由地方人民政府两个以上部门分别实施的,本级人民政府可以确定一个部门受理行政许可申请并转告有关部门分别提出意见后统一办理,或者组织有关部门联合办理、集中办理。"这在没有改变行政许可的职权归属和分配规则的情况下,就具体的实施机制提出了集中化和联合处理的要求。因此,这一条款可以被概括为"相对集中行政许可",而不是"相对集中行政许可权"。许可权仍由原职权部门行使,只是在内部机构中作出协调,或者是在机关之间进行联合,反映到实践中主要表现为程序上的沟通和协商机制。在各级地方政府纷纷成立行政服务中心的情况下,该条款为入驻服务中心的各职能部门进行内部以及部门间的许可流程优化,提供了相应的规范基础。因此,《行政许可法》第26条的实践样本主要可以被归纳为,相对集中行政许可权的行政服务中心模式,以及与之相配套的大量程序优化机制。

《行政许可法》第25条明确:"经国务院批准,省、自治区、直辖市人民政府根据精简、统一、效能的原则,可以决定一个行政机关行使有关行政机关的行政许可权。"该条款的规定意味着在获得特别批准之后,相关部门之间的许可权可以进行实质性的集中,这也就改变了行政许可的职权归属和权力分配模式,产生了许可权在部门之间实质移转与集中的效果。这已经不是《行政许可法》第26条所指的"相对集中行政许可",而是真正的"相对集中行政许可权";此时已不仅是许可程序的优化,而是根本性地动摇了现有的行政管辖模式。《行政许可法》第25条在实践中的样本主要是,相对集中行政许可权

---

① 《行政许可法》第6条:"实施行政许可,应当遵循便民的原则,提高办事效率,提供优质服务。"

的行政审批局模式。这在行政法上有很深刻的意涵:行政审批局这样以许可权为核心创立的行政机关,改变了原来的按照行政管理领域进行专业分工的职权分配模式,同时也改变了政府治理结构,相对集中行政许可权和综合行政执法的结合,某种程度上使政府治理结构从行政管理领域的专业化分工模式,变成了"许可—监管—执法"的模式。当然这样的变革是否可行,还有待后文作深入分析。

相对集中行政许可权实现机制的两种样本,都是在各级地方政府的改革实践中产生的,是地方改革者在对《行政许可法》的两项授权条款进行深入解读,并结合实践智慧之后所形成的成果。这些实践模式的产生,既有自上而下的行政审批制度和行政体制改革带来的压力,也有地方政府自身转型升级的需求。因此,在对两种实践模型进行解读时,既需要描摹前一阶段审批制度改革所留下的历史印记,也需要体察地方改革者在制度压力、治理需求和规范制约之间,寻求发展空间的良苦用心。本章描述行政审批制度的发展历程,目的是为相对集中行政许可权的阐释提供历史经验,而后一章节,将聚焦于相对集中行政许可权的现实经验。接下来的主要任务是完成绪论中提到的问题再现,也就是剖析现有改革模式在规范上和法理上的基本内涵与表现形式,这是实证问题提升到理论分析的第一阶段,是在法治框架下探寻许可权集中机制的基础。

第三章　相对集中行政许可权的现状审视

2001 年,中国正式开启了行政审批制度改革;2004 年的《行政许可法》则将统一行使行政许可权确立为一项法定规则;2015 年,中央进一步出台了相对集中行政许可权的改革试点方案。在此历史与规范的背景之下,各地对相对集中行政许可权的实现机制进行了多种探索,实践中主要形成了两种相对集中行政许可权的改革样本:行政服务中心模式和行政审批局模式。行政服务中心的产生要远远早于行政审批局,而且只有部分试点省份成立了行政审批局,其他不少地市仍保留了行政服务中心模式。实践中两种改革模式并行的状态至少说明了,一方面,行政服务中心模式还无法满足许可权集中的需求,其至多只能达到"相对集中行政许可"状态;另一方面,行政审批局模式在实践中也存在明显困境,特别是改革者所希望的"许可—监管—执法"这样的治理结构能否成立还需要检验。此外,研究相对集中行政许可权的实现机制,所要论证的显然不只是两种模式选择何者的问题。相对集中行政许可权的改革应当是一项体系化和规范化的改革,并且也是更大范围的行政审批制度改革的一部分,因此需要考量许可权的相对集中在治理体系和法治框架中所需达到综合目标。

本章与第二章都以实证研究为主,但在研究方法上存在差异。第二章主要采取定量分析的方法,涉及对行政审批制度改革前一阶段，即审批事项清理的数据统计，以反映作为相对集中行政许可权的改革背景的审批制度，在历史脉络中的政策发展趋势。本章的现状审视，由于各地和各职能部门会基于自身需求和地区优势，发展出个性化的许可权集中路径，统计行政服务中心或行政审批局的数量和分布并无太大助益，因此，本章以定性分析为主，深入分析地方实践中的相对集中行政许可权的实施方式。对于行政服务中心模式以及作为其补充的审批程序优化机制，本章第一节将总结各地的典型措施，进行类型化的描述，并在学理和规范层面上加以剖析；对于行政审批局模式，本章将选取江苏省作为考察对象，江苏被列入2015年相对集中行政许可权的试点范围，并在省内各地开展了行政审批局模式的试点，以下第二节将详细阐述行政审批局模式的产生过程，以及在实践中所遭遇的困境。

第一节　行政服务中心模式及其补充机制

尽管相对集中行政许可权的改革试点是在2015年《相对集中行政许可权试点工作方案》发布后正式启动的，但是，许可权的集中统一行使作为审批制度改革的一项目标，各级地方政府早在2015年之前就有探索，并积累了丰富的经验。目前，两项与此相关的改革已基本成型。第一，权力清单制度。[①]全面实施权力清单制度，与相对集中行政许可权的试点方案基本同时发布，鉴于审批事项清理和目录化管理已为权力清单的编制作了充分准备，目前至少在形式上大部分地方政府都已完成了权力清单的编制与发布。权力清单对行政许可的职权依据、构成要件、实施流程等内容的厘定，是实现许可权集中化行使的基本前提。第二，行政服务中心。行政服务中心在审批制度改革的早期阶段，甚至在《行政许可法》出台之前就已初见雏形，可被视为地方政府以整体政府理念为基础，对地方治理结构进行优化的产物。作为空间集中的成果，行

① 根据中共中央办公厅、国务院办公厅印发的《关于推行地方各级政府工作部门权力清单制度的指导意见》，省级人民政府2015年年底前、市县两级人民政府2016年年底前，要基本完成政府工作部门、依法承担行政职能的事业单位权力清单的公布工作。

政服务中心是统一行使许可权的一种方式。而在行政服务中心模式的基础上，不少地方还尝试了一种更实质化的集中模式——行政审批局。[①]

上述几项改革实践与相对集中行政许可权的关系是：首先，从概念的外延来看，单纯的审批事项清理和权力清单的编制并不是许可权集中的问题，相对集中行政许可权是在厘清了许可权边界（是否应设定许可）之后，分析如何对许可权的行使予以集中化的问题。但是，权力清单制度也并不是简单地对现有权力事项进行梳理，其根本上还是会触及权力配置模式的建构以及权力与责任统一化的问题，其中也有治理目标与法治目标之间的紧张关系。[②]与之类似的，许可权集中要处理职能部门之间许可权的划分以及许可职能与监管职责的配置。从这个意义上讲，权力清单制度与许可权集中在组织法层面上遵循同样的法理。反过来，许可权集中化运行过程中的经验，也可用来不断修正权力清单的具体内容。其次，就统一行使许可权这一内涵而言，行政服务中心模式与行政审批局模式，都是相对集中行政许可权的实现方式，后者在前者的基础上发展而来，目前两者在实践中是并存在状态。[③] 但严格来讲，早期的行政服务中心只是“相对集中行政许可”，并无法实现许可权的转移或集中，但工作场所的集合能够帮助协调许可权集中化运行的各种机制。最后，除了已经被定型为行政服务中心和行政审批局的两种模式外，还存在其他实现许可权集中的途径，特别是各地在许可程序的优化上有大量实践举措，这些显然也应被囊括到相对集中许可权的实现机制之中。如果将许可权的运行状态，从分散实施到实质统一行使，视为一个广泛的光谱，那么对于相对集中行政许可权来讲，真正重要的是提炼和归纳各种不同程度、不同样态的集中路径，而不是将其固定为某一两个特定的模型。

---

① 例如，江苏省苏州市于2002年成立了行政服务中心，实现40个部门的596个审批和服务事项“一站式”办理。2017年，苏州市正式成立行政审批局，首批有13个部门的50余个审批事项划入市审批局统一行使。苏州市行政审批局官网，http://xzspj.suzhou.gov.cn/szsxzspj/jggk/jggk.shtml，2021年1月26日访问。

② 参见朱新力、余军：《行政法视域下权力清单制度的重构》，载《中国社会科学》2018年第4期。

③ 例如，在《相对集中行政许可权试点工作方案》中，浙江省和江苏省均被列入试点范围，但浙江省目前主要以实体的行政服务中心和线上的政务服务平台为载体，实现许可权的集中化行使；而江苏省基本采取的是行政审批局的模式，实现许可权的实际转移与集中。

一、行政服务中心模式的表现形式

行政服务中心,或称政务服务中心,[①]在2000年初时就已出现,据学者考证,其最早的雏形,可以追溯至1995年深圳市成立的外商投资联合审批服务中心。[②] 早期的行政服务中心主要针对政府各职能部门在地理位置上分散而对公民造成不便的问题,审批职能部门纷纷进驻行政服务中心,则至少解决了百姓的奔波之苦。这种物理空间上的集合显然还是非常初级的许可权集中机制,行政机关职权的分立、冲突等问题并未得到实质缓解。但是,场所的集合至少为各机关的沟通与协调提供了一个平台,而很多地市在成立行政服务中心之后,也进行了多种尝试与突破。

海南省于2012年在行政服务中心的基础上发展出了行政审批的"三集中"改革模式。海南省的行政审批"三集中"主要内容包含四大方面:科学配置审批权、优化再造审批流程、强化电子政务建设、有效制衡审批权。[③] 其中,被集中的三项内容为:审批事项、审批人员和审批权力,具体表现为各部门内部的许可事项集中于行政审批办公室,许可的审批权限集中于首席代表,行政审批办公室和首席代表进驻行政服务中心。与这样的组织架构相配套的,也有三类审批流程:"中心内部循环审批"针对常规标准化的事项,可由入驻中心的工作人员即时办理;"委托办理分办督办"针对本部门内的复杂事项,入驻中心的行政审批办公室无法自行决定,交由本机关的业务部门办理;"网上并联审批"针对那些两个以上具有关联性的事项,由部门联合同步办理。从规范意义上解读该种集中模式可以发现,所谓集中的三个方面,就是《行政许可法》第26条所规定的内容,并依托电子政务的手段进行了优化。而此处提出的三种审批流程,则是对不同类型的审批事项进行区分和归类,并配置相应的审批流程,这显然是关注到了不同领域许可权行使的差异,并包含了

---

① 参见《关于深化政务公开加强政务服务的意见》(中办发〔2011〕22号)。该意见将实践中的此类中心明确命名为"政务(行政)服务中心"。

② 参见刘恒、彭箫剑:《相对集中行政许可权的制度变迁》,载《理论与改革》2019年第2期。

③ 参见海南省政务中心官网:《海南行政审批"三集中"荣获中国地方政府创新奖》,载南海网,http://zw.hinews.cn/system/2012/01/09/013925132.shtml,2021年1月26日访问。

体系化的改革思维。此外,在突出权力集中的同时,为了强调权力的制衡,对于本部门内的复杂事项,行政审批办公室只行使分办权和督办权,而不行使审批权。这样的制度设计看似是为了保障部门职权的专业性,其实是在无法打破现有权力配置模式(专业领域导向下的分工)的情况下所为的权宜之计。由此可见,此种行政服务中心模式之下,能够最大限度地发挥改革成效的是标准许可事项,即无须大量专业裁量的常规事务,特别是只需形式审查即可完成的审批事项。因此,在行政服务中心尚未获得实质性授权的情况下,其最大限度地发挥集中化效果的方式是提高许可事项实施的标准化程度,也就是最大限度地压缩各职能部门的裁量空间,一旦裁量空间被压缩至零,就可完全由进驻行政服务中心的窗口直接办理。

浙江省宁波市于2010年开始进行行政审批服务标准化建设,以突破行政服务中心因无实质性审批权而导致的改革瓶颈。所谓的审批标准化,以"构建行政审批资格条件标准、运作程序标准、窗口服务标准、内部管理标准、环境设施标准,最终形成关于行政审批的标准化体系"为目标。[①] 从改革者的实际需求来看,行政审批的标准化,很大程度上其实是为了优化投资环境,引导投资创业;政府也希望充分运用行政审批标准的调控性和导向性,推动企业转型升级,推进经济发展方式的转变。但在学理和规范视野下,在许可要件和流程标准化的过程中,这种体系化的梳理可以帮助发现部门分割之后导致的政策法规冲突,解决许可条件互为前置以及审批规则不够细化统一的问题,最终在一级政府权限范围内完成行业准入标准的体系化编制,从而贯彻了整体政府的治理理念。宁波市推进审批标准化的第一步,是在市一层级编制了20卷本的单个事项行政审批标准。这一方面全面清理了各种证照批文的许可条件,取消了不合法、不合理的要求,增强了许可的规范性与科学性;另一方面,通过对具体审批标准进行细化和公开,在方便公众清晰了解审批条件的同时,也大大地压缩了部门的自由裁量空间。我们可以发现,此处已有权力清单制度和裁量基准制度的基础。标准化的第二步,是行业联合审批标准

---

① 宁波市行政审批管理办公室:《以标准化实现规范化和便利化——宁波市行政审批服务标准化建设情况》。资料来源笔者在宁波市的实地调研材料。

的制定。在一个行业的准入需要多部门许可的情况下，如要将各部门的审批流程集中到一个行政活动中，就需要破除部门本位的倾向，不能只满足于部门各自规范和标准的清晰化，而需要制定一个综合的审批标准。因此，宁波市在单个事项行政审批标准梳理完成之后，分别选取了文化娱乐业、汽车修理业、餐饮业等七个热点行业，编制了经营申办指南和联合审批规范，就整个行业准入标准的编制进行了试点。联合审批办理指南的主体部分对申请条件和需要提交的材料、联合审批流程、申办所需表格样本和填写示例、注意事项、各环节办理时限、各环节申请人和审批部门的责任等 9 个方面作了详细说明，综合了规划、消防、卫生、治安、环保等各方面的要求。[①] 在此种行业准入联合审批中，已经出现了大量沟通和协调机制，用来作为行政服务中心模式的补充。

为了更进一步提升行政服务中心在审批制度改革和许可权集中化改革中的地位，一些地方赋予了行政服务中心某些虚拟的法律地位。例如，宁波市象山县的“一体化”行政审批，就是在行政服务中心的综合审批窗口的牵头协调下，将需要多个部门分别审批的事项转化为由一个“虚拟主体”代办的审批；而许可申请人直接面对的这个“虚拟主体”就是综合审批窗口，其所依据的“一体化”审批标准就是类似于上述行业准入的综合性标准。在“一体化”审批中，实际的审批权限仍然属于各个职能部门，而综合审批窗口之所以能够进行全盘调度，完全源于各职能部门对行政审批管理办公室工作的认同，因此，行政审批管理办公室拥有的只是“非正式权威”。不同领域的部门在行使审批权时会考虑本领域的特殊性，而如果管辖权有交叉时，不同部门分别提出的许可条件就可能发生冲突，此时，行政审批管理办公室的角色是作为一个相对中立的第三方，出面组织协商以化解矛盾。象山县“一体化”行政审批方式的顺利展开，很大程度上依赖于审批管理办公室和综合审批窗口的这种“非正式权威”。但是，改革实践者也坦言，如果没有正式机制的保障，这种方式很难成为一个放之四海而皆准的模式，此种良好的协商与合作机制很可能会由于其中负责联络与协调的关键人物的调离而无法顺利展开。这是典

---

① 参见宁波市行政审批管理办公室：《以标准化实现规范化和便利化——宁波市行政审批服务标准化建设情况》。资料来源笔者在宁波市的实地调研材料。

型的行政手段推动下的改革所要面对的困境,特定的任务目标只能依赖特事特办,而具体效果又取决于特定实施者;在被正式制度承认之前,改革成果都很难被复制,也不具有体系性。

二、行政审批程序优化机制

在各地的行政服务中心内部,除了有以窗口方式进驻中心的各职能部门以外,还有如行政审批管理办公室这样专事行政审批制度改革的机构,但由于并不具有正式的行政主体地位,其所发挥的往往是规则标准整理和部门议事协调的功能。尽管法律地位的模糊性对于行政服务中心而言,是其发挥功能的最大障碍,但其所提供的整合与沟通平台,仍然是许可权迈向更为实质性集中的基础。作为行政服务中心模式的补充,地方改革者极具创造性地提出了多项审批程序的优化机制,以服务于复杂多变的行政任务。从学理上来讲,这些程序优化机制所提供的综合性和开放性视野,显然也能为行政程序法的完善以及宏观视角下行政过程理论的研究,提供很好的实践样本。

(一)行业联合审批运作机制

行业联合审批,就是上述宁波市行业准入标准体系的一个部分,一般是指以行业主管部门为主导,通过程序设计来适度打破行业内各审批职能部门之间的界限,以实现各审批事项之间的"同类项合并"和同步审批、并联决策。在上述行业准入标准体系中,既包括一个行业准入的实体性联合标准,也包括整个联合审批流程所采取的综合性程序规则。作为对后续运作机制的指导,该标准体系以文化娱乐业为例,将审批流程设计为:窗口受理、相关部门审核、统一实地勘验、同意筹建、筹建后申请验收、统一勘验和消防安全开业前检查、发证和申领营业执照等几个步骤。① 一般而言,行业联合审批流程可概括为"一窗受理、一表申请、联合审图、联合踏勘、信息资料交流共享"。这一系列制度都是以行业主管(在没有明确行业主管时,则为进行行业管理最

---

① 参见宁波市文广新闻出版局编:《歌舞厅、迪吧(厅)、卡拉OK经营场所设立办理指南》《游艺场所设立办理指南》《网络文化经营许可办理指南》。资料源于笔者在宁波市的实地调研材料。

为有效的部门)为主导而展开的。按照法理和规范上关于行政处理程序各阶段的划分,基本流程包括受理(立案)、调查、决定等环节,而行业联合审批流程,主要是对各部门在受理和调查环节中的重复或者类似的步骤进行了整合。一窗受理、一表申请,使相对人需要提供的材料被简化,资料共享平台能使申请材料和各部门意见在政府内部进行流转。联合审图和联合踏勘,将原本由各职能部门分别组织的那些重复性的审查与勘验工作集中到一个审查活动中,这一流程的集中,大大地压缩了对申请材料进行实质性审查所需要耗费的时间。行业联合审批标准及其运作机制的完善,在相关领域和行业内部实现了"变多部门受理为一个窗口受理"、"变多环节为一环节"、"变多表制为一表制"和"变串联审批为同步审批"的功能。上述审批流程的优化和审批程序的集中,使政府在行业准入过程中的角色定位,完成了从部门角度向政府全局角度的转变。这是在行政体制上尚未完全实现大部门格局的情况下,以程序再造的方式实现了政府部门的虚拟合并。这一运作机制和程序建制的直接效果就是程序提速,即审批时限的进一步压缩。以宁波市的文化娱乐业为例,在实施行业联合审批之后,该行业的审批时限从各审批部门分头办理所需要的100多个工作日压缩为30个工作日;机动车维修经营审批则从各审批部门分头办理所需要的58个工作日压缩为30个工作日。

与宁波市的行业联合审批在基本理念上非常类似的,还有武汉市进行的工业项目行政审批流程再造方案。优化后的工业项目行政审批的流程一共被分为服务咨询、注册、立项、供地和建设五个主要步骤,各个阶段都有明确的负责机关和其他参与机关。在服务咨询阶段,由市经信委负责综合协调,在之后的四个阶段则分别由市工商局、市发改委、市国土规划局、市建委牵头,组织相关部门进行配合。在后四个阶段中,由牵头部门组织实施的行政审批事项共有五大类,分别是市工商局牵头的"工商企业注册登记",市发改委牵头的"企业投资项目核准",市国土规划局牵头的"建设用地规划许可"、"建设工程规划许可",市建委牵头的"建筑工程施工许可"。[1]

---

① 参见《武汉市工业项目行政审批流程再造实施方案(征求意见稿)》,载长江网,http://news.cjn.cn/24hour/wh24/201106/t1386017_1.htm,2021年1月27日访问。

如图3－1所示，经过这样的优化再造，工业项目的审批流程从原先按照时间先后串联进行的过程，转变为既有串联又有并联的“混联电路”，很多原本由各职能部门直接向建设单位作出的审批，被转化为了某一阶段中的“内部程序”。当十分复杂的审批流程被整理并简化为四个主要的阶段之后，建设单位往往只需和牵头的四大部门接触，而牵头部门也就成为其他部门的“代理人”。值得注意的是，在法律关系的处理上，此审批流程再造方案并没有改变任何一阶段中真正的行政许可法律关系的主体，原来行使职权的各个部门仍然按照法定职责出具意见，即便被作为“内部程序”处理，但在学理上和规范上仍属于和相对人之间形成的外部法律关系，各个部门自行承担责任。可见这种流程以及职能部门的简化只是一种“委托”而非“授权”。这也是职能归并在深化过程中遇到体制性障碍时所采取的机制性变通措施。

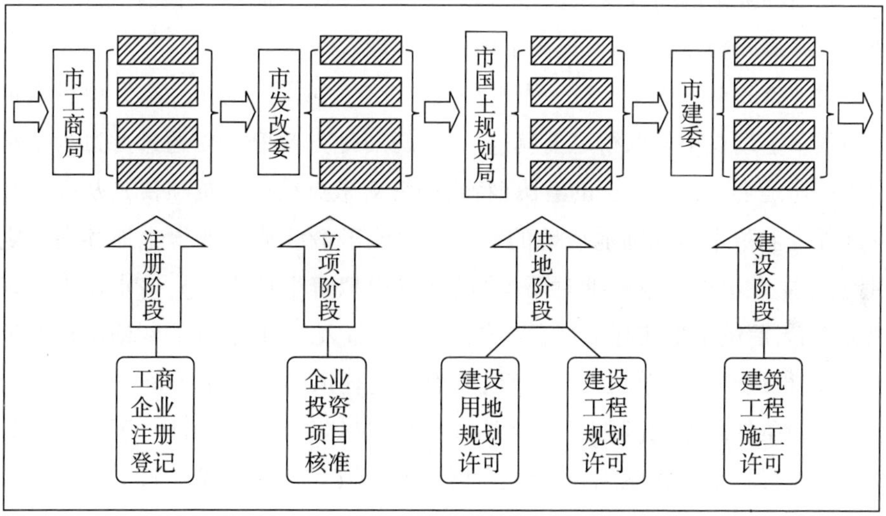

图3－1　武汉市工业项目行政审批流程再造①

(二)模拟审批

上述联合审批优化机制在许可流程的处理上，仍然遵循着法定程序的框架：有法定前置要件的行为，在整体框架下仍按先后顺序进行；无法定先后顺

① 本流程图系笔者根据《武汉市工业项目行政审批流程再造实施方案(征求意见稿)》绘制。

序的行为,可进行并联或整合。在此基础上更为激进的措施是模拟审批。模拟审批在各地的具体实践不太一致,但大致的思路和操作逻辑是:在图3-1中,立项和供地阶段一般最为耗费时间,为了使建设项目早日开工,部分改革试点地区的政策规定,在投资项目还不完全具备基本建设项目审批条件的情况下,由拟取得土地的投资项目的主体提出申请,按审批流程的各项要求准备报批资料,各审批部门视同该申请主体已取得土地,先行出具模拟审批意见。模拟审批意见可在相关职能部门之间进行流转,事实上起到正式批件的法律效力。而当该项目主体取得土地并达到法定审批条件之后,再由各审批部门对土地取得前的模拟审批意见进行补充、完善,出具正式审批文件,将模拟审批转化为正式审批。[①] 这样一种程序创新,被改革推动者概括为"急事急办、特事特办、适度超前、交叉审批"。实践证明,由于这一方式完全打破了部门之间错综复杂的前置交叉关系,解决了项目办理个别环节中的"瓶颈"制约和被动等待问题,进而明显提高了项目的办理效率。

对地方改革者来讲,这一程序优化方式有一项附加功能,建设项目审批中的很多手续在土地取得之前就进行了模拟,地方政府可以通过此过程了解项目主体是否真正有投资的意图(特别是针对重点招商引资项目),从而能在一定程度上防止出现囤地炒地的行为。而鉴于最终能否取得土地存在一定风险,业主在申请模拟审批时要填写《项目模拟审批承诺书》,该承诺书明确规定,如果后续土地实际取得者并非申请者,那么,由此引起的纠纷由所在地的乡镇、街道或责任单位负责处理,从而对责任风险进行了分配。[②] 但是,由于受适用条件的限制,可以开展模拟审批的具体领域十分有限,因而此种做法难以在行政审批领域成为一种普适性的经验(特别是在竞争性非常强的领域),也就是说,模拟审批只能是一种"特事特办"。另外,模拟审批整体上被

---

① 参见余姚市行政审批管理办公室:《创新审批思路,转变审批方式,切实破解审批难题》。资料来源笔者在余姚市的实地调研材料。

② 由于基本建设项目模拟审批的项目选择十分严格,因此,在笔者调研当时还未出现土地实际取得者与申请者不一致的情况。而余姚市在具体实施过程中,要求业主填写承诺书,约定审批管理办公室不负责处理主体不一致而导致的纠纷,也不承担申请者的损失。之所以采取这样的责任分配方式,主要由于在模拟审批过程中各相关部门并不收取任何费用,而是否要采取模拟审批的方式,也由项目主体自愿选择。

视为一种非正式程序，各部门的审查顺序和相互间的关系并不遵循法定程序的要求，而是留待最终决定作出时，由各部门再补充确定审查决定之间的前后顺序，填写相应的日期。这样的做法实际上完全架空了相关法律、法规对许可程序的规定，特别是关于不同许可决定之间法定先后顺序以及许可时限的要求。因而，此种看似十分高效的程序集中机制，在合法性与正当性上还值得商榷。

（三）协商性审批规则制定

以上行业联合审批和建设项目模拟审批，都是在现有行业准入许可条件以及建设项目许可条件均已编制完成的情况下，为了缓解许可标准和流程的复杂性而做的变通。那么，是否能够让许可标准和程序在制定之时就更加契合社会公众的需求，从而在源头上解决问题？事实上，许可条件和细化标准的编制，作为一种法定规范和公共政策，在制定时本就需要吸收专家、公众的意见。不过，实践中审批标准制定的常规化参与一般会面临两方面的问题：第一方面的问题是，参与主体的覆盖面往往具有选择性和偶然性。一些地方在制定审批标准时，往往只象征性地甚至有选择性地征求某些群体的意见，而并没有考虑部门、行业专家、社会公众的整体需求。更有甚者，一些许可机关会将审批标准的制定视为一项行政系统内部的纯"技术性工作"，而忽视参与所能带来的价值。特别是作为潜在许可申请人的社会公众往往难以有效地参与到源头性的许可标准制定之中。第二方面的问题是，参与形式单一、收效甚微。标准制定过程中的参与，目前主要停留在公告（上网）征求意见、函询（针对其他行政部门）等形式，很少包含具有论辩性质，并能真正吸收意见的参与机制。对此，学者和改革实践者提出了一种参与密度更高的方式，即许可标准编制中的协商性规则制定程序。

在行政法学理论上，所谓"协商性规则制定"一般是指，在政策制定的启动阶段，就将受政策影响明显的当事人引入行政程序当中，由政策制定者与受影响的群体共同协商来制定政策草案，以增加利害关系人对政策的参与程度和影响效果。这在比较法上有很成熟的制度可供借鉴，美国 1990 年便出台了《协商制定规则法》（Negotiated Rulemaking Act，NRA），不同于一般规则制定中的通告—评议程序(类似于我国规范性文件草案的征求意见程序),这一程序中存在更多的平等、密切而深入的协商活动(利害关系人的参与发生在程序的早期,且参与协商的人数较少),目的是希望利益相关主体能够与行政机关代表就被提议的规则达成一致意见。[①] 有学者认为,此种程序可能会导致"管制机构俘获"的现象,[②]也就是行政机关会过分关注利益相关当事人(如下文将提到的象山县农家客栈审批事项中申请获得农家客栈经营资格的村户)的意见,而忽略其他法定应受到保护的主体(如将居住在该农家客栈的游客)的权益。但毋庸置疑的是,由于具有充分的平等协商和参与,此种程序安排所形成的规则极大地消解了利益相关者的抵抗情绪,也吸纳了规则制定以及后续实施中所应考虑的实际需求,从而能减少许可标准与实践需求之间的差距。即便最终没有达成一致意见,沟通本身就具有重要的意义,沟通能带来信息增量,让最终形成的规则更多地吸收利益相关者所掌握的资讯、知识和专业技能。[③] 当然,在我们这样一个成文法国家,引入上述程序可能存在先天的困难,因为许可条件一般都是法定的,理论上不能通过"协商""讨价还价"来制定或调整。但是,一方面,由于行政审批过程中存在裁量空间,行政机关可以在一定程度和范围内,根据法定裁量权来对审批标准进行协商;另一方面,中国幅员辽阔,各种复杂情况层出不穷,有必要在规则的统一性与具体情况的复杂性、多样性之间进行适度调整,因此,一定形式的协商又是必要的。

事实上,在各地行政审批制度改革实践中,已有上述协商性规则制定程序的雏形。以浙江省象山县的农家客栈审批标准的制定为例,"协商"就是审批标准制定过程中的关键词。象山县地处浙江省中部沿海,具有丰富的农业和渔业资源,农业观光旅游和海洋旅游业都相对发达。尽管具备区域"旅游富民"的先天优势,但由于相应的配套设施不够齐全,在2010年之前,当地的

---

① 参见阿尔弗雷德·C.阿曼:《新世纪的行政法》,载[新西兰]迈克尔·塔格特编:《行政法的范围》,金自宁译,中国人民大学出版社2006年版,第127~131页。

② 参见[英]卡罗尔·哈洛、理查德·罗林斯:《法律与行政》(上卷),杨伟东、李凌波、石红心、晏坤译,商务印书馆2004年版,第396页;阿尔弗雷德·C.阿曼:《新世纪的行政法》,载[新西兰]迈克尔·塔格特编:《行政法的范围》,金自宁译,中国人民大学出版社2006年版,第130页。

③ See 5 U.S.C.A. § 561.

旅客接待能力一直很差。与此相对的,“民间资源”却很富足,在象山县的部分村落中,许多青壮年外出务工,家中只有老人居住,导致许多房屋常年闲置,造成了一定程度的浪费。当地村民希望用闲置的房屋来打造农家客栈,在解决浪费问题的同时,也能够带动周边的观光农业经济。农家客栈在性质上可比照旅店业进行管理,而且其卫生条件、消防设施等涉及旅客的切身利益,政府确有干预之必要,但适用于旅店业的许可条件和审批细则却无法应对这一现实需求。一方面由于农家客栈在当时尚属于一个新近产生的事物,专门针对农家客栈的审批标准存在缺位现象;①另一方面尽管农家客栈与旅店业有相似性,但由于农村家庭环境的特殊性,以旅店业的标准来对其进行审查,往往是强人所难。② 换言之,如果地方职能部门机械地套用旅店业的审批标准,农家客栈与观光农业将难以得到发展。

为了解决上述两难问题,象山县有关职能部门在审批标准制定中开展了两个层面的协商活动:一方面,行政审批管理办公室召集行政服务中心的工商、药监、公安、卫生、环保、消防等窗口负责人到现场考察农家客栈的营运情况,根据实际调研结果,适度转换或者降低审批标准,例如,对消防、公安、环保等条件,以村落整体作为许可相对人,由村落统一增设相关设施满足整村农家客栈的营运需求,而不对每一户作单独要求。③ 同时,在实地调研和征求

---

① 在实地调研当时,对法律法规进行检索后发现,并无包含“农家客栈”的规范性文件,与之接近的“农家乐”出现在部分省市的旅游业管理规定中,但这些文件多笼统地规定“农家乐”要按照相应的标准提供服务。而且相关规定多以餐饮卫生类标准为主,与农家客栈密切相关的旅店住宿类标准却比较少。当然随着农家客栈这种经营方式的普及化,包括城市地区的民宿的大量出现,相关的管理规定也在不断细化和专业化。例如,浙江省随后就发布了《浙江省人民政府办公厅关于确定民宿范围和条件的指导意见》(浙政办发〔2016〕150 号)、《浙江省民宿(农家乐)治安消防管理暂行规定》(浙公通字〔2016〕60 号)。

② 例如,一般的旅店业审批标准要求酒店必须设置专门的消防通道,而在一般农村自建住宅中并无此种设计,如要专门进行改造,又会违背以闲置房屋打造农家客栈的初衷。相似的问题也会出现在许多大城市所新兴的民宿的管理之中。部分地区开始针对民宿行业制定专门的管理规定,如《广东省民宿管理暂行办法》已于 2019 年 9 月 1 日开始实施。

③ 这在原理上类似于环境法中在对污染源这一概念进行解释时所采取的“气泡原理”,即将整个工厂或者某一片区视为一个污染源,设定污染排放标准,但不要求其内部的每个排污口都符合该标准,从而将内部调配的自由留给私人主体。See Chevron, U. S. A. , Inc. v. Natural Resources Defense Council, INC, 467 U. S. 837(1984).

意见的基础上，由各部门会商联合制订农家客栈审批的行业准入标准。[①] 另一方面，通过组织召开由各部门、村级组织和农户共同参加的座谈会，对村落整体和农户个体进行详细的指导和反馈，以确保农家客栈符合行政审批要求，一次性通过申请并验收。在这一审批规则中最具特色的是，根据实际需求采取统分结合的审批原则，各职能部门通过法律解释技术调整了许可法律关系的主体，将审批对象分为村落和农户两个层次，进行多主体审批，分别采取不同的要求。对审批对象进行区分和变通，很好地解决了抽象的法律法规标准与具体的经济发展需求之间的矛盾。统分结合的审批原则，从规范和学理角度来看，可以说非常巧妙地实现了不同层次和不同类型的许可事项所希望达到的不同治理目的。

从象山县农家客栈审批标准的产生过程可以发现，协商制定审批规则这一沟通程序，并非完全是当地政府和许可相对人之间的意思自治，标准的协商仍然是以《农家乐经营户（点）旅游服务质量星级划分与评定（浙江省地方标准 DB33/T669－2007）》这一上位标准为底线。所谓的统分结合的审批原则，在许可法律关系中区分了两个层次的主体，村落这一层次的主体要满足上位的严格标准，而其内部的农户则可以用较低的标准来进行审核，因此，这是在规范允许的框架内进行的变通。在协商的过程中，行政审批管理办公室以上位标准为底线，代表了法律所预设应当受到保护的群体（如居住在该农家客栈的游客）在卫生、安全等方面的需求，而避免偏听于许可申请人这一方的诉求（申请获得农家客栈经营资格的村户），从而坚持了依法履行监管职责的要求。

尽管象山县的农家客栈审批标准可以说在某种程度上修正了上位的许可条件，但在这一修正过程中有公众参与的民主机制，将公众引入此种重要标准的制定和重要事项的决策程序中，将使广义上的民主参与管道更加多元，[②]甚至能在一定程度上弥补上位规范制定过程中参与性的不足。而且上述协商

---

① 《关于规范农家客栈审批的实施意见》（象政办发〔2012〕93 号）。

② 参见叶俊荣：《面对行政程序法——转型台湾的程序建制》，台北，元照出版有限公司 2002 年版，第 124 页。

的结果最终落实于《农家客栈审批要求》这一规范性文件之中，并被公开发布。这些代表程序理性的做法，更强化了协商和修正行为的正当性。相较于削足适履式地执行上位标准或者干脆让农家客栈处于"无政府"状态，通过正当的程序产生合理的规范，进而结构化、系统化地处理实际的许可法律关系，良性地修正与实际需求不相符的许可条件，无疑更符合责任政府的理念。

这样一种协商性规则制定，较好地实现了"合法性"与"最佳性"的统一，在审批标准僵硬、陈旧，而与现实生活的多样性之间发生矛盾时，可以运用协商机制获取充分信息，并了解公众的切实需求。在象山县的案例中，政府部门借助法律拟制技术合法地调整了审批的具体要求，并在此基础上通过村落与农户的积极参与，以及多方主体之间全过程的深度沟通，最终达成了"双赢"的结果。这个过程已具备协商性规则制定的基本形态，当然，具体的操作实践可能还只是一种非自觉的行动，在改革者眼中，这仍属于一次由行政手段主导的、特事特办性质的变通，目的是解决当下的审批标准僵化问题。这样一种实践，自然缺乏规范性、系统性的考虑，如在参与协商的主体划定、参与协商的时机选择等方面，尚有改进空间。

第二节　行政审批局模式的产生与实践困境

现有改革实践模式中，行政（政务）服务中心以及一些审批流程优化机制，所发挥的功能是促进各部门间的协调，其能实施"相对集中行政许可"，但无法达成"相对集中行政许可权"的目标。[①] 行政服务中心本质上是职能部门的空间集合体，许可权仍由进驻中心的各职能部门分别行使，并不发生许可权的转移，因此，许可权并未在行政机关之间实现集中，[②]这成为行政服务中心模式在提升许可权集中效果上最主要的"瓶颈"。其他许可程序的优化机

---

① 参见朱新力、黄玉寅：《"行政服务中心"模式的实践、正当性与时代出路》，载《浙江学刊》2013年第5期。

② 参见徐继敏：《相对集中行政许可权的价值与路径分析》，载《清华法学》2011年第2期。

制,是在各部门履行职权发生管辖交叉时,对重复的流程进行了集中,可被视为权力运行的润滑机制,降低了复杂行政法律关系下的"交易成本",但仍然没有实现许可权的转移。行政审批局模式对症下药,提出了许可权实质性转移和集中的要求,但从目前部分地方的实施情况来看,此种模式仍然存在不少困境。行政审批局的出现,是否真能克服行政服务中心的不足,打破条块分割的局面,实现许可权的集中,并将许可、监管、执法分离开来,从而创设一种新的政府治理框架,仍然有待论证。

一、行政审批局模式的产生

当许可事项经过数轮清理,职能部门实现空间上的集合,审批程序的优化达到一定限度后,审批制度改革的效益就会发生递减。从上述行政服务中心模式以及作为补充的程序优化机制的地方实践可以发现,改革者已经在或多或少地突破规则的限制,现有改革措施在法律框架下能达到的效益已接近极限。改革者不再满足于技术手段上的创新,而谋求更实质性的集中,行政审批局模式便被创造了出来。最早以行政审批局命名、具有行政主体资格(有权以行政审批局名义作出许可决定),并实质性取代原职能部门的许可权的实践样本,是四川省成都市武侯区于2008年挂牌成立的行政审批局。① 在新一轮的相对集中行政许可权试点方案出台之后,这一更实质化集中许可权的模式被多个试点省市所采纳。尽管大多数的行政审批局,是在对原行政服务中心进行实质性充权的基础上形成的,但从整个制度变迁来看,两者之间并不是简单的线性发展和替代关系,而是一种并存的竞争关系。例如,浙江省和江苏省这两个相邻的并且经济社会发展水平相近的省份,分别采取了行政服务中心模式和行政审批局模式,甚至广州市的两个下辖区也分别选择了不同模式。② 这一方面是由于目前的相对集中行政许可权的运行机制仍在进

① 参见朱新力、黄玉寅:《"行政服务中心"模式的实践、正当性与时代出路》,载《浙江学刊》2013年第5期。

② 参见丁辉、朱亚鹏:《模式竞争还是竞争模式?——地方行政审批改革创新的比较研究》,载《公共行政评论》2017年第4期。该文考察了广州市下辖的荔湾区和经济技术开发区所采取的两种许可权集中模式,并特别探讨了二者并存的原因以及相互的影响方式。

行试点性改革,也就是尚处于制度变迁过程中,多种模式并存的状态十分常见。[①] 另一方面地方改革者在选择其中一种模式并基于自身条件进行改进之后,有不断放大本模式之优点并予以固化的趋势,地方政府之间的竞争逻辑在此处依旧成立。当然更为根本的是,两种模式各有优劣,行政审批局模式并不能完全修正行政服务中心模式的缺陷,甚至还会遇到新的理论难题和实践困境。

行政服务中心模式最大的症结是,服务中心在法律上几乎是一个虚拟的主体,就许可领域而言,服务中心内部专事审批制度改革的行政审批办公室通常并不享有实质性权力。这一实体职权上的欠缺,让地方改革者不得不通过程序变通,甚至不惜突破规范边界,来实现许可权集中的目标。因此,行政审批局成立的目的就是创设一个在法律上享有实质性许可权的机关。根据试点地方的具体做法,行政审批局模式主要具有以下两方面特点:第一,行政审批局具备法律上的主体地位。对于需要集中的事项,许可权从各职能部门剥离,直接转移至行政审批局;行政审批局承担的不是促进各部门协调的职能,也不是被委托行使许可权。当然,采取行政审批局模式的省(市)也没有将所有的许可权均集中于行政审批局,例如,根据苏州市行政审批局所发布的权力清单,其一共承担29个许可事项的审批权,另有6项其他行政权力,除此之外的大量许可事项仍由各职能部门分别行使。[②] 第二,该模式一般将行政审批局定位为专业的审批部门。相对于其他特定领域职权部门,行政审批局具备独立性,目的是避免掺杂部门利益,使其在行使许可权时能以整体政府的角色出现。

关于行政审批局的独立性这一点,值得详细探讨一下。在规范层面,《行政许可法》第25条的初衷是由“一个行政机关行使有关行政机关的行政许可权”,按照文义解释,集中行使许可权的机关应与被集中的机关在职能上有相

---

① 以上提及的浙江、江苏、广东都在《相对集中行政许可权试点工作方案》所划定的试点范围内。

② 参见苏州市行政审批局官网,http://xzspj.suzhou.gov.cn/szsxzspj/qlqd/201912/7fbad4555e4042a1a4b0506552805c6e.shtml,2021年1月28日访问。

关性;如果是创设新的行政机关,那么,被集中的许可职权也应具有相关性。但是,《相对集中行政许可权试点工作方案》(中央编办发〔2015〕10 号)对该条的解读是“将政府各部门的行政许可权交由一个部门行使,或者将一个部门的行政许可权交由另一个部门行使”,从该方案的表述可以发现,被集中之许可职权的相关性已不再重要。可以与之相比较的,相对集中行政处罚权的规范表达同样为“一个行政机关行使有关行政机关的行政处罚权”。[①] 作为相对集中行政处罚权之实践典型而被创设的城市管理综合行政执法局,也是由住房与城乡建设领域的主管部门集中行使环保、工商、交通等部门与城市管理相关的处罚权。[②] 根据新修订的《行政处罚法》,综合行政执法制度的建设应区别不同的行政管理领域,尊重专业性上的差异。[③] 因此,行政审批局模式这一高度独立性和去专业化的处理,某种程度上超越了《行政许可法》第 25 条原本的规范意图,并且通过《相对集中行政许可权试点工作方案》的部署安排获得了认可,甚至可以说达到了比处罚领域的综合行政执法更为集中化的效果。

相较于行政服务中心,行政审批局模式触及了部门体制变革的问题。该模式将行政审批局定位为专司许可权且独立于其他职能部门的机关,这打破了传统以事务管辖分类为核心的行政职权分配模式,实际上探索了一种“决策、监督、执行”的政府治理框架。部分地方改革者已经明确提出这样的目标,如江苏省张家港市将相对集中行政许可权改革试点的目标描述为“构建集中高效审批、分类监管服务、综合行政执法的基层政府治理架构,简约、便民、阳光、高效的法治政府、服务型政府”。如果此种改革目标能够达成,政府的行政处理模式将被整合成为三个阶段:许可—监管—执法。在许可和执法环节可以分别对许可权和处罚权进行集中,对应于目前进行的审批制度改革

① 《行政处罚法》第 18 条第 2 款。

② 《城市管理执法办法》第 8 条:“城市管理执法的行政处罚权范围依照法律、法规和国务院有关规定确定,包括住房城乡建设领域法律、法规、规章规定的行政处罚权,以及环境保护管理、工商管理、交通管理、水务管理、食品药品监管方面与城市管理相关部分的行政处罚权。”

③ 《行政处罚法》第 18 条第 1 款:“国家在城市管理、市场监管、生态环境、文化市场、交通运输、应急管理、农业等领域推行建立综合行政执法制度,相对集中行政处罚权。”

和执法体制改革;而传统事务管辖分类模式下的各个部门,主要集中于监管环节,并承担行政过程上游的政策制定功能;最终实现审批标准化、监管专业化、执法综合化。

为了深入研究行政审批局在实践中的运行机制,本节选取了江苏省作为实证分析的对象。江苏省是2015年相对集中行政许可权试点改革省份之一,该省第一批选取了南通市、盐城市大丰区、苏州工业园区、盱眙县四地作为试点地区,后又增加了第二批试点地区以及部分省级以上开发区,前后共35个工作地区和功能区开展了相对集中行政许可权的试点。江苏省的这些试点地区均采取了行政审批局模式,并于2018年进行了相对集中许可权试点工作的评估。[①] 通过考察江苏省各地行政审批局模式的运行情况,整理归纳改革评估所反馈的问题,[②]可以发现,通过设立行政审批局,部分的许可职权虽然在形式上与其他职权切割开来了,但在实质上,行政审批局行使职权时仍然与原职能部门之间存在盘根错节的关系。将许可权转移和集中到一个部门,不仅涉及权力的变动,还会牵涉行政机关横向和纵向关系的处理。如果以"许可—监管—执法"这样的结构来描述政府行为,由于原职能部门仍承担监管职责,那么事务管辖权分工下的行为模式与许可权集中后的行为模式之间如何协调就成为新的难题。此外,在责任分配方面,许可部门集中与监管部门分立之间的冲突,导致批后监管的职责边界需要被重新划分。

二、组织困境:横向和纵向关系的处理

在横向的关系处理上,行政审批局与行政服务中心的最大区别在于,其他同层级各职能部门的许可权被集中到了审批局中,被集中的职能部门不再享有相应的许可权,而只是保留了政策制定与监管职权,实现了许可职权的实质归并,从"相对集中行政许可"进一步提升到了"相对集中行政许可权"。在横向职权分配上,行政审批局模式是以决策、许可、监管这样的视角,而不

---

① 《关于开展相对集中行政许可权改革试点评估工作的函》(苏府法函〔2018〕15号)。

② 本节以下关于行政审批局模式在实践中的困境,均提炼自江苏省各地区在试点中碰到的实际问题。

是传统的事务管辖权分配视角来看待行政机关的职能,行政审批局设立的目的就是专司其中的许可职能。各行政领域专业性上的差异,以及被集中的各项许可职权之间的相关性,并不是这一模式的考察重点,行政审批局也以相对于各职能部门的独立性和中立性而著称。但在对实践中的处理方式加以观察后可以发现,行政领域之间的差异性仍深刻影响着行政机关的组织思维。行政审批局的内部仍然延续了原事务管辖权的分类标准,其内部的组织架构,往往是根据许可职权原属部门作适当归并后分别设置相应科室,来具体行使许可审查的职责。例如,常州市武进区,在行政审批局内设置了市场准入审批科、投资建设审批科、社会服务审批科、综合审批科、现场勘查科等机构,各自审查相应领域的许可申请。

在处理不同行政领域之间存在的专业性差异这一问题时,行政审批局的组织架构其实是从传统的先进行事务管辖权分配,而后由该领域的行政机关分别作出各类行政决定这样的模式,变成了先进行行政行为类型化,再在内部区分各个行政领域的模式。其优势在于,行政审批局在其内部对事务管辖权的分类标准作了进一步优化,按行政领域的大类进行了整合。传统的行政事务分类往往缺乏逻辑性、存在交叉重叠,与当下的行政任务也缺乏匹配性;而行政审批局的内设机构至少是按照市场准入、投资建设、社会服务等行政任务大类进行分工的,在分类的基础上达到了一定范围内职权集中的效果。上述任务中被集中的许可事项的审批权原本分属于多个独立的职能部门,当存在管辖权重叠或许可标准冲突时,需要在行政机关之间进行协商;但在行政审批局模式下,尽管内部仍有多个科室,但此时的协调就是行政机关内设机构之间的沟通。在行政法学理层面上,此时的法律关系就从两个以上行政主体之间的协调关系,变成了一个行政主体的内部组织关系。而又由于传统行政法学主要关注行政主体与相对人之间的法律关系,行政主体内部的关系并非研究重点,因此,在外部行政法律关系视角下,此种管辖和标准冲突其实已经隐形了。就权力和责任主体的确认以及与相对人的关系而言,在行政审批局模式之下确实是一个行政机关统一行使许可权。但是,冲突的隐形并不等于冲突的消失,组织的合并可以解决管辖交叉的问题,但不能解决许可条件的冲突问题,在作为许可依据的标准依旧存在矛盾的情况下,整合后的机构仍面临统一解释规则的难题。进一步而言,由于行政审批局内部的各个处室属于分立状态,在解决标准冲突的问题时仍然需要建立有效的沟通机制来实现机构间的协调与合作,这一点并不会因为内外部法律关系的不同而有本质的区别。因此,即便行政审批局模式在组织上实现了部分许可职权的整合,但在程序制度上仍然需要建构一种多机关(机构)参与决策的程序模型,来厘清机关(机构)之间的法律关系,明确沟通与协商机制。

更为复杂的是,我国地方政府的各职能部门一般采取的是双重领导的组织原则(垂直管理部门除外),那么,此时就可能出现横向整合与纵向领导之间的冲突。这在采取行政审批局模式的地区已成为一个非常现实的问题,例如,作为市场准入领域的重要事项,营业执照的发放通常被纳入行政审批局的职权中,也就是在采取审批局模式的地方,市场主体的营业执照是以行政审批局的名义颁发的。但国家工商行政管理总局在 2018 年初专门发布了一个规范性文件,明确"营业执照的法定签发单位是各地工商部门或合并工商职能的市场监督管理部门,营业执照签发单位和营业执照加盖印章单位应当一致,不得在营业执照上加盖非签发单位印章"。[①] 该文件直接动摇了行政审批局核发营业执照这一行为的合法性;特别是目前只有部分地区采取了行政审批局模式,市场主体从审批局处申领了营业执照后,如在其他地方进行经营活动,可能会面临主体身份违法的风险。上述实例表明,行政审批局的许可权限在具体领域中受到行业主管部门的否定,而在一般的组织架构中此类冲突更为广泛。即便采取行政审批局模式的地区,也并非在每个层级上均设立了行政审批局,在需要与上下级行政机关进行沟通时,行政审批局所要面对的是多个原职能部门纵向关系中的上下级机关。例如,常州市武进区行政审批局中的投资建设审批科,承接了原发改、环保、住建、民防等九个职能部门的许可权,但上级政府并未设立行政审批局,其职能部门仍保留分散模式,这就导致武进区行政审批局内的该单一科室需要与上级的九个职能

① 《工商总局办公厅关于进一步统一规范企业登记注册管理工作的通知》(工商办字〔2018〕1号)。

部门进行业务沟通，一对九的上下匹配模式其实大大降低了沟通和履职的效率。

在纵向关系上还涉及权利救济问题。例如，在行政复议法律关系中，复议机关的确定一般也遵循纵向双重领导的原则，[①]这就会导致行政审批局的决定在复议管辖上出现问题。当然，目前行政复议体制也在改革过程中，复议案件的管辖也有从分散到集中的需要，但是，在《行政复议法》的修订尚未正式完成的情况下，对此问题仍有探讨的必要。从实践的角度来看，如果上级政府并未设立行政审批局，此时由于没有“职责同构”格局下相对应的上级主管部门，当需要上级主管部门作为复议机关时，案件的受理便存在困难。而且即便在组织架构上能够实现上下级“职责同构”，从规范上来看上级行政审批局是否具有复议的资格仍值得商榷。《行政许可法》第25条明确授权予集中的只是许可权，严格来讲，该条款并未对集中行使许可权的机关（无论是原有还是新设）进行概括性的组织法授权，而只是就许可权进行了单项的行为法授权。因此，即便存在对应的上级行政审批局，其所享有的也是许可权，而并未包含复议职权。[②] 这一点与各级政府及其职能部门的设立有很大区别，这些行政机关根据法律概括性地获得了组织法意义上的授权，[③]从而享有相关领域的政策制定、行政执法、行政救济等职权。

三、行为困境：事务分立与许可集中

在行政审批局模式中，被集中的各职能部门只是被剥离了许可权，其他政策制定和监管职权仍予以保留。因此，行政审批局模式并没有完全改变行

---

① 《行政复议法》第12条：“对县级以上地方各级人民政府工作部门的具体行政行为不服的，由申请人选择，可以向该部门的本级人民政府申请行政复议，也可以向上一级主管部门申请行政复议。”

② 随着行政复议体制改革的进行，不少省市在一级政府范围内设立了行政复议委员会，统一行使行政复议职责，此种体制改革可化解上述救济上的管辖问题。

③ 《宪法》第107条第1款：“县级以上地方各级人民政府依照法律规定的权限，管理本行政区域内的经济、教育、科学、文化、卫生、体育事业、城乡建设事业和财政、民政、公安、民族事务、司法行政、计划生育等行政工作，发布决定和命令，任免、培训、考核和奖惩行政工作人员。”第108条：“县级以上的地方各级人民政府领导所属各工作部门和下级人民政府的工作，有权改变或者撤销所属各工作部门和下级人民政府的不适当的决定。”

政职能和行为分类的标准,而是一种事务管辖权分工和行政行为类型化并存的状态,并且在两种分类模式的选择上没有明显的权重差异。这就导致了:对于许可职权和执法(处罚)职权来讲,目前的改革是以行政行为类型化为职权划分的首要标准,其结果就是事务管辖和层级管辖的规则都在一定程度上被改变了,[①]但在政策制定和日常监管中,则以事务管辖权的分工模式为主导。与此不同的,以往的行政机关职能是按照统一的标准来进行分工的,即行政案件管辖一般以事务管辖、地域管辖、层级管辖这三个不相冲突的标准进行划分,类型化的行政行为只是用来描述各职能部门进行行政管理的具体手段和措施。总体来讲,传统的职权分工是组织法意义上的分类标准,而相对集中许可权是行为法意义上的分类标准,两者分属两个分类体系,如果进行混同便有可能出现冲突。

事务管辖权的分割是有其基础和目标的,即划分不同领域的行政任务,并通过在单一领域内的长期实践,形成专业化的职权内容,并培养出职业化的工作人员。这种以"专家知识模式"为正当性基础的政府组织形式,有重要的法治和治理方面的功能:一方面,特定领域内专业知识的长期训练与实践,能够在行政机关内部形成大量行政惯例,极大地提高了行政管理的效率,并保证了行为的前后一贯性;另一方面,对于行政机关的工作人员而言,所谓专业性往往意味着职业化(professionalism),而其所具有的"职业精神"本身,就能有效地制约行政权的滥用,从而成为行政行为正当性的基础。[②] 在理想状态下,这样的职能分工,让各部门及其工作人员在进行决策时,专注于本领域内专业化的证据、事实和规范,从而能排除个人偏私和其他部门的干预,因而能以一种理性和内部自洽的方式来达到行政权的自我控制。

但是,政府长期以来的专业分工和事务分立导致了某种意义上的"职业

---

① 行政处罚中所谓执法权下沉,就同时突破了事务管辖与层级管辖的一般原则,采取集中的、基层为主的管辖规则。本研究后文将论证,在行政许可中,除了存在同层级事务管辖的集中以外,实际上也会存在许可权的向上和向下集中。

② See Adrian Vermeule, *Bureaucracy and Distrust: Landis, Jaffe, and Kagan on the Administrative State*, 130 Harv. L. Rev. 2463, ii (2017), p. 2470.

壁垒”。行政管理领域的专业知识,既包含技术知识,也包含大量实践知识,[①]前者可以被书面化为相关的规则,并通过“知晓”的方式习得,而后者体现在习惯性的做法当中,只能以“经验”的方式习得,这类知识具有高度的“人身性”。由于职业化的训练,特定领域的专业知识,特别是其中的实践知识,是由长期从事管理实践的工作人员所掌握的。对于需要集中行使不同领域许可职权的行政审批局来讲,这样的“职业壁垒”构成了很大的障碍。在实践中,一方面为了缓解这样的“职业壁垒”,另一方面也是为了应对人员编制上的数量限制,行政审批局在组建时通常会大量地从原职能部门抽调工作人员。但如上文所述,原职能部门仍有日常监管职责,那么,在行政审批局和原职能部门对于专业人员均有需求的情况下,就会发生所谓的“人才争夺战”。其结果就是,一些部门在接到行政审批局抽调人员的请求时,会选派与专业职能无关的人员“充数”,这就导致部分专业性较强的许可职能被划转与集中之后,行政审批局却无法承接的问题。[②] 事实上,在原先的部门分立模式之下,各职能部门的事前审批和事中事后监管职责,是由同一个机构的同一批人员来担任的;对于不同的职责内容,只作行为方式上的分类,而不进行组织人员的分工。因此,成立行政审批局之后,审批和监管人员的分配就会难以兼顾。从根本上来讲,这是原本的专业分工模式和“许可—监管—执法”行为模式机械化组合所导致的。在尚未就两种分类体系的目的、功能、结构作全面分析的情况下,直接进行叠加就会导致组织和行为上的冲突。

除专业分工导致的人员冲突问题以外,还有许可权集中与事务分立的多部门协调问题。与上述横向整合与纵向领导之间的冲突相关的,上级业务指导部门的职能分立,仍然会在很大程度上影响到下一层级的行政审批局的协调能力。行政审批局在履行职责的过程中,一旦涉及复杂的或综合性的事项,需要上级部门进行协调处理时,由于没有“职责同构”格局下相对应的上

---

① 技术知识和实践(或传统)知识,这两种知识类型的区分来自奥克肖特,前者能够被精确表述,后者则体现在传统的做事方式中。这两类知识几乎存在于所有人类活动之中,且无法彼此隔绝。参见[英]马丁·洛克林:《公法与政治理论》,郑戈译,商务印书馆2013年版,第96页。

② 转引自笔者从常州市武进区获得的调研材料。

级主管部门,上一层级的协调工作仍然会回到原先的事务分立模式。例如,泰州市行政审批局发现,其在进行“三证照”——工商营业执照、不动产权证和施工许可证等的办理时,还是需要依赖上级各部门之间进行协调,无法形成高效的联合办理机制。而当需要与一些垂直管理部门进行沟通时,问题则更为突出。同一级政府中的各个部门之间尚可通过非正式的沟通方式进行协调,或者通过作为共同上级的一级政府进行联合;但若纵向关系上属于垂直管理的部门时,由于其不受一级政府的领导,协调上的困难显而易见。

上述现象表明,许可权的实质集中在一些易“标准化”的事项上较易实现,特别是当所涉信息属于可复制、已习得的技术知识时,但是,在一些专业性和综合性较强的领域中,职权高度集中是否可行,无论在理论上还是在实践中都是存疑的。事务分工本身是政府治理现代化的表现,传统事务分工的问题是,随着政策方向变化,行政管理领域的划分通常会取决于不同时期任务的重要性程度,这导致事务分工没有逻辑性。可作改进的是,在许可权的分工上,不需要按每一种事实上的任务领域作过细的分类,而是可以基于法理和规范进行某种类型化。政府治理的现代化,要求管理手段的运用应当不断精细化,而过于分散或完全集中显然都是不够精细化的表现。

四、职责困境:许可和监管的边界与衔接

如果从行政机关权责分配这一角度出发,在采取行政审批局模式的情况下,权责分配方式上最突出的特点是,原本属于一个部门的事前许可与事中事后监管,被分离开来后由两个部门行使。传统权责模式之下,同一个部门甚至是同一批工作人员先后行使许可权和监管权,并承担监管失职或行政行为违法的后果,整体上的规制职责由一个部门来承担,职能部门可以对规制的措施和程序加以调配与选择。按照政府规制理论,事前许可和事中及事后监管都属于规制手段,这两者之间的区别除在于所处的行政处理阶段和强度不同之外,还在于相对人所承担的规制成本。如果只采取事中及事后监管,也就是说,只在事后纠正违法行为并对行为人进行处罚,那么,这意味着相对人在事前享有广泛的自由;而且如果其行为在法规范允许的范围内,那么,在

整个行政法律关系中行为人几乎无需承担任何行政流程上的成本。如果采取事前许可的方式，相对人为恢复行为自由（“解禁说”之许可）需要具备相应资质以满足许可条件，此处既有无法自由行为之成本，也有行政手续之成本。从原则上来讲，对于行政机关而言，是否采取事前许可，其实并不影响其法定的监管职责，也就是无论是否需要进行事前审查，行政机关都要在日常执法中就相对人之行为是否符合法规范进行监管。

但是，传统模式为何会饱受“重事前审批轻事中事后监管”之诟病？主要的原因可能是一些职能部门在对许可条件进行细化解释的过程中附加了很多原本应属于监管阶段的要件，事前审批成为行政机关转嫁监管成本的一种方式，即通过设置大量的前置环节，将监管成本提前至许可环节，并进一步转嫁给许可相对人，更严重的则是以事前许可取代了事后监管。这种目的之所以能够达成，恰恰源于权责合一：许可与监管都是同一个部门的职责，关于职责如何在其内部的不同环节进行分配，行政机关享有一定的自由裁量权。但此种职责调配的裁量空间，其实可以在不改变权责模式的情况下被压缩，其主要的做法就是对许可条件作进一步的规范化和标准化。事前审查的要件越明确，行政机关将监管职责转嫁至许可环节的空间就越小。而将事前许可与事后监管分割开来交由不同机关行使，一个很重要的优势就在于消除了“以批代管”的隐患。

对于许可和监管的关系，行政审批局模式的实践者抱持两种不同的态度，大部分地方改革者赞同许可与监管主体的分离，主要目的就是截断上述转嫁监管成本的通道。对于行政审批局来讲，由于不需要对相对人的事后行为加以监督，其就不存在转嫁成本的动机，因而就可以严格按照许可条件来进行审核，并仅承担许可行为违法的责任。但也有部分改革部门提出，许可和监管的分离，打破了审批监管的责任共同体的格局，使许可和后续的监管执法不能形成有效的合力。[①] 而且在传统模式之下，行政机关通常会将许可视为权力，将监管视为职责，如果行政审批局仅行使许可权不承担监管责任，

① 转引自笔者从盐城高新区获得的调研材料。

会被认为权责不统一。在此，有必要就行政机关究竟在何种语境下使用“责任”一词进行剖析，特别是应当考察在法律意义上来说是否真的存在权责不统一的问题。事前审批和事后监管在法学语境下，分别对应两个行政法律关系，前者即许可行为，后者通常为处罚行为。在许可这一法律关系中，许可机关享有按法定条件事前审核并予以批准/驳回的权力，同时承担违法审批的责任，对许可机关而言，权责是统一的。在处罚关系中，监管主体的职责相对复杂，一方面需要对于未经许可即实施特定行为的相对人进行查处，另一方面还要对事前获得许可但事后行为超出许可范围并违反法律的相对人进行查处。监管机关承担不履行法定监管职责或者违法实施处罚的法律后果，对监管机关而言，这一法律关系中的权责也是统一的。因此，如果区分不同法律关系来加以仔细分析，两个阶段中行政机关的权责都是清晰且统一的。部分地方改革者所说的“审批监管责任共同体”，指的是行政责任而不是法律责任，但是，行政责任和法律责任并不能够完全被区分开来，特别是在需要对行政机关之间的职责边界进行划分时。

在许可与监管主体合一的情况下，职能部门为了提升整体的监督执法能力，会将行政处罚“捆绑”在行政许可上，使审批和监督在行政治理效果上实现互补，如果整体上能够达到较好的规制效果，法律层面上的责任就能在一定程度上被隐形化。审批和监管分离后，行政上的责任共同体消解了，法律层面上的责任反而得到了凸显，许可机关和监管机关需要各自承担不当审批和监管不力的责任。地方改革者之所以强调行政上的责任共同体，实际上是因为如果两项职责都在同一部门内部，行政机关可以通过前后环节的职责调配，在整体上达到规制效果。此时虽然有可能会出现重审批轻监管的问题，但一般不会出现监管真空或权责衔接不畅的后果，因为无论职能部门是侧重事前许可还是侧重事后监管，法律职责和行政责任都是由同一个机关来承担。

在许可与监管分离之后，尽管法律关系和权责主体能够被清晰分割，但权责的归属仍会由于“审批监管责任共同体”模式在组织架构和协调机制上的惯性而出现分配不清晰的问题。防止职责真空的基本方法是在不同机关之间划分职责边界并明确衔接的方式。在原许可模式下，审批和监管在组织、程序、行为等方面都是一体化处理，即人员配置、手段选择，甚至部分许可条件的设置、信息的收集都是为了便于监管，由此形成的是为监管而服务的审批模式，此时“以批代管”或“为管而批”的现象都会存在。现在对许可和监管进行分割处理后，法律上存在的一些裁量空间，会成为权责分配的模糊地带。例如，由于法律、法规对许可条件表述得比较抽象和模糊，部分职能部门在进行许可权的划转时，会将某些属于事后监管性质的内容归入许可领域，导致审管边界不清，这对于承接许可职权的行政审批局来讲是非常不利的；而对监管机关来讲，由于后续的监管需要以审批过程中收集的某些信息为基础，这就要求行政审批局在作出许可决定之后，要将许可信息推送给原职能部门。而且如果后续监管的管辖方式比较复杂，如采取综合行政执法的集中管辖方式，或者采取属地管辖的方式，那么，许可决定作出后的信息推送和沟通衔接问题将变得更复杂。

第三节　现有改革模式规范性与系统性的缺失

现有相对集中行政许可权的具体实践——行政服务中心模式与行政审批局模式，以及其他程序优化机制，尽管均以《行政许可法》为规范依据，但本质上与行政审批制度改革早期的审批事项清理一样，仍是以实现行政治理目标为评价基准，第二章第三节所阐述的行政主导型改革的困境在此依旧适用。治理的逻辑不同于法治的逻辑，在改革压力之下，地方决策者有时会突破规范的边界以优先达成治理目标。许可权集中化运行的治理目标，如何与法治理念相契合，这可能是改革实践者尚未充分考虑的。此外，现有改革模式，特别是以许可权实质性集中为特征的行政审批局模式，究竟能否修正行政服务中心模式的缺陷，成为相对集中许可权的标准模板？要回答此问题，除要针对性地解决上述实践困境以外，更重要的恐怕是要从两个根本性的方面入手：第一，许可权集中在法治语境下有何正当性基础，现有改革模式是否符合法治的要求；第二，许可权集中在治理语境下要达到何种效果，现有改革模式是否达到了治理目的。这两方面问题的答案最终还是回到了法治与治理的平衡。

一、规范边界的突破与法治基础的缺乏

《行政许可法》第 26 条作为行政服务中心模式的规范支持，由于其授权的变通范围为行政主体内部，并未给改革者留下太多空间，作为补充的审批程序优化机制成了地方改革者发挥治理智慧的平台。但是，行政主导型改革在评价机制上存在平均主义的弊病，也就是采取指标化的考量标准，如以审批事项精简的数量、审批流程缩短的时间作为评价标准。[①] 这种自上而下的改革模式既有改革绩效考核带来的压力，又有经济发展的需求，在这种双重动机之下，地方改革者相互之间展开了激烈的竞争，[②]有些情况下甚至超越了规范的边界。在审批程序优化机制的实践过程中，由于统一的行政程序法尚未出台，特别是涉及复杂行政程序的规范不够完善，地方改革者拥有很大的发挥空间，但不少治理效果极佳的改革措施，都面临着学理上和规范上的拷问。

例如，对第一节中列举的三种审批程序优化机制加以分析可以发现，行政手段推动下的改革措施对一些法规范带来了不同程度的冲击：第一类是行业联合审批。当然，严格来说，行业准入的联合审批并未对许可条件进行修改，也未对单项许可的程序进行调整，而是对各项审批流程之间的复杂关系进行了整理，合并了相同或类似的审核环节，从而达到了程序集中的效果，因此，这些做法原则上并未突破法律的边界。此外，行业联合审批在行政法学理论上的另一项创新在于，提供了一个行政领域整合与行政任务分类的新视角。在行政法学理论中，对行政机关及其行为的常见分类有两种模式：以行政专业领域划分和以行政行为种类划分。而所谓行业准入是在许可行为这种类型下，根据行业相关性将行政专业领域进行了重新调配，其实这与行政审批局模式之下的审批局内部处室的分工相类似。尽管许可权的集中化行

---

① 参见孙彩红：《地方行政审批制度改革的困境与推进路径》，载《政治学研究》2017 年第 6 期。

② 典型表现就是相互比较审批流程缩短的时间，部分地方甚至明确将企业登记、建设项目许可等的办结时间作为具体的改革目标。

使应当区分行政任务,进行分层次、分类型的处理,但是,这种以行业类型为准的划分并不是逻辑化的产物,也无学理上的支撑,而是按照治理目标的优先层级,特别是以经济发展需求为导向而作的筛选。而且,这样的联合审批机制,实则在现有行政职权分类标准的基础上叠加了一层行政领域的划分标准,并打破了各职能部门的常规决策机制。如果只是对重点治理领域作随机性的筛选,而无更逻辑化的分类基准作为支撑,那么,行业联合审批的引入将导致整体的治理框架变得更为复杂。

模拟审批,是一种典型的由行政手段主导的、治理目标超出法治框架的改革措施。所谓的模拟审批其实全面修改了法定程序中的关于步骤、顺序、方式和时限的规定。尽管在最后作出正式许可决定时程序和实体内容均是符合法定要件的,但是,模拟审批的过程也就是实质上的审查环节其实完全架空了各项程序规则。此种架空实际上比直接违反法规范更为严重。此处可以用规制理论的反馈机制来作类比。由于规范制定的滞后,现有法规范中的许可条件以及程序规则,有可能会出现不符合实际需求的情况而应予以修正,实践中某些被规制者的"违法"现象作为一种"负反馈",对于规范制定者来讲是修正的信号和素材。但是,形式上符合规范而实质上架空规范的做法,则是一种"无反馈",这根本上来说是,被规制者不承认和接受现有规则作为公共秩序的权威性。"无反馈"意味着现有规范无法对行为人施加影响,所产生的结果就是,其行为既不符合现有规范,也无法为决策者提供用以修正规范的信息。① 模拟审批机制对许可程序的修改,实际上是一种程序上的博弈,并且是将法定程序工具化的表现。这种博弈之所以存在空间,主要是由于,在包含多项许可行为的宏观行政过程中,不同决定之间的法定关系不清晰,正是程序的复杂性为行政机关带来了裁量空间。为此,后文将在学理层面上,对复杂行政法律关系中行为之间的法定关系和程序结构加以厘清,并

① 在规制理论中,被规制者对权威的态度可以分为三大类:正反馈(承认和妥协)、负反馈(反抗)、无反馈(无视和博弈)。其中无论是正反馈还是负反馈,规制者都可以根据反馈内容来对规制手段进行调整,但是,无反馈直接威胁到了规制者的执行能力,因为其无法对被规制者施加影响。See Valerie Braithwaite, *Closing the gap between regulation and the community*, Peter Drahos (editor), Regulatory theory: foundations and applications, ANU Press, 2017, p. 33 – 35.

将建构一个宏观过程中的多机关参与决策模型。

协商性规则制定程序,对于许可条件的制定和修改而言,是一种良性的修正机制,并包含程序理性的正当性基础。行政决策中公民的参与,特别是重大公共决策以及公共秩序制定中的公众参与,目的就是形成一种面向不特定人的公共政策。此种以公众参与为基础的规则制定程序,符合民主正当性并且能够产生强拘束力的前提是,协商程序应当开放,以便所有受到规则影响的主体均能以某种方式参与政策制定过程中来,并且这个协商过程能够达成有效的合意。但与此要求不同的是,实践中的许可标准协商制定过程直接的被规制者是主要参与者,程序具有一定的封闭性;尽管最终的合意程度较高,但这是以参与主体的有限性为代价的。[①] 这样的许可标准制定程序如果被过度推崇,可能会有以封闭的个案协商代替开放的公共政策制定的嫌疑,小范围不具有民主代表性的主体(上述案例中的农家客栈经营者),决定了一系列面向不特定人(如广泛的消费者)生效的规则。而且,这样的程序设计,某种程度上会促使利益影响较显著的团体有更大动力投入该程序中,以获得某些溢价回报;而如果行政机关被"俘获",最终将损害大量并未参与规则制定程序中的利害关系人的利益。[②] 从原理上来讲,政策形成型的参与程序只能对最终结论产生较弱的拘束力,因此,协商性规则制定,在美国通常作为正式规则制定前的咨询阶段,而最终形成的规则也并非完全协商的产物。

至于行政审批局模式,除存在一些第二节所阐述的实践困境外,在规范上最值得探讨的就是《行政许可法》第 25 条究竟给改革者作出了多大范围的授权。总体而言,这一授权主要是两个方面:第一,在组织法层面,根据法条的文义解释,被集中的职权应当具有相关性。第二,在行为法层面,法律授权予以转移和集中的只限于许可权,严格来讲,这一授权并不包括其他权力。

---

① 行政决策过程中的参与机制,其拘束力的大小一般取决于两方面因素:一是程序的开放程度,即是否所有受到影响的主体均能参与到决策程序中;二是程序最终形成之实体决定的理性程度以及合意程度。这两方面因素决定了,在传统的个案性行政决定中,相对人的参与能对决定的结论产生较强拘束力;而以政策形成为目的的参与,只能对决策结果产生较弱的拘束力。参见石肖雪:《作为沟通过程的行政听证》,载《法学家》2018 年第 5 期。

② 参见[美]理查德 · J. 皮尔斯:《行政法(第五版)》(第一卷),苏苗罕译,中国人民大学出版社 2016 年版,第 540 页。

特别是其中的相关性,这恰恰是对"相对集中"的一种规范表达,即只有具有关联性的许可权应予以集中,而不是所有的许可权都需进行绝对化的集中,而这一要求在2015年的《相对集中行政许可权试点工作方案》被删掉了。但是,我们在探讨许可权集中问题时,仍然不能盲目地追求集中的程度,而忽略相关性的要求。这既是考虑到传统的专业化分工具有的科学性,又是出于对权力分工制衡原则的尊重。如果过度强调许可权的集中化,一方面并不便于治理效果的实现,另一方面也在一定程度上违反了法治原则的基本要求。因此,在探讨相对集中行政许可权的实现机制时,需要解决的首要问题是,如何判断各项许可职权之间是否存在相关性;关键是,要在规范和理论上建构一个认定许可职权相关性的分析框架,而不是不加区分地一概予以集中。

二、单一模式与系统性改革目标的冲突

尽管目前存在行政服务中心和行政审批局这样两种许可权集中行使的模式,但由于实践部门通常会在两者中择其一来实施,这其实意味着对每一个具体的地区来讲,相对集中行政许可权的实现方式是单一化的。部分省市在经历过行政服务中心模式之后选择再建立行政审批局,也就是暗示了相比较行政服务中心,这更契合许可权集中行使的改革目标。而选择停留在行政服务中心模式的地方,也许就是观察到了上述审批局模式所存在的种种实践困境,而采取了更谨慎的路径。

比较两种相对集中行政许可权实现机制,从许可权集中程度来看,行政审批局模式似乎是行政服务中心模式的进阶版,因为前者显然在许可领域更实质性地实现了从部门审批到政府审批的转型。但学者们在行政审批局模式产生时,似乎都抱持着一种更为谨慎的立场,认为应侧重于对行政服务中心模式作适当调整(如行政服务中心实质性充权),而不是一蹴而就地跨越到审批局。[①] 直到目前为止两种模式仍然并存的局面,似乎也昭示了行政审批

---

① 参见徐继敏:《相对集中行政许可权的价值与路径分析》,载《清华法学》2011年第2期;王敬波:《相对集中行政许可权:行政权力横向配置的试验场》,载《政法论坛》2013年第1期;朱新力、黄玉寅:《"行政服务中心"模式的实践、正当性与时代出路》,载《浙江学刊》2013年第5期。

局并不必然会取代行政服务中心成为许可权相对集中行使的唯一模板。对此可作的反思是：行政服务中心和行政审批局是否只能二选一，或者最终被修正为第三种模式；相对集中行政许可权的实现机制究竟能否被定型为一种模式，又或者是一种综合运行的体系。在回答这一问题之前应当明确的是，理论上讲，许可权包含许可主体、内容、程序等内涵；而在实践层面，从之前的研究可以发现，针对许可权的各个方面都存在集中化的改革尝试。此外，由于行政任务目标的差异，不同行政领域的许可职权及其实现方式，自然都存在很大区别；如何将各种权力集中化运行的机制予以整合，并契合于不同的行政任务需求，显然是作为系统性改革的相对集中行政许可权运行模式所必须考虑的。

上述的实践困境表明，行政审批局模式目前仍过于理想，可以说是在一些核心理论问题尚未解决的情况下，先行通过行政手段达成了职权合并。行政服务中心模式可能在一些改革者看来过于谨小慎微了，而行政审批局模式则在外观上表现得更为大胆，但是，这恰恰从另一个面向暴露了更多亟待解决的问题。如有实践部门发现，许可权被集中到审批局后，产生了所谓自己否定自己的情形：同一个社会投资项目，在项目备案环节通过了审查，但在环评审批环节，却因为执行依据的不同而无法通过，这两个环节的审查主体都是行政审批局，因而实践部门认为这是一种自我矛盾的现象。① 而事实上，此类现象在许可权集中之前也同样存在，根本问题在于针对同一对象的关联性许可事项，在许可依据上存在矛盾。不同之处只是在于，之前的部门间冲突变成了现在的审批局内部的冲突。这也就充分地表明，在行政审批局所谓的职权集中的“外壳”下，所包含的可能仅仅是空间集中的“内核”，各个内设机构仍各行其是，按照原有的许可标准，分别进行审查，最终审批局出具的许可决定，依旧是内部各许可事项机械叠加的结果。在作为审批条件的规范未作修正，各许可事项之间的关系未被厘清，各机构之间的协调机制尚未确立的情况下，行政审批局设立的效果仍然名大于实。当然，此种先通过自上而下

① 转引自笔者从通州湾示范区获得的调研材料。

的行政手段推进集中，将外部冲突变为内部冲突的优势在于，这一方面为发现矛盾、协调矛盾提供了机会和空间；另一方面也减少了改革中的“公地悲剧”，即将多部门共同处理的问题，转变为行政审批局内部的问题，从而迫使其不得不对那些冲突的规则进行梳理以避免自我矛盾。

此外，对行政审批局模式的讨论可以进一步提升为“许可—监管—执法”的政府治理模式，能否替代原有的基于事务管辖权的专业分工模式。实践改革者将许可和监管职能明确分离，目标在于实现审批的标准化、监管的专业化。这样归根结底是在对许可权作“去专业化”的处理，并将拥有大量自由裁量空间的制定规则和事中事后监管的职责划归给各职能部门。但值得追问的是：第一，事前的许可真的可以被“去专业化”并脱离部门特性吗？第二，如果完全脱离部门利益的考量（既可以是专业性上的特殊需求，也可以是出于转移监管责任的利益），许可就会逐渐变成一种以形式审查为主的权力，那么，此时大量的审批事项还有存在的必要吗？第三，形式审查实际上大幅度地压缩了自由裁量权，那么，在不需要作实质裁量的情况下，是否可以用其他方式代替许可权，乃至代替行政机关？最终的问题就是，当事前审查逐渐变得标准化的情况下，是否就会导向审批事项和许可权的取消。如果许可权作为一项事前进行实质性审查的权力仍有存在的必要，那么，势必无法与后续监管行为完全分开。实证的经验研究也表明，行政审批局进行事前审查时，仍会考虑到后续监管的需要，这也是为何行政审批局在审查过程中不断地向原职能部门寻求解释、要求协调的原因之一。

目前，相对集中行政许可权的改革实践，特别是其中的行政审批局模式所出现的困境表明，特定范围内许可权的绝对集中或者其他的变通之法，看似有治理效果上的短期优势，但无法回应法学规范和理论上的质疑。对治理效果作进一步分析也可以发现，在层级、事务上不作区分地采取单一化的集中手段，无法与个性化的职权内涵与多样化的行政任务相匹配。事实上，无论相对集中行政许可权的实现方式被包装成何种模式，都需要直面三个根本性的问题。

第一，许可权的相对集中而不是绝对集中，表明了这本质上是一个权力分配问题,特别是要在行政系统内部的横向与纵向之间对许可权进行科学配置。以往的权力分配模式是以职能行使的专业化为导向的,这在根本上就决定了部门之间横向职能分立的结构;而如果对专业性有进一步的需求,则会在纵向上产生垂直领导的部门,以及权力向上集中的效果。因此,在对许可权的相对集中进行学理研究时,首先应论证的是,在行政法学理论中,是否存在与专业化分工相区别的、可用以支撑权力集中化的正当性理论。

第二,许可权分配完成后,是政府以何种方式行使许可权的问题。① 从政府治理的权力关系这一角度出发,许可权的集中行使改变了政府原有的外部权力边界和内部权力结构。这既会涉及政府与市场/社会之间边界的重新划分(外部边界),也会涉及各层级政府间以及同层级部门之间权力的重新配置(内部结构)。② 如上所述,许可事项的集中,意味着权力内容上存在相关性,这就决定了各部门之间的关系以及政府内部职权重新分配的标准。而许可权的高度集中,则意味着职权内容的去专业性和高度标准化,那么,这无疑将进一步改变政府职权的行使方式,甚至改变政府与市场/社会之间的边界。

第三,多样化的行政任务既会影响到此种权力配置的结构,也会影响权力分配后的许可权的行使方式。为了适应复杂的行政任务,需要根据其对权力集中需求的差异,建构出不同层次和类型的许可权实施机制。此种类型化,显然应当避免采取行业准入导向或者行政任务重要性导向这样非逻辑化的标准,而应当基于许可权在法理上的基本构造。在这样的分析框架之下,当制定具体的集中化运行机制时,关于许可权由哪个层级的行政机关行使,是在不同部门之间分散行使还是集中到一个部门,各部门以何种方式/程序来行使许可权,都需要根据行政任务的差异作分类处理。

在此基础上,许可权的集中化运行机制不应当被固定为某一种集中模式。所谓的相对集中而非绝对集中,也意味着需要对许可权采取不同层次、

---

① 与行政审批制度改革密切相关的权力清单制度,其内容也远不只是权力事项的清理和清单的编制,该制度的基本架构同样包含三个与政府权力配置相关的问题:第一,政府权力是否应当介入;第二,由政府的哪些部门管辖;第三,政府介入的最佳方式是什么。参见朱新力、余军:《行政法视域下权力清单制度的重构》,载《中国社会科学》2018 年第 4 期。

② 参见孙彩红:《地方行政审批制度改革的困境与推进路径》,载《政治学研究》2017 年第 6 期。

类别和程度的集中化处理，因此，相对集中行政许可权的改革本身，就应以一种系统性的方式来实现。除需要进行内部的体系化之外，许可权的集中化改革，还应融合于外部体系，也就是需要在行政体制改革的整体背景下来看待许可权的集中问题。例如，应当考虑在行政组织相对集中的大部门体制之下，许可权集中代表了何种基本原理、具有何种法理构造。在治理模式发生变化后，“许可（标准化）—监管（专业化）—执法（综合化）”相互之间如何进行衔接。另外，目前还存在多方面的改革，其在目标上均指向政府角色和职能的转变，并与审批制度改革或许可权的集中化运行密切相关，如权力清单制度的建立、商事登记制度改革、多规合一的规划体系变革等，它们与许可权的相对集中之间应如何进行整合。相对集中行政许可权本身需要进行一种系统性改革，同时其也是整体制度转型中的一个环节，需要与体系中的其他制度相配套。

如要将相对集中行政许可权的改革纳入法治语境之下，并能够融合治理效果上的需求，关键是要明确什么是法律意义上的许可权集中，以区别于实践中的行政意义上的集中。因此，第一步是论证许可权集中运行的法治基础，明确其在行政法理论中的正当性来源，并刻画出集中状态下的行政许可权在实体和程序方面的特殊法理构造（相对集中行政许可权的法理结构）。第二步是结合前述学理基础，就许可权的各方面要件，刻画出多维度、多层次的集中路径（相对集中行政许可权的多维路径）。第三步是在上述多维度的体系框架下，针对各行政许可领域在集中层次和模式方面的具体需求，制定不同事项与领域的许可权集中模式（相对集中行政许可权的运行模式）。

本章作为相对集中行政许可权的现状审视，关注的是主要的改革样本及其修正机制，分析了现有经验在实践与规范层面上的不足，最后提出了进行学理建构的基本假设和分析思路。到本章为止，实证研究（历史经验和现实经验）部分已经结束，接下来一章将探讨许可权集中的法理结构，以弥补现有改革模型在规范和学理上的不足。这也是破除行政主导型改革之弊病，提升相对集中行政许可权改革之理论内涵的关键环节。

第四章　相对集中行政许可权的法理结构

通过对相对集中行政许可权改革的历史经验(第一章)与现实经验(第二章)的研究可以发现,沿袭了行政审批制度改革的基本脉络,现有相对集中行政许可权的实践样本——行政服务中心模式和行政审批局模式,是一种行政手段主导下的产物。其导致的结果是,现有许可权集中运行机制已在一定程度上超越了《行政许可法》第25条的初衷。这在法治层面上,缺乏规范与法理上的正当性支撑;在治理层面上,单一化的模式也与系统性改革目标不相匹配。为了破解行政手段主导型改革的弊病,提升相对集中行政许可权的法理意涵,本章将从以下几方面入手:一方面,在主体论层面上探讨许可权的集中化运行有何行政法上的正当性来源,以及如何在此正当性基础上重新界定职权法定和程序正当的内涵,从而解决现有改革缺乏法理支撑的问题。另一方面,引入动态的行政过程视角,在行为论层面上,分析何为权力集中模式下的职权内涵;在程序论层面上,分析何为决策集中模式下的程序架构,从而完整阐述相对集中行政许可权的法理结构。在此框架之下,本章关于相对集中行政许可权之法理构造的基本假设就是,许可权的集中运行,不仅只有实践样本所体现的组织机构调整这一种,还应深入权力运行的行为和程序角度,从而破解现有改革模式单一化的弊病。以此法治语境和法理结构为基础,才能在后续章节进一步建构相对集中行政许可权的多维度体系与运行模式。

第一节 相对集中行政许可权的多层次视角

关于行政机关及其行为的完整描述,可以包含静态和动态两种视角。其中,静态的组织法视角,描述的内容通常为行政机关的职能分配和权力结构;而动态的权力运行视角则进一步关注,这样的组织形态和权力结构将产生何种决定,各机构在参与决定过程中存在怎样的互动关系。这就要求我们应当尽可能地在具体的情境和整个动态过程中,来阐明每个机关/机构享有何种权力,做出了何种决定,该决定受到何种影响并又会对其他主体的决定产生何种影响。① 在对权力运行方式进行阐释时,应当完整包含上述两个视角,不可偏废一方。上述综合且复杂的关系表明,政府内部各职能部门的行为将不可避免地受到"制度环境"的影响。在传统框架下,行政机关作为行政主体所具有的自治且独立的角色,无论在组织关系上还是在行为过程中,都只是一种理想假设。而且我们以往过于关注行政系统外部的控制(立法机关与司法机关对行政机关的控制),从而难以对"政治上负责和法律上可被课责的行政可能有怎样的样貌"做出完整的刻画。② 在此,一方面要关注政府及其所属行政机关在组织体系中的角色与功能,另一方面还需要在行政法理论框架内增加两个"拼图":一是在实体上,解析行政机关内部以及不同行政机关的各项决定之间的关系,进而厘清职权内涵、辨明决定内容之间的关联性;二是在程序上,关注由多个行为、多个阶段所构成的综合行政任务,进而刻画多部门参与的决策结构。

许可权实施的"精简、统一、效能"原则,不仅在于组织模式的合理配置,更重要的是政府内各机关之行为方式和决策过程的合法与高效。现有的相

---

① See Herbert A. Simon, *Administrative Behavior: A Study of Decision-Making Processes in Administrative Organization* (4th ed.), New York: Free Press, 1997, p. 43 – 44.

② [美]杰里·L. 马肖:《创设行政宪制:被遗忘的美国行政法百年史(1787—1887)》,宋华琳、张力译,中国政法大学出版社 2016 年版,第 151 页。

对集中行政许可权的改革样本，主要是从静态的组织法角度对原有行政机关的权力结构进行了调整，形成了两种新的组织模式——行政服务中心和行政审批局，但这只是相对集中行政许可权的一个面向，或者说是一种静态的结果。正如上一章已经强调的，许可权包含许可主体、内容、程序等内涵，由此，相对集中行政许可权可以包含三个层面：一是从主体论视角来看，许可权的相对集中是整体政府理念的具体化，在组织法层面上就表现为某种形式的部门和机构的集合。二是从行为论视角来看，职权内容的相互关联导致了不同决定之间的要件共享，因而需要集中审查以避免矛盾。三是从程序论视角来看，多机关参与的综合性许可任务构成了一项复杂的决策系统，因此，需要厘清程序结构以实现决策集中。① 当然，当许可职权内容的关联性和综合许可程序的构造梳理清楚之后，也会进一步对现有行政机关的组织结构产生影响。以往的改革实践与学理研究主要关注通过组织机构调整来实现职权整合，从而达到许可权集中的效果，而忽略了其中权力运行的动态过程。但根本上来讲，许可机关为何集中、如何集中，其根源恰恰在于许可权在实施过程中存在集中化的需求。因此，在审视许可权的集中化问题时，更应关注的是动态的权力运行过程，也只有完整包含主体、行为、程序等各方面的内容，才能全面阐释许可权集中的法理结构。

第二节　主体论视角：许可权集中的正当性基础

传统上关于行政权运行之正当性的解释，主要包括“传送带”模式、专家知识模式和参与/利益代表模式三种。② 如将许可权的运行置于这三个模式

---

① 西蒙将正式组织视为决策系统的集合而不是机构和部门的集合，从而创造和完善了组织理论的决策过程视角。鉴于行政行为作为行政法整个体系建构的核心概念，并结合行政机关的行为特征，本研究补充了行为法视角。See Herbert A. Simon, *Administrative Behavior: A Study of Decision-Making Processes in Administrative Organization* (4th ed.), New York: Free Press, 1997, p. 246.

② 行政权正当性模式的经典阐述，参见[美]理查德·B. 斯图尔特：《美国行政法的重构》，沈岿译，商务印书馆2002年版；See also Richard B. Stewart, *the Reformation of American Administrative Law*, 88 Harv. L. Rev. 1667, 1812 (1974－1975)。

之下,行政机关作出许可决定的正当性来源于:第一,法律的授权特别是特定法律中对许可设定依据、审查标准的描述。第二,由各行政领域的技术人员对许可标准的细化,以及日常行政经验的积累为许可权运行带来的专业性优势。第三,受许可决定影响的相对人及利害关系人在许可标准制定和实施过程中表达自身诉求,为许可权的运行带来程序正当的支持。这三种模式都能为单项许可决定的正当性提供法治基础,但都无法解释为何要打破现有部门分立的权力架构,而采取集中化的运行模式,更无法论证此种改革除有治理效果上的优势外,还有何种行政法上的正当性基础。

一、由整体政府理念反思传统正当性模式的不足

传统行政正当性模式中的"传送带"模式,指的是行政权的正当性来自立法机关的授权,行政机关就像一个"传送带"一样输送着立法者的意志;由于立法行为具有民主正当性,相应的行政机关对立法意志的执行行为也具有正当性。这一行政权正当性原理与职权法定原则密切相关:一方面包含权限法定的要求,也就是许可机关的职权领域限于法定授权的范围,无权行使其他行政机关职权范围内的许可权,这划定了许可机关的管辖权边界;另一方面也有权能法定的意涵,即许可机关履行职责的具体方式,也就是采取何种程序、按照何种标准审查许可申请,也应有法律的授权。但行政任务日趋复杂,法律对行政机关应当以何种方式实现相应领域的职责要求,无法作出详细的规定。立法机关与行政机关之间的"传送带"过于脆弱,这导致了两方面后果:一是法律一般只能对行政机关的职权内容作出比较概括性的组织法授权;二是关于行政机关作出行政行为的法定依据,法律也只能作出原则性规定。法律在特定领域创设出行政机关之后,具体的组织和行为方式就留给行政机关自行通过下位的法规、规章甚至其他规范性文件予以细化。具体到行政许可职权的履行,法律创设出了多个行政机关分别在不同领域行使许可权,但由于法律授权的原则性,不仅各部门的职权边界存在模糊地带,作为职权依据的许可条件也有交叉甚至冲突之处。更为重要的是,这种概括性授权还为行政机关解释其许可权的边界及内容留下了大量的裁量空间。

专家知识模式正是在“传送带”模式无法解释的自由裁量权的领域应运而生的。专家包括技术专家和行政专家,前者能够为行政许可条件中各种技术性标准的制定出具专家意见,以其科学知识上的专业性提供支持;后者则是各部门长期从事该领域事前核准工作的技术人员。实践中通常强调前者作为专家的重要性,但事实上行政专家同样值得关注,特别是在如规划许可等专业性很强又极其复杂的管理领域。在该模式中,行政权行使的正当性其实是来自行政机关的自我控制,也就是将专业化许可决定的内容视为仅关乎事实和科学的问题,排除主观判断、排除价值选择。[①] 这就导致了此种正当性模式之下产生的机关决定,通常只关注本领域的规范依据与技术标准,以高度自治甚至封闭的方式避免其他个人或者其他部门的干涉。专家知识模式的结果是行政机关的专业化分工,因此,这一模式所支持的是分散行使许可权,而非集中行使许可权,但推行到极致则可能引起上一章所述的“行业壁垒”。更为重要的是,这样的正当性模式并不关心特定职能部门之外的机关和个人,无法解决不同部门许可标准之间冲突问题,也无法促使行政机关相互之间进行协调和统筹,权益受到许可行为影响的利害关系人也是完全隐形的。

最后一种是参与模式,从根本理念上来讲,更适合的一种称呼是“利益代表”模式。[②] 在这一模式之下,行政过程开放给受到影响的利益群体,使决策反映参与者的偏好,以此来为最终决定提供正当性。[③] 与专家知识模式的封闭性相比,参与/利益代表模式实际上是希望通过多方利益的协调来模拟微观的政治过程。[④] 参与模式运用到许可决定中主要是指,作为私人主体的利害关系人参与到许可过程中,以使最终的许可决定反映私人主体的意见,从而获得个案程序上的正当性。而更广泛意义上的参与,还包括政策形成中的

---

① See Elena Kagan, *Presidential Administration*, 114 Harv. L. Rev. 2245, 2385 (2001), p. 2260 - 2261.

② 参见[美]理查德·B. 斯图尔特:《美国行政法的重构》,沈岿译,商务印书馆 2002 年版,第 129 页以下。

③ See Lisa Schultz Bressman, *Procedures as Politics in Administrative Law*, 107 Colum. L. Rev. 1749, 1821 (2007), p. 1761.

④ 参见杰瑞·L. 马肖:《行政国的正当程序》,沈岿译,高等教育出版社 2005 年版,第 24 页。

公众参与,而且参与主体除包括代表不同利益需求的利害关系人外,还可包括各相关领域的行政机关,此时的参与程序具备了真正的“利益代表”之特征,得以调和公共利益和私人利益各方面复杂的职责内容和权益诉求。[①] 参与模式所带来的程序正当,其实在第二章描述的各种程序优化机制中也有体现,例如,协商制定许可标准这一程序表明,相互冲突的许可标准可以通过私人与行政机关之间,以及各方行政机关相互之间的沟通来予以调和。行业准入联合审批,则将多部门参与的复杂许可流程变为一个开放交互的平台,用于全面整合各阶段和各领域的信息。尽管参与模式意味着行政过程向私人主体和其他行政机关开放,为许可权的协调与集中提供了场所,但这仍然是针对个案的权力整合,是为某一个许可决定或某一组许可项目服务的,其仍然无法解释,作为一项制度的许可权集中化运行模式的正当性何在。

在行政机关越来越多地承担政策形成的功能,并完成各项综合性任务时,很多时候是无法“独善其身”的。复杂行政目的的实现本身就有诸多政策性考量,技术人员与科学专家能够为决策提供充分的行政经验和技术分析,但在此基础上还会存在目标优先性的排序、冲突规则间的权衡,同时还需要处理与行政系统内部其他机关间的分工合作的问题,并对公众的需求进行回应。更为关键的是,现有的行政权正当性框架之下,整体政府的角色是明显缺位的。相对集中行政许可权的改革,强调作为整体的政府应当对于各部门的许可职权进行统一配置,以达到超越单一许可决定合法性的综合治理目标。要在此理念之下论证许可权集中模式的正当性,就需要对行政权的功能进行反思,并对作为整体的政府在行政活动中的目标进行扩充。

二、许可权集中化运行所应实现的基本价值

相对集中行政许可权作为整体政府理念的具体化,突出强调的就是,许可权的行使应当实现“精简、统一、效能”的原则,这就要求我们重新审视政府

---

① 参见石肖雪:《作为沟通过程的行政听证》,载《法学家》2018 年第 5 期。

在行政活动中的角色,以及各领域、各层级行政机关相互之间的关系。那么,所谓的“精简、统一、效能”体现为何种行政法的基本价值?在此我们提出两项与上述传统正当性模式不同的标准,也是许可权集中化运行机制所应实现的基本价值——有效性(effectiveness)和负责性(accountability)。[①] 这两项价值首先出现在 Elena Kagan 提出的“总统行政”(presidential administration)模式之中,而后通过 Kathryn A. Watts、Lisa Schultz Bressman、Adrian Vermeule 等学者的进一步阐释,则成为一种更为普遍化的行政正当性理论。这两方面价值,总体而言是对作为宏观决策者和整体责任承担者的政府所提出的要求,并以此进一步影响行政机关的角色及其行为方式。所以,在许可权集中化运行的模式之下,所谓的有效性指的是政府应当合理分配与协调各职能部门所享有的许可职权,以达到整体运行上的有效,而负责性指的是政府应就各部门行使许可权的整体效果向公民承担责任。

(一)权力运行的有效性

首先需要明确的是,此种有效性与经济学或管理学意义上的效率有区别,而更多是政治学意义上的。[②] 当然,从广泛意义上讲,这可以包括技术层面上的如规制领域所强调的成本效益分析等,但此处更强调行政活动中的能量(energy),包括是否具备能力来实施、修正、取消特定政策,在机关内部以及机关之间进行组织协调与整合,并相对迅速地处理问题。所有的行政组织(行政首长)都关注如何以适当的公私成本,通过一致且连贯的活动,来实现治理的基本目标。[③] 但与之相冲突的,传统的控制理论往往将行政机关置于

---

① See Elena Kagan, *Presidential Administration*, 114 Harv. L. Rev. 2245, 2385 (2001), p. 2251 - 2252, 2331 - 2346. 以下关于有效性和负责性的内容主要来自该文的阐述。

② 与此相关的是沈岿教授提出的行政效能原则。该原则主要从经济学中的效率引出并具有超越效率的价值关切,聚焦于行政法意义上的投入与产出的特殊意义,因而与本研究提到的有效性是不同面向的。但在内容上也会有相关之处,如关于与效能相匹配的责任机制,沈岿教授提到在违反效能原则时,行政机关“更应该承担政治责任和/或行政责任,而不是由起诉者启动、由法院予以追究的狭义的法律责任”。无论是经济学还是政治学意义上的责任/负责,关注点都超越了实定法意义上的法律责任。参见沈岿:《论行政法上的效能原则》,载《清华法学》2019 年第 4 期。

③ See Richard H. Pildes; Cass R. Sunstein, *Reinventing the Regulatory State*, 62 U. Chi. L. Rev. 1, 130 (1995), p. 16.

组织上孤立且真空的环境中，并将其客体化，极少关注到行政中的能量需求。而且在目前的行政法研究中容易被忽略的一点是，行政机关有一种内在缺陷，那就是惰怠和麻木。① 因此，有时候需要关注的问题不是行政机关的失控，而是整体性的消极（并非个案的不作为）。此时的行政机关需要的是"调控"——为其提供动力、设定方向，并匹配以适当的资源来实现该目标。

行政的有效性可以被具体化为两个方面：活力（dynamism）和能力（competence）。由于以上所讲的机构存在的内在缺陷，活力或者动力，很少来自行政机关自身开展常规性事务的过程。而在外部，立法机关一般很少能迅速处理具有前瞻性的问题，因此，对行政机关而言，此种活力最主要地来自上级行政机关特别是本级政府；而能力问题主要关注的是对目标的权衡与优先性设置，以及整体上的协调能力。尽管政府总体上代表公共利益，但各领域的行政机关通常有自己的目标偏好，也就是所谓的公共利益的内部可能是相异甚至是冲突的；各自分立并且级别相同的行政机关之间，通常没有意愿和也没有强制性的权力进行协调，而有能力对这些不同的目标偏好进行取舍与排序并加以协调的，主要也是作为统一领导者的本级政府。具体到行政许可领域，作为许可依据的各项规范和具体条件会存在冲突，此时需要由政府主导进行沟通，并应建立正式的协调机制，来达成许可权整体运行上的统一与效能。在此，整体政府的理念，并不仅仅具有治理上的意义，更有其法治的正当性内涵。

（二）政府整体的负责性

从宏观角度而言，我们对政府的期待是有能力实现国家治理的目标，并能为其结果承担责任，前者要求行政是有效的，后者保证行政对公众负责。与有效性相对应的负责性，并不仅仅指行政机关就个案决定承担法律责任（行政复议和行政诉讼的结果），还包括行政机关能处处以人民福祉为念，忠实地履行其行政职责。在治理能力的基础上谈政府整体的负责性，自然会涉

---

① See Elena Kagan, *Presidential Administration*, 114 Harv. L. Rev. 2245, 2385 (2001), p. 2263 - 2264.

及政府对公众需求的回应能力(responsiveness)。这种回应性当然可以囊括利益代表模式所提出的、将利害关系人的意见纳入特定行政决定中这样的要求。但更重要的是,还需要为公众提供制度化的方式,来对政府权力运行的整体效果进行评价。从上文的阐述可以发现,行政的有效性是一个超越了部门条块分割的整体政府运转的有效,而能在这一层面上提供治理能力,并对公众需求进行回应的,最终也将落脚于整个政府层面。

为实现政府整体的负责性,还需要提到与之匹配的透明度(transparent)问题。这种透明度要求超越了现有政府信息公开制度所能提供的孤立而分散的信息,而是要求一种系统性和结构化的透明度。不仅各职能部门有义务就自身行为的依据、程序、结论进行公开化的说明,各级政府也有义务就行政权运行的整体制度予以公开,这在任务目标具有综合性并且行政过程较为复杂的情况下尤为重要,因为复杂性程度的上升本身就会降低政府活动的透明度和可接近性。具体到许可权的集中运行这个问题上,单一许可事项的条件、程序等方面内容的公开,是每一个许可机关的法定职责,但除此以外,在复杂的综合性许可任务中,政府应当对其中涉及的各项许可条件以及各决定之间关系,进行系统性的梳理与公开。而在责任承担方面,许可机关自然要为每一项许可决定的合法性承担法律责任,但进一步而言,政府及其所属部门还需要对复杂许可项目的整体实施效果承担责任,以满足公众对许可高效、便利的需求。

以上提到的两项核心价值,为行政权的运行提供了超越传统正当性模式的理论支撑,也反映了整体政府、责任政府、透明政府的理念。由此,行政审批制度改革中的许可条件标准化、各机关联合审批机制以及行政任务导向下的部门职能整合,就具备了行政法上的正当性基础。更重要的是,许可权的集中不再仅仅是实现治理目标的便利手段,还承载了政府整体上的有效与负责这两方面的价值。

三、许可权集中模式下的职权法定与程序正当

本研究之所以提出政府整体治理层面上的有效性与负责性,作为行政许

可权集中运行的法理依据,正是由于这两方面的核心价值,突出强调了政府内部各组织之间的关系结构。除了为行政许可权的集中提供了组织法上的基础以外,还包含了行为法和程序法等更全面的内涵。关于整体政府的理念以及行政权的相对集中,会在行政行为和行政程序上带来何种理论变革,目前尚缺乏充分的探讨。在此,我们需要先在许可权集中模式之下对于两项行政法的基本原则——职权法定和程序正当进行一种新的阐释;而后再在后续的两节中,分别从行为法和程序法的角度来探讨相对集中行政许可权的法理结构。

在整体政府的语境下,强调行政权运行的有效性和负责性时,职权法定原则依旧是一项法治的基本原则,行政机关的职权仍然应有法律的明确授权,而非自我的任意创设。传统行政法理论中的职权法定原则,是以"传送带"模式为基础的,并以专家知识模式为补充。在该原则之下,作为整体的行政主体以及特定领域内的行政机关,应当按照立法者所规定的权限范围和行为方式来行使职权;当上述立法授权为行政机关预留了专业判断空间时,其还应就自由裁量权在个案中的具体运用进行说明,并应当遵循行政惯例。因此,传统视域下的职权法定原则最为核心的功能是帮助划清立法者与执法者的权力边界(行政机关的职权来源),并帮助厘清行政机关相互之间的职权边界。但是,当立法机关仅对行政机关作概括性的组织法授权,或者其授权的内容比较抽象时,如果按照传统的专业性分工模式,由各部门分别解释自身的权限内容及行为要求,那就可能导致职权边界重叠、行为依据矛盾的问题。而如果在许可权集中模式之下,就需要从整体政府内部职权协调统合的角度,来对各个部门的法定职权予以解释。此时解释的重点,一方面在于明确各职能部门特有的专业领域(与其他机关无相关性的领域),另一方面还要发现各类职权内容之间的相关性。在相对集中行政许可权的问题上,各类职权内容之间的相关性的论证更为关键。此种对于职权法定原则的解读,规范依据在《行政许可法》第25条所提出的集中"有关行政机关的行政许可权"这一要求。其中,作为核心的职权相关性,最终会表现为关联许可行为之间所共享的构成要件,这一点将在下一节中具体阐述。

程序正当的原则,传统上是对于司法审查行为的程序要求,被移植到行政法领域之后,成为一种从过程上控制行政机关滥用行政权的手段。这一历史渊源导致了我们在解释什么是行政法上的正当程序时,也会带有很强的司法色彩。例如,我国目前关于行政参与的两个制度化的产物——个案中的听证程序和重大决策中的公众参与,两者无论在沟通的目的还是程序的构造上都存在很大差异。[①] 发展得更为成熟的个案听证程序基本脱胎于司法庭审程序,而公众参与中的听证会主要还是从个案听证(司法型)中获得启发,尚未完全形成适合自身(政治型)的程序架构。因此,现有行政程序制度中关于程序正当的要求是以个案的"司法型"程序为蓝本的,多方利益参与的程序机制尚不完善。更重要的是,我国目前的行政程序制度,是围绕单一行政行为的决定过程来设计的,关于宏观行政过程中多个部门接力或者共同参与的决策程序规则几乎是空白。如要在根本上对此加以反思,就需要在方法论上超越以单一行政决定为核心的程序观,也就是我们不能仅满足于个案中的程序合法与正当,也不能仅将行政程序视为告知、听证、说明理由等程序装置的组合。我们应更多地转向行政过程论和行政法律关系论的视角,应当重视各项决策的制度背景和空间环境,关注各主体在程序中的互动关系。具体到相对集中行政许可权的问题,权力集中模式之下程序正当所要求的,就不仅仅是某一项许可决定的作出过程符合法定程序,还要求关注复杂许可任务中多个行政机关参与的多阶段行政过程,以及由此形成的多项许可决定。此时的核心就是要建构一个多机关参与的决策模型,使复杂许可任务中的程序问题,从传统的个案程序正当,转化为宏观过程正当。

在相对集中行政许可权的模式之下,职权法定原则的要求不仅在于单一行政机关职能来源或者单项许可决定构成要件的清晰化,还在于厘清各行政机关的职权内容及其相互关系,以及关联许可行为的认定与整合。而程序正当原则的要求也不再是单一许可决定的程序合法,还要求对复杂许可任务中的程序结构进行梳理,明确各环节之间的逻辑关系,并通过程序优化机制达

---

① 参见石肖雪:《作为沟通过程的行政听证》,载《法学家》2018年第5期。

成决策集中的效果。以下两节就从行为法视角和程序法视角,来分别论证行政职权内容的关联性认定问题,以及多机关参与决策的程序构造问题。

第三节　行为论视角:职权内容的关联性认定

复杂行政任务的实现需要多个行政机关协力完成,“多机关、多程序、多处分”构成的行政过程已成为一种常态,[①]由此形成了两个学理上的问题:第一,在这种复杂行政任务之下,机关之间的职权是否会存在交叉,从而使各行为相互关联,如果存在又该如何予以认定;第二,在这种综合行政过程中,多机关参与的多个环节,相互之间是何关系,以及如何对其结构进行描述。第一个问题即本节关注的职权内容及行政行为关联性之认定,第二个问题是下一节宏观行政过程中多机关参与之决策模型的刻画。值得注意的是,这两方面问题不仅会出现在许可权行使的领域,同时也是在行政活动中越来越普遍的一种现象。尽管本章详细阐述这两方面内容是为了深入分析相对集中行政许可权的法理结构,但后续的讨论将不限于许可权领域,相关的案例也会涉及其他一些与许可权行使相关的法律关系。这些研究的根本目的,是为分析行政权集中化运行的动态过程提供学理框架。

许可权集中模式下的职权法定原则,除要求厘清各职能部门特有的专业领域外,同时也要求对职权内容的关联性进行认定,从而重新界定行政机关的权限范围,并对关联行政行为的审查过程予以集中。在实践中,行政机关的职权内容将被具体化为一个个行政决定,因此,在行为法视角之下,职权相关性的问题就转化为对关联行政行为的认定,关键是识别其中存在的法定共同要件,例如,两个包含相同审查要件的许可决定就属于关联许可行为。值得注意的是,职权内容关联性的认定并非简单地查找相同的行政许可行为,甚至关联行为的范围也不仅是行政许可,因为整体上并不完全相同的行政许

① 参见李建良:《论多阶段行政处分与多阶段行政程序之区辨——兼评“最高行政法院”2007年度判字第1603号判决》,载《中研院法学期刊》2011年第9期。

可以及其他类型的行政行为,仍有可能存在构成要件的共享,此时同样构成行政机关职权内容的关联性。为了更深入地从行为法的角度分析权力集中的基本结构,以下关于职权内容关联性问题的阐述,将涉及多种类型的行政行为,而不仅仅限于许可职权。

一、职权关联性产生的空间:综合行政任务

城市开发及建设项目领域,是行政许可权运行最为复杂的领域。从前两章的实证研究可以发现,无论行政审批制度改革发展到哪个阶段,项目投资建设中的许可权集中,一直是改革实践和理论研究的重点与难点。即使抛开审批制度改革的需求,城市建设涉及土地使用目的的调整、公共设施的完善、公共空间的高度利用等,[①]历来都是现代行政活动最为频繁的领域之一。在此期间,行政机关需要作出规划、征收、补偿、许可等多个行政行为,而各个阶段的行政决定之间又互相关联,从而形成错综复杂的法律关系。在综合行政任务及宏观行政过程中,因行政行为间互相关联,而引发的所谓"行政行为违法性继承"问题,已为多位学者所关注。[②] 在这一问题中,一个关键性的现象就是关联行政行为的存在,也就是同一行政任务中的部分行为之间共享了某些构成要件。

如果将关联行政行为定义为具有共同要件的行政行为,那么,构成要件的共享,除出现在纵向上具有时间先后顺序的行政行为之间外,还可能发生在没有严格先后顺序的行政行为之间,而后者其实是一种更为普遍的情况。我们将前者中行为之间的关系称为纵向关系,将后者的情况称为横向关系,关于这两种关系的程序结构,还将在下一节中作详细阐述。在权力相对集中的语境之下,构成要件的共享构成了行为合并与职权集中的条件,换句话说,对于重复出现的构成要件的审查与认定,可以予以整合、由一个机关作出一

---

① 参见[日]大桥洋一:《行政法学的结构性变革》,吕艳滨译,中国人民大学出版社 2008 年版,第 76 页。

② 参见朱芒:《"行政行为违法性继承"的表现及其范围——从个案判决与成文法规范关系角度的探讨》,载《中国法学》2010 年第 3 期;王贵松:《论行政行为的违法性继承》,载《中国法学》2015 年第 3 期;成协中:《行政行为违法性继承的中国图景》,载《中国法学》2016 年第 3 期。

项处分,并约束其他关联行政行为。为了更形象地说明这一问题,下文将通过一组城市建设中的系列案例,来展现综合行政任务中各机关职权相互关联的具体情形,之后再详细阐述法定共同要件的识别方法,并在此基础上探讨关联行政行为的构造和效力问题。

本研究择取了一组由杭州地铁 2 号线建设引发的系列案例(以下简称"江全新案")。这组案例既能全景式地展现多机关参与的宏观决策过程,又包含了纵向与横向关系的程序结构,同时也存在共享法定构成要件的关联行政行为,可以说是实践中综合行政任务的典型。在本组案例中,原告前后针对征收、补偿、规划许可、强制执行等多个行政行为提起了诉讼,具体整理如表 4－1 所示。①

表 4－1 "江全新案"系列诉讼案

编号	案件字号	案例名称
1	(2014)浙杭行初字第 44 号 (2014 年 3 月 12 日)	贺贞学等二十七人与杭州市下城区人民政府行政征收案②
2	(2014)浙行终字第 73 号 (2014 年 5 月 6 日)	贺贞学等二十四人与杭州市下城区人民政府行政征收上诉案
3	(2014)浙杭行初字第 197 号 (2015 年 2 月 11 日)	江全新与杭州市下城区人民政府补偿案
4	(2015)浙杭行终字第 238 号 (2015 年 6 月 2 日)	江全新与杭州市规划局等规划行政许可上诉案
5	(2015)浙杭行审字第 11 号 (2015 年 6 月 23 日)	杭州市下城区人民政府申请强制执行行政裁定书

这一组针对杭州地铁 2 号线建设的诉讼,涉及了公共设施建设过程中的一系列环节以及由此产生的行政争议。城市再开发是一个"破旧立新"的过程,至少涉及一定区域内原有土地和建筑设施的处置和后续项目的建设两个总体过程。如将本案中的地铁建设项目整体上视为一项行政任务,那么,这

① 本组案例检索来源:北大法宝。通过检索发现,北大法宝和中国裁判文书网都没有收录本组案例的全部裁判文书,其中至少缺少规划许可的一审裁判文书。

② 江全新是案例 1、案例 2 关于行政征收案件中的共同诉讼原告。

一目标的最终实现就由上述两个主要行政过程组成:对于旧有建筑的房屋征收、补偿,此即"破旧"的过程;地铁项目的建设,其中至少会涉及申请用地、各项许可手续办理,以及后续的建设、验收等环节,此即"立新"的过程。这两者都是多阶段的行政过程,各自涉及的行政行为之间有纵向的先后顺序关系;但"破旧"和"立新"之间则是横向的关系。当然,在事实上,具体的建设工程需要在拆迁完成之后才能实施,但在实践中,两个过程中涉及的各项行政行为之间,实则无严格的先后顺序,各决定可能交叉进行,对本案所涉各环节作一时间轴的梳理即可说明这一现象,如表4－2所示。

表4－2 "江全新案"所涉及的行政行为

时间	相应环节	行政行为
2011年12月6日	杭州市规划局向杭州市地铁集团有限责任公司核发地字第33010×××0695号《建设用地规划许可证》	规划行政许可
2011年12月29日	地字第33010×××0695号《建设用地规划许可证》修改	规划行政许可
2013年11月	杭州市人民政府批复杭政函(2013)157号《关于地铁2号线西北段站点周边用地局部调整规划》	行政规划调整
2013年4月8日	杭州市地铁集团有限责任公司向下城区征收办提出征收申请	行政征收
2013年9月8日	下城区政府组织发展改革、住房建设、城乡规划、国土资源、相关街道等部门进行论证,同意征收补偿方案并进行公示	证明建设活动符合国民经济和社会发展规划、土地利用总体规划、城乡规划和专项规划①
2013年12月5日	下城区政府作出杭下政征字(2013)第1号房屋征收决定	行政征收
2014年7月24日	下城区政府作出下政征补(2014)第17号房屋征收补偿决定	行政补偿

"江全新案"涉及的最重要环节是行政征收与规划许可行为,核心争议是

① 《国有土地上房屋征收与补偿条例》第9条:依照本条例第八条规定,确需征收房屋的各项建设活动,应当符合国民经济和社会发展规划、土地利用总体规划、城乡规划和专项规划。

房屋征收行为是否符合公共利益，具体而言是确需征收房屋的地铁项目是否符合城乡规划，这一点也涉及地铁项目审批中的规划许可决定的合法性。原告在行政征收诉讼中提供了与地铁建设活动相关两份证据：第一份证据涉及规划许可行为，[①]第二份证据是涉案地块的规划调整决定。[②] 根据两份证据的内容和发生的时间，原告主张规划许可证的内容表明，被告是以涉案地块将进行交通设施建设为由启动整个征收和审批程序的；但在规划许可决定之后，征收决定之前，规划用地性质却被调整为商业用地，用以在地铁口建设一幢商业楼。[③] 由此证明，征收所宣称的目的和实际目的不相符，后续建设活动并非完全意义上的公共利益，而是为了开发地铁出入口附近的商业价值，有搭车征地之嫌，但法院以"规划许可文件并非《征补条例》第九条规定作出征补决定的前置性条件"为由拒绝采纳上诉人提供的证据和理由。[④] 换句话说，在行政机关和法院看来，建设中的规划许可行为与同宗地块上的房屋征收行为之间不存在关联性。在本案当事人转而起诉规划许可决定，质疑建设项目是否符合修改后的规划条件时，法院则否定了其原告主体资格，主要理由仍然是征收行为与规划许可行为无关，因而被征收人与项目建设中的许可行为之间也无利害关系。[⑤] 事实上，在本组案件中，当事人自始至终质疑的是同一

---

① 针对原告提出的关于征收行为是否符合公共利益的质疑，下城区征收办向其出具了关于"地铁 2 号线"建国路房屋征收相关问题的答复以及杭州市规划局于 2011 年 12 月 6 日核发的地字第 33010 × × ×0695 号《建设用地规划许可证》、附图等附件（原告证据 3）。附件中的规划许可证上显示，涉案建设项目的用地性质是交通设施用地（u2）。参见案例 1"贺贞学等二十七人与杭州市下城区人民政府行政征收案"，浙江省杭州市中级人民法院（2014）浙杭行初字第 44 号行政判决书。

② 《杭州市人民政府〈关于地铁 2 号线西北段站点周边用地局部调整规划〉的批复》[杭政函（2013）157 号]，证明涉案地块的用地性质，于 2013 年 11 月被调整为了商业、商务用地（b1\b2）。参见案例 1"贺贞学等二十七人与杭州市下城区人民政府行政征收案"，浙江省杭州市中级人民法院（2014）浙杭行初字第 44 号行政判决书案。

③ 案例 3"江全新与杭州市下城区人民政府补偿案"，浙江省杭州市中级人民法院（2014）浙杭行初字第 197 号行政判决书。

④ 案例 2"贺贞学等二十四人与杭州市下城区人民政府行政征收上诉案"，浙江省高级人民法院（2014）浙行终字第 73 号行政判决书。

⑤ "案涉征收房屋的建设活动是否符合城乡规划等规划，并非根据具体的建设用地规划许可行为进行判断……因此，上诉人与其房屋被征收后的相关建设项目的建设用地规划许可行为，不具有利害关系。"参见"江全新与杭州市规划局等规划行政许可上诉案"，浙江省杭州市中级人民法院（2015）浙杭行终字第 238 号行政裁定书。

个问题,即建设项目是否符合修改后的规划条件(规划许可决定的核心要件),以及与此相关的征收行为是否单纯为了地铁项目建设,这恰恰是两个行为相互关联的结合点。关于本案中的房屋征收行为是否符合公共利益,以及地铁建设中的规划许可行为是否合法,以下就不再展开分析,而将更多地关注这两个行为的构成要件以及相互之间的关系。

在综合性的行政任务之中,各种行为基于行政机关的调控目的,被置于同一任务之中,并共同构成了宏观行政过程。广义上的行政过程,既可以指单一行政行为的不同步骤所构成的过程,也可以用来描述复数行政行为所构成的过程,前者属于微观行政过程,后者则被称为宏观行政过程。而宏观行政过程又可以进一步扩展为,有法定先后顺序的行政行为构成的单个多阶段行政过程和数个多元过程所构成的"网络型"复合体。[①] 后者正是横向关系中关联行为产生的空间,也是本研究所关注的,可以对重复出现的共同要件予以归并与整合的重点领域。关于宏观行政过程的程序构造,将在下一节中具体阐述,本节以下主要从行为论的角度阐述关联行政行为的认定及效力。

二、关联职权集中行使的基础:法定共同要件

宏观行政过程并不单纯以抽象的形式存在,其中的行政行为只有被纳入某一领域的法体系中才能凸显意义。[②] 我们在谈论复杂的行政任务及其中的行为时,通常需要聚焦某一行政部门法(特定法体系),并应当有具体语境(特定行政任务);如果缺乏共同目标的束缚,多个行政行为或者数个多阶段过程,也只是各自独立存在而已。行政机关的各项活动会因为服务于同一任务目标而具有抽象的关联。但是,如要从行为间的法定结构和效力的角度来探讨关联行政行为,那么,这种关联性就需要从抽象或事实上的关联,变成一种具体的法律上的关联。在上述这类案件中,对任务目标作进一步描述的是行政规划,而在复杂的城市建设领域,各项规划条件通常成为多项许可决定的

① 参见[日]藤田宙靖:《現代の行政と行政法学》,《公法研究》(通号46)1984.10,p.135。

② 参见[日]盐野宏著:《行政法总论》(第四版),杨建顺译,北京大学出版社2008年版,第57页。

依据。规划条件可被视为一个中间决策层,其设定了具体的任务目标,并将各种行政行为作为实现目标的手段,统合于一项行政任务之中。而城市开发中的建设项目审批及其他相关行为,就是通过复数行政行为的结合,共同实现一定区域范围内的经济发展规划、土地利用规划、城乡规划所设定之任务目的的过程。

但对于特定的行政行为而言,共同目标(规划目的)与共同对象(同宗地块的再开发)所能构成的仍然是抽象的和事实上的关联。例如,在“江全新案”中,征收是行政机关针对本案原告作出的消灭其房屋所有权的决定,规划许可是行政机关针对地铁建设单位作出的关于地铁建设符合城乡规划的决定,两者的共同点只是,地铁建设是在房屋被征收后的地块上进行,并且两个行为都是服务于公共交通设施建设这一目的。由此只能证明城市再开发中的“破旧”和“立新”两个行政过程彼此关联,但具体的连结点其实并不清晰。在分属于两个行政过程,也不存在先后顺序的情况下,两个行为之间法律上关联性的成立,关键在于法定共同要件的识别,而这需要从相应的法规范中寻求依据。

与“江全新案”中的行政征收和规划行政许可行为密切相关的,除各种规划条件以外,还有作为征收依据的《国有土地上房屋征收与补偿条例》。根据《国有土地上房屋征收与补偿条例》第 9 条的规定,确需征收房屋的各项建设活动,应当符合国民经济和社会发展规划、土地利用总体规划、城乡规划和专项规划。因此,人民政府在作出征收决定前,需要组织发展改革、国土资源、城乡规划等部门,就涉案建设活动是否符合各项规划进行论证,此为作出征收决定的前置步骤,相应论证结论则是征收决定的构成要件。从这一规定可以发现,征收决定属于“多阶段行政处分”行为,该决定需要有多个行政机关协力完成;而这些部门所提出的论证意见,原则上为内部行为,仅最后作成之征收决定对外发生法律效力。[①] 传统上,行政法只关注最后对外生效的决定,因其对相对人产生直接影响,但实际上之前不对外生效的处分是否存在瑕

---

① 参见李建良:《论多阶段行政处分与多阶段行政程序之区辨——兼评“最高行政法院”2007 年度判字第 1603 号判决》,载《中研院法学期刊》2011 年第 9 期。

疵,将直接影响最终决定的合法性,因此,也有必要加以关注。[①] 具体到"江全新案"中,规划部门在征收决定作出过程中,需要就涉案项目是否符合杭州市城乡规划和专项规划作出认定,这一认定是上述"多阶段行政处分"中不直接对外生效的部分,其效果最终通过征收决定统一对外发生。

关于确需征收房屋的建设活动是否符合城乡规划,只是征收决定的一个内部认定材料,一般来讲,当事人能够通过征收决定知道这一阶段性处分的结论,但并不知晓规划部门在这一认定中需要审查哪些要件,并如何得出结论。而在"江全新案"中,这一阶段性处分的构成要件被披露了。为证明征收行为的合法性,规划部门出具了一份论证意见,其中包含了以下内容:"杭州地铁 2 号线(建国路站二期工程)符合城乡规划要求,具体详见我局核发的建设用地规划许可证及附图、附件(证号 33010 × × ×0695)。"[②]通过规划部门提供的证据材料,我们可以发现,规划部门在征收阶段作出"杭州地铁 2 号线(建国路站二期工程)符合城乡规划要求"的认定时,与在项目建设阶段向建设单位核发建设用地规划许可证时,审查的是相同的内容,得出的是同一个结论。

与此相类似的,在很多相关案例中,建设用地规划许可证通常会被行政机关作为证明征收行为合法的证据予以提交,[③]或者房屋征收范围本身是经建设用地规划许可证来确定的。[④] 由此可知,征收行为与规划许可行为之间的共同要件是关于"建设项目符合城乡规划"的判断,特别是其中对建设项目用地性质和范围的认定,这既是征收决定具有合法性的条件之一,同时也是

---

① 参见章剑生:《作为担保行政行为合法性的内部行政法》,载《法学家》2018 年第 6 期。

② 本案中的规划部门提交了《关于杭州地铁 2 号线(建国路站二期工程)符合城乡规划(专项规划)的证明》(被告证据 4),以表明征收决定所涉项目符合杭州市城乡规划和专项规划,其中包含了上述内容。而原告从征收办获得的关于房屋征收相关问题的答复以及作为附件的规划许可证也表达了相同的内容。参见案例 4"江全新与杭州市规划局等规划行政许可上诉案",浙江省杭州市中级人民法院(2015)浙杭行终字第 238 号行政裁定书。

③ "刘振福不服长春市宽城区人民政府房屋行政征收案",吉林省长春市中级人民法院(2014)长行终字第 58 号行政判决书。

④ "陆修根诉上海市虹口区人民政府房屋征收行政决定行政纠纷案",上海市虹口区人民法院(2014)虹行初字第 150 号行政判决书。该裁判文书中提及,虹府房征(2014)4 号《房屋征收决定》主文载明:"因公共利益需要……现决定征收下列范围内的房屋,同时收回该范围内国有土地使用权。房屋征收范围:西安路 × × × 号(具体范围以《建设用地规划许可证》为准)。"

核发建设用地规划许可证的构成要件(各行为间的关系具体如图 4－1 所示)。甚至从上述“具体详见我局核发的建设用地规划许可证”这样的表述来看,规划部门在对这两个关联行政行为作出认定时,已经将其中共同要件的审查环节予以合并了。

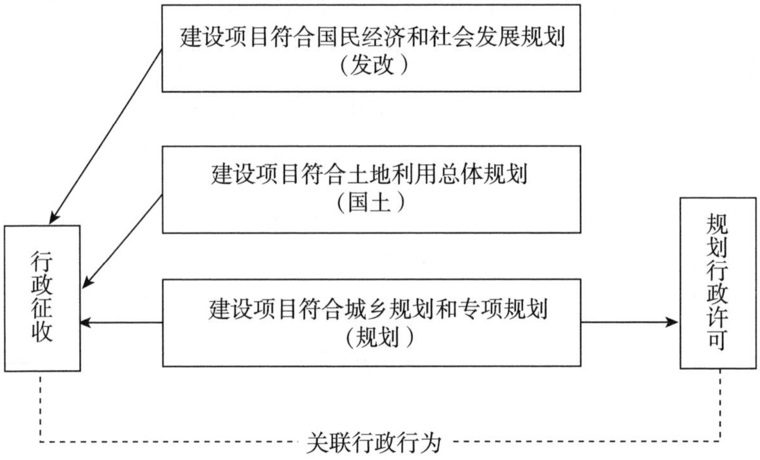

图 4－1　关联行政行为的认定及法律共同要件

以上对于“江全新案”及其他相关案件的剖析主要论证了在复杂的行政任务及宏观行政过程中,会因为某些构成要件的共享,而存在关联行政行为。由此,我们可以初步得出以下几点结论:第一,由于关联行政行为成立的规范表现是法定共同要件的存在,那么,这些关联行政行为可以均由许可行为构成,也可以是行政许可与其他类型的行为,或者是其他任何类型的行政行为的组合,此处关于关联行政行为的认定,是学理层面上的基础研究,并不限于相对集中行政许可权这一领域。这为我们提供了一个重要的启示,那就是行政权的相对集中不仅可以发生在许可领域,也可以发生在其他存在关联行政行为的情况下。第二,被共享的法定共同要件可以只是行政行为的部分构成要件,也可以是全部构成要件,例如,上述关于建设项目符合规划条件的认定,是行政征收决定的部分要件。具体到相对集中行政许可权领域,这就意味着,许可行为之间可以只是共享部分要件,此时也成立职权内容的相关性;而许可职权在内容上完全相同,其实是存在共同要件的特殊表现形式。第三,更进一步而言,有共同要件存在的情况下,在此种宏观行政过程中该要件的认定只需要进行一次即可,无需重复审查,这正是许可权及其他权力可以集中行使的本质原因。

三、法定共同要件在关联行政行为中的效力

对本研究而言,关联行政行为中法定共同要件的辨明,一个很重要的功能在于,可以将共同要件的认定环节予以合并而无须重复进行。那么,为何关联行政行为之间有此种效果?一个比较简单的回答是,基于"同案同判"原则,行政机关对同一要件的判断,即针对同一法律事实适用同一规范而得出的结论,应当是相同的。如果行政机关已对共同要件作出决定,那么,在其他关联行政行为的判断中,其应当受已作出之决定的约束。但是,"同案同判"只是一种对行为关联性之效果的直观认识,更根本的是共同要件在关联行政行为中会产生某些法定效力,正是这些法定效力,一方面明确了行政机关在对共同要件进行认定时所应受到的限制,另一方面也证成了行为论视角下行政权可予以合并与集中的根本原因。

(一)共同要件在关联行政行为中的存续效果

当法规范明确规定了共同要件,这在由多个机关参与形成多项决定的宏观行政过程中产生的效果是,行政机关一旦对共同要件作出了判断,那么,其内容和效力将及于其他的关联行政行为,而且这样的拘束效果不仅及于其本身,还及于其他行政机关作出的包含该共同要件的关联行为。具体而言有两个方面:第一,对共同要件的结论(如"江全新案"中关于"建设项目是否符合城乡规划"的认定),在包含这一要件的各环节中(行政征收和规划行政许可),行政机关一般不得基于同样的事实理由作出不同认定,也就是受自己已作之决定的拘束;第二,当关联行政行为的决定者是其他行政机关(作出征收决定的人民政府)时,应当将已经存在的关于共同要件的结论,作为自身决定的基础予以尊重,不能要求共同要件的审查机关(规划部门)对此作出与之前不同的认定,或者自行对共同要件再进行判断。

如作原理上的抽象,上述效力其实是行政行为存续力[①]和构成要件效力在综合行政任务和宏观行政过程中的体现。行政行为的存续力包括实质存续力和形式存续力。[②] 随着第一个关联行政行为的生效,其中所包含的共同要件一并产生了对本机关的实质存续效果和对其他行政机关的构成要件效力。[③] 当然值得注意的是,对其他行政机关而言,能够产生构成要件效力的是行政行为中具有规制内容的部分,而不仅仅是作为决定理由的“事实与法律认定”部分。[④] 如在“江全新案”中,规划部门在人民政府作出征收决定时,就“建设项目符合城乡规划”这一共同要件作出了具有处分性的认定,尽管在作为整体的征收决定中属于不直接对外生效的内容,但仍具有特定的规制内容,不仅包含作为决定理由的事实和法律认定,还包含了对于当事人权利义务具有明确拘束力的处分,属于多阶段行政行为中“具行政处分性质之参与机关行为”。[⑤]

上述效力在具有法定先后顺序的纵向关系中相对明确。有法定先后顺序的行为之间,后行为在前行为的基础上作出,前后行为之间共享的构成要件就是前行为;而作出前行为的行政机关,在整个行政过程中其实只对共同要件进行了一次认定,并且该共同要件的效力在前行为和后行为中一直得以存续。而后行为的决定机关,直接以前行为为基础,也就是将其作为既定要

---

① 关于行政行为对于决定机关和相对人所产生的拘束效力,学界也有称确定力者。但德国行政法理论已用存续力代替确定力,并将存续力作为行政行为效力的核心。关于德国行政法中行政行为确定力与司法判决确定力的渊源;行政行为存续力代替确定力,以及与判决确定力的区别,参见赵宏:《从存续性到存续力——德国行政行为效力理论的生成逻辑》,载《法商研究》2007 年第 4 期。

② 前者是指行政机关在行政行为作出后受到其规制内容的拘束,只有在具备一定条件的情况下,才能予以撤销或废止;后者指当法定时效经过后,相对人不能再以行政复议和行政诉讼等常规的救济途径来请求撤销行政行为。参见赵宏:《法治国下的行政行为存续力》,法律出版社 2007 年版,第 12、48 页。

③ 构成要件效力要求有效的行政行为应受到其他国家机关的尊重,并被作为其决定的既定“事实要件”。参见[德]哈特穆特·毛雷尔著:《行政法学总论》,高家伟译,法律出版社 2000 年版,第 268~269页。

④ 许宗力:《行政处分》,载翁岳生编:《行政法》(上),中国法制出版社 2002 年版,第 690 页。作为行政处分之理由的事实和法律的认定部分,对其他国家机关产生的拘束效果被称为确认效力,但这种效力一般而言并非当然发生,而需要法律明确规定。

⑤ 李建良:《论多阶段行政处分与多阶段行政程序之区辨——兼评“最高行政法院”2007 年度判字第 1603 号判决》,载《中研院法学期刊》2011 年第 9 期。

件予以采纳，未再自行进行判断。但当处于没有法定先后顺序的横向关系中时，作为分属两个多阶段行政过程、外观上完全独立的两个行政行为，有各自的构成要件（即便其中存在构成要件的共享），行政机关看似完全有权在两个过程中分别就各自的构成要件作出独立的认定，而并不需要受到关联行为的拘束。就如"江全新案"中征收机关所说的"答辩人在作出征收决定前应当审查的是案涉建设活动是否符合城乡规划和专项规划，与是否已经颁发建设用地规划许可证无关"。[①] 但是，根据上文关联行政行为认定中所阐述的，共同要件的审查机关（规划部门）已经披露了，其在两个行政行为中所作的处分是一样的。

就共同要件而言，这其实自始至终就是同一个处分，而与行为之间是否具有法定先后顺序无关。纵向关系和横向关系之间的差异只是在于：当存在法定先后顺序的情况下，所谓的共同要件就是前行为，其只出现了一次，并且一直被后续以此为基础而作出的其他行政行为所继承；而在横向关系中，存在多少个享有法定共同要件的关联行政行为，共同要件就重复出现了多少次。因此，无论在纵向还是横向关系中，法定或者事实上在先的关联行政行为一旦作出，其中关于共同要件的认定、内容和效力就将持续影响其他关联行为，无论是作出该认定的本机关还是其他行政机关，都应受其拘束。如果行政机关在后续关联行为中对共同要件作了不同的判断，其实就是对原处分进行了变更。在无法定先后顺序的横向关系中，法规范关于两个行为中某些构成要件的一致描述，是其中的共同要件发生存续效果的规范来源，是行政行为的存续力和构成要件效力的具体表现，并引发行政行为间互相关联的结果。

（二）共同要件的跨程序拘束力

但即便对同一个行政行为，作出该决定的机关仍有权在事后予以变更，行政行为的实质存续力在一定条件下可被排除。实质存续力包含约束力和

---

① 案例2"贺贞学等二十四人与杭州市下城区人民政府行政征收上诉案"，浙江省高级人民法院（2014）浙行终字第73号行政判决书。

限制废除性两个方面。[①] 上文所阐述的是约束力这一面,行政机关需要受自己已作之决定的约束,因此如果行政机关已经就某一具有处分性的要件作过判断,那么,在后续作出其他包含此共同要件的关联行政行为时,就要受已有判断之约束。但是,以实质存续力取代实质确定力的原因就在于,行政行为作为应对未来变化的行为方式,必须具有适应法律关系变动的灵活性,其对行政机关产生的约束也应保持一定的弹性空间,因此,实质存续力的核心恰恰是"有限制的废除性"。[②] 也就是说,行政机关在已作判断的情况下,仍然可以基于事后发生的事实或法律的变化,改变原决定。这种"有限制的废除性"已被写入《行政许可法》,允许行政机关在保障相对人信赖利益的基础上,基于公共利益的需要变更已作出的许可。[③] 因此,在关联行政行为之间,共同要件所产生的存续效果是可以被截断的。特别是处于无法定先后顺序的横向关系的情况下,外观上各自独立的两个行政过程,本就为行政机关创造了对共同要件作出两次判断的空间。那么,在此期间如果客观情形发生变化,行政机关可以变更已作出的决定,从而排除共同要件的存续效果。如在"江全新案"中,"建设项目符合城乡规划要求"是规划许可和征收行为的共同要件,但在后一行为即征收决定作出之前,涉案地块的规划条件发生了调整,也就是作为共同要件之依据的客观情况发生了重大变化,那么规划部门原则上仍有权对共同要件的认定作出变更。

行政机关受到已作之决定的约束,和一定条件下可以废除已作出之决定,是行政行为实质存续力的一体两面。真正核心的问题不在于行政机关到底能否进行变更,而是在于行政机关废除已作出之决定的限制以及对其他关联行政行为的影响是什么。在无法定先后顺序的情况下,行政机关可以基于合理的理由以新的决定代替之前的决定,但不允许行政机关在两个并列的程

① 参见[德]哈特穆特·毛雷尔:《行政法学总论》,高家伟译,法律出版社2000年版,第268页。

② 赵宏:《法治国下的行政行为存续力》,法律出版社2007年版,第64~67页。

③ 《行政许可法》第8条:公民、法人或者其他组织依法取得的行政许可受法律保护,行政机关不得擅自改变已经生效的行政许可。行政许可所依据的法律、法规、规章修改或者废止,或者准予行政许可所依据的客观情况发生重大变化的,为了公共利益的需要,行政机关可以依法变更或者撤回已经生效的行政许可。由此给公民、法人或者其他组织造成财产损失的,行政机关应当依法给予补偿。

序中就同一个要件作出不同的判断,并且均告生效,也就是说,必须将此时的两个决定视为同一个决定,在内容上和效力上保持一致。这实际上是与实质存续力密切相关的跨程序拘束力,行政机关一旦在一个程序中作出具有规制内容之处分,那么,就同一个问题而言,这将对该机关在其他程序中的处分行为产生拘束效力。换言之,行政机关可以作出改变但不能自相矛盾,如需要作出变更,则应当前后一致。如果以复杂的审批项目为例,许可机关可以因客观情况的变化而对许可决定作出变更,但不能在同一项目中作出两个矛盾的决定,此时之所以要对共同的审查要件予以合并,除有效率上的考虑外,更是为了避免前后不一致。跨程序拘束力的作用是防止行政机关既不愿意撤销原处分,又不欲受其约束,而在其他程序中采取相反的措施。[①] 就如“江全新案”的情形,征收过程中需要建设项目规划用途为公共交通设施,而在建设过程中又需要涉案地块具备商业用地性质,行政机关的处境就是,既不欲受前者之约束,又不能撤销前一认定(否则,征收的公共利益目的恐难成立)。

共同要件产生跨程序拘束力,是横向关系中关联行政行为之间特有的现象。对于行政机关而言,如要在横向关系中消除共同要件的存续效果,除了有关于实质存续力本身的考虑外,还要进一步受跨程序拘束力的限制。归根结底,法规范在对两个以上行政行为的某些要件作出相同规定时,其实就暗含了立法者以此共同要件来连接两个行政行为,并使其受到相同要件之约束的意图。在此,其实可以对一个最基本的问题作追问,在横向关系中所谓的共同要件为什么会存在,法规范设定共同要件的目的是什么?具体到上文案例所整理的这类情形,在土地规划用途上,征收之目的与建设之目的是否必须完全一致?换言之,在完成房屋征收之后,基于再开发的具体需求来进行建设为何不可?法规范关于“确需征收房屋的各项建设活动应当符合城乡规划”的这一表述,其实就明确禁止了,在征收完成之后变更规划,然后按照新的规划条件来进行建设的行为,也就是禁止行政机关在征收和许可行为之间就共同要件进行跨程序的变更。共同要件的存在,作为两个行政过程的连结

---

① 许宗力:《行政处分》,载翁岳生编:《行政法》(上),中国法制出版社2002年版,第685页。

点,就是为了防止行政机关以宣称的“正当目的”来掩盖“不正当目的”,[①]以公共利益之名行商业开发之实。当行政活动的真实目的,因为程序结构的高度烦琐而变得复杂难测时,此种规范上的约束,是避免公共利益被架空的重要方法。

传统的行政法理论在看待行政行为时多是“技术进路”的,即纯粹审查单一行政行为在主体、内容、程序上的合法性,这一定程度上脱离了行政行为的制度背景和任务目的。而这也是为何上一章节需要从整体政府理念出发,提供一个不同于传统理论的行政正当性模式的原因。该模式超越了孤立而分化的行政机关,关注到了政府在行政任务中的角色与功能,从而提供了一个更为关注行政机关所处制度环境的研究面向。只有当研究视角超越了单一行政行为的内容及其作出过程,我们才能够观察到一个行为所处的复杂任务环境,及其与其他行为之间的关系,也只有在这样的视角下,我们才能发现法规范中设定共同要件的意图。法定共同要件的存在,证明了为什么特定情况下的两个决定必须相同,进而提供了对其予以合并的法理基础。当然现阶段所谓的“合并”还不是指取消两个行政过程中的某一环节,然后并入其他行为,而是指二者在法律上应被视为同一项处分,在内容的作出和效力的处理上等同处置。但是,如能基于以上原理,对法规范进行全面的梳理,发现和整理其中存在的共同要件,并在决定主体和审查环节上予以合并,那么,这一方面能实现综合行政任务之目的统一性的法治要求,另一方面也能达到权力集中行使的治理效果。

本节以综合行政任务为背景,从法规范中发现了同处于该行政任务之下的各项决定之间所共享的构成要件,从而证明了关联行政行为的存在,并阐述了其等同处置的法理依据。这更为根本地从行为论的视角出发阐述了行政机关职权相关性的法理内涵。对于《行政许可法》所授权的集中行使“有关

---

① 实践中确实存在以修建地铁出入口为由而大规模征地,用以建造商务办公大楼的情形。因而有学者提出,对于立法者、行政者的“宣称目的”,应考察背景资料、实际行为等,推断其真实目的。这是从实体角度对这类问题的回应,而本研究主要从程序角度进行观察与分析。参见刘权:《目的正当性与比例原则的重构》,载《中国法学》2014年第4期。

行政机关的行政许可权”，以往的改革实践关注的一般是组织法上的相关性（极端情况下甚至抛弃相关性的制约），但行政机关的背后是行政职权，因此，相关性的根本是职权内容的相关性，在具体情境中体现为行为要件的关联性。如将行政机关所作的决定进行要件上的拆分，可以发现职权内容的相关性会发生在不同层面上：同一个行政机关的不同许可行为之间、不同行政机关的不同许可行为之间、许可行为与其他类型的行政行为之间，都可能因为构成要件上的共享，而存在职权内容上的关联性；进一步基于上述行为效力上的原理，这些情况下均有要件整合的空间。这样的分析，为下一章相对集中行政许可权多维路径中的行政许可事项归并，提供了更丰富的讨论层次和更深刻的理论基础。

第四节　程序论视角：多机关参与的决策模型

上一节关于行政职权内容相关性及行政行为关联性的论证，丰富了权力集中视角下职权法定原则的内涵，阐明了具体情境下和动态过程中多个行政机关之间的关系及其职权的特殊行使方式，从而在行为论层面上为许可权及其他相关权力的集中行使提供了一种学理解释。而在综合行政任务之中，关于权力集中行使之动态过程的描述，除有上述职权内容关联性的问题外，还有程序法层面的多机关决策问题。如上文所述，在行政许可权集中运行之背景下，程序正当原则的内涵必将超越个案化和片段化的微观过程视角，而更关注宏观行政过程中多机关、多中心、多阶段决策的互动状态，据此，才能为相对集中行政许可权中的程序集中路径提供学理支撑。从结果的角度分析行政机关的职权内容，关注点在于行政行为及其相互之间的关联性，而从过程的角度来看行政机关的行为方式，其实就是在观察其决策模式，特别是在参与复杂决策时与其他机关的互动关系。第三节的关联行政行为研究，主要从实体法角度论证了如何辨明“有关行政机关的行政许可权”，本节的研究将从程序法角度分析有关行政机关如何在相互关联的行政过程之中实现综合行政任务的目的。

在具体阐述本节内容之前有两点需要说明：一是与上述第三节关于职权内容关联性认定相类似的，本节关于多机关参与的决策模型也是一种学理层面的研究；以下关于程序结构的内容不仅适用于相对集中行政许可权的运行机制，也是为综合行政任务之下行政机关权力的集中行使提供了一种普遍适用的决策模型，当然，以下的阐述将以行政许可权的运行及相关行为为中心，并以其所适用之规范为例证来予以说明。二是第三节所分析的关联行政行为，显然是在多机关参与的宏观行政过程中产生的，而关联行为之决定过程的整合与归并，事实上也是本节所研究之决策框架中的一种。以下论述所提供的多机关参与的决策模型，将在合法性和最佳性的维度上，扩张程序正当原则的具体内涵，从而为行政（许可）权的集中化运行提供一个更立体、全面的程序结构。

一、多机关参与决策的程序结构

当被置于同一综合性行政任务之下时，多个行政机关的职权看似各自独立，但由于受到共同目标之约束，其职权实则相互关联。复杂的行政法律关系及主体的多元性，使行政机关的决定从单一中心的决策变为多中心的决策；而各个行为之间法定的或事实上的先后关系，也使行政机关的行为从片段化的决策变为多阶段的决策，并由此还能进一步形成更复杂的“网络型”结构，也就是包含两个以上多阶段决策的复合体。所有处于这些多中心、多阶段决策过程中的行政行为，由于同一行政任务之共同目标的约束，而处于一种事实上相互关联的状态中。如能对宏观行政过程之各决策在步骤、顺序、方式和时限上的关系加以类型化，那么，将能为综合行政任务中各项行政（许可）决定及其程序的归并与整合提供基础。

（一）多中心与多阶段决策

行政法律关系从单一中心向多中心的转变，是由行政法律关系主体的多元化引起的。单一中心的行政法律关系，是传统行政行为的经典构造，比如对于一个违法行为人实施处罚的决定。但是即便在处罚这样传统的行政法律关系中，也会因为有利害关系的第三人，如治安管理处罚中的受害人的出现，而变得复杂。因此，行政法律关系不再是一种静态化的、质点化的行政机关与相对人双方之间的关系，而呈现利害关系不断蔓延的特点。所谓的行政法律关系可以被描述为围绕核心争议而不断向外扩张的一个个"同心圆"。除私人主体这一方以外，主体的多元化还可出现在行政主体这一方。例如，在"江全新案"中，行政征收决定的作出需要有发展改革、住房建设、国土资源、城乡规划等其他行政机关共同参与，其各自就建设项目是否符合国民经济和社会发展规划、土地利用总体规划、城乡规划和专项规划作出认定。尽管这些认定不直接对外生效，但从行政法律关系的角度看，都是由不同行政主体以不同的规范为依据所形成的独立法律关系。由此，征收决定作出的整个行政过程呈现出多机关参与的多中心决策之形态。多中心问题的进一步扩展，还可包括同一行政任务之下相对独立的行政行为，尽管在法律关系上各自独立，但这些行政行为以共同目标为约束，呈现一种抽象的关联性。这其实与上述案例所提到的行政行为之间的横向关系有交叉之处，将留待后文详细阐述。

上述的多中心决策中，各个行政机关作出的决定相互之间并无法定先后顺序，其特点仅为法律关系的多元。而如果各机关的决定存在法定先后顺序（或基于行政实践而事实上存在先后顺序），即后行为必须以前行为为基础，那么就表现为多阶段决策之形态。多阶段决策可以包括"多阶段行政处分"和"多阶段行政程序"两种，前者指的是作为中间阶段的各项处分不对外生效的情况，后者是指整个程序中，作为中间阶段的某些行为也独立且对外生效。① 例如，在城乡建设领域，以划拨方式取得国有土地的项目，建设单位申请建设用地规划许可证之前需要"经有关部门批准、核准、备案"，根据各领域法规范对于前置环节的要求，这些前置环节既可以包括不直接生效的事前批准，也可以包括独立生效的行政行为；而后继的土地划拨又以取得建设用地

---

① 参见李建良：《论多阶段行政处分与多阶段行政程序之区辨——兼评"最高行政法院"2007年度判字第1603号判决》，载《中研院法学期刊》2011年第9期。

规划许可证为前提,因而独立生效的规划许可行为又是供地的前置环节。[①]

尽管在多机关参与的多阶段决策中,每一阶段的行为都相对独立,甚至在外观上就是一个个各自生效的行政行为,但由于法律中对于法定前置要件,以及前后行为之间的法定先后顺序存在明确规定,后行为的成立及其合法性实则高度依赖于前行为。多机关参与的多阶段决策,意味着不同的行政机关在各自的职权范围内作出前后相关联的决定时并非完全独立;在后的决定者如何处理在先行为的内容和效力,是否承担"违法性继承"的后果,都是司法实践中争议较大的问题。[②] 因此,从宏观过程中行政机关的互动关系以及权力的集中行使这一角度来看,多阶段决策构造之下需要探讨的主要问题是,决定之间的拘束程度如何,决定作出之顺序如何、可否调整或同步进行等。

(二)纵向关系与横向关系

在多机关参与的多阶段决策中,典型的样态是各决策之间存在法定的先后顺序,例如,前文列举的建设用地规划许可证与前置的有关部门的批准行为之间,以及与后续的划拨土地之间的关系。有先后顺序的各机关行为处于时间上的纵向关系。而如果对此结构加以拓展,即两个以上的多阶段行政过程所形成之"网络型"结构,那么,分属两个多阶段行政过程的行为,各自之间并无顺序上的要求,也就是处于一种横向关系。行政行为之间的纵向关系与横向关系,以是否存在法定先后顺序为区别标准。在一项综合行政任务的完成过程中,多机关参与决策的各种程序结构可能混合存在。两组程序结构是从不同视角出发对决策机关之间的关系所作的描述,彼此之间并非排除而是

---

① 《城乡规划法》第37条:"在城市、镇规划区内以划拨方式提供国有土地使用权的建设项目,经有关部门批准、核准、备案后,建设单位应当向城市、县人民政府城乡规划主管部门提出建设用地规划许可申请,由城市、县人民政府城乡规划主管部门依据控制性详细规划核定建设用地的位置、面积、允许建设的范围,核发建设用地规划许可证。建设单位在取得建设用地规划许可证后,方可向县级以上地方人民政府土地主管部门申请用地,经县级以上人民政府审批后,由土地主管部门划拨土地。"

② 关于多阶段决策中行政行为之间的"违法性继承"现象,及其在司法审查中的救济问题,参见朱芒:《"行政行为违法性继承"的表现及其范围——从个案判决与成文法规范关系角度的探讨》,载《中国法学》2010年第3期;王贵松:《论行政行为的违法性继承》,载《中国法学》2015年第3期。

互补的关系。如图4－2所示,决策1为多阶段的决策过程,该过程中的前后行为之间处于纵向关系;而这些行为与另一个多阶段决策过程,即决策2中的各个环节之间,属于无法定顺序的横向关系。又如,决策3展现的是一种多中心决策的结构,该决策与决策1和决策2的各环节之间无法定先后顺序,彼此之间就处于横向关系;而如果一项多中心决策本身是多阶段决策中的某一环节,那么该多中心决策整体上与其他环节之间又处于纵向关系。

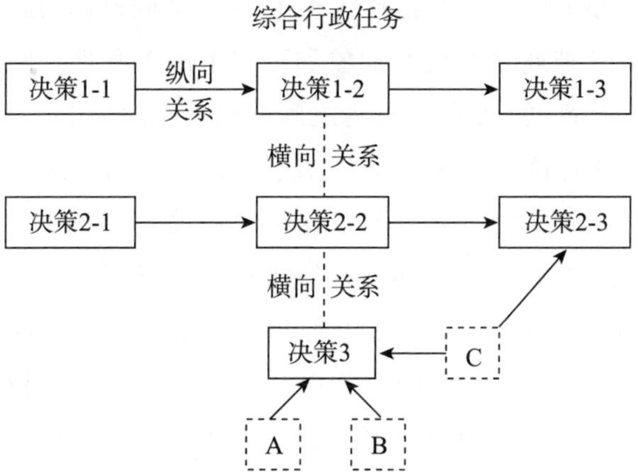

图4－2 多机关参与决策的程序结构示意[①]

处于纵向关系的前后行为之间,通常存在三种类型:程序上的联动关系、要件上的先决关系和执行上的依据关系。[②] 其中,处于程序上联动关系的行为之间是一种较弱的先后关系,但同时也为程序上的变通提供了较大的空间。基于法定的先后顺序,在纵向关系中,后行为需要以在先行为的结论为基础,换言之,两行为所共享的决策要件就是前行为,因此,这样的关系通常可以被描述成一种“嵌套”结构。纵向关系中的关联行为可以简单表述为表4－3中的结构1。在严格的“嵌套”结构中,前后行为之间并无进行顺序调换的空间,即后行为的作出不应早于前行为;但法律上的先后关系,并不排除

① 在图4－2中,实线边框表示对外生效的行政行为,虚线边框表示不直接对外生效的内部构成要件的认定行为。

② 参见王贵松:《论行政行为的违法性继承》,载《中国法学》2015年第3期。

前后行为在事实上同时作出,只要作为共同决策要件的内容在前后行为中保持一致即可。这就构成了在有法定先后顺序的多阶段决策中,进行程序变通和优化的基础。

横向关系指的是行政机关所作出的各项决策之间不存在法定先后顺序,各行为分属不同的行政过程中。那么,一种基础的样态是,两个行为之间并不存在任何构成要件的共享,即并非第三节所论证的关联行政行为,两者之间的关系只是因为同属于一个行政任务之下,以共同目标为制约而被捆绑在一起的"行为束",彼此之间仅有抽象和事实上的关联性。例如,在图4－2中,绝大部分处于横向关系的各行为之间就仅具有此种事实上的关联。"行为束"的存在意味着目标实现过程中的法律关系多元化,从而使行政任务呈现上文提及的扩展后的多中心结构。这种横向关系的基础样态可以简单表述为表4－3中的结构2。而一种特殊的情况是,处于横向关系的两个行为中包含了相同的决策内容,如图4－2中的决策3和决策2－3,都包含了C这一构成要件。上一节分析的"江全新案"以及其他相关类案就是这种情况,规划部门在征收决定和规划许可决定中都审查了同一个问题,即涉案建设项目是否符合城乡规划的条件,这就是两行为所共享的构成要件。横向关系中的关联行政行为分属两个行政过程,属于并列的关系,可简单表述为表4－3中的结构3。如上一节已经论证的,当法规范就横向关系中的两个行为规定了相同的构成要件,那么,此时的行为之间会存在一种具体和规范上的关联性。其学理基础就在于,法规范中明确规定的共同要件,会在处于横向关系的行为之间产生跨程序拘束力,该效力不允许行政机关在两个程序中就同样的内容作出不同的认定,并且均告生效。从多机关决策程序的角度来看,这意味着,尽管横向关系中的行为之间没有顺序的限制,但就其中的共同要件而言,一旦行政机关作出认定,效力就将及于其他包含此要件的关联行为,从而同时约束多项决策的内容。

表 4-3　多机关参与决策的纵向与横向关系结构示意

结构 1	纵向关系	前行为 A(共同要件) 后行为 B = 前行为 A + 要件 B1 + 要件 B2 + ……
结构 2	横向关系	行为 A = 要件 A1 + 要件 A2 + 要件 A3 + …… 行为 B = 要件 B1 + 要件 B2 + 要件 B3 + ……
结构 3	横向关系变形	行为 A = 要件 A1 + 要件 A2 + 共同要件 + …… 行为 B = 要件 B1 + 要件 B2 + 共同要件 + ……

从单一行政行为拓展到多方主体和多中心决策,是突破孤立且质点化的行政行为研究的起点,打破了行政机关职权之间牢不可破的边界。多阶段决策视角下,对纵向关系中行政行为的关注,是研究视角从点到线的发展;而对横向关系中行政行为之间关联性的探索,则是建立了不同行政过程间的连接通道,是从线到面的跨越。研究视角从点、线到面乃至"网络型"复合体的不断拓展,为复杂行政任务下多个行政机关参与之多中心和多阶段决策的程序,提供了分析的框架,进而也为实现决策集中奠定了基础。

二、多机关参与决策的主体间影响模式

当一个正式组织体中的决策者有多个,并且需要通力合作共同完成某一任务时,决策者们所作出的决定会在相互之间产生影响。正如上文在论证权力集中模式下的程序正当原则时所阐述的,当行政程序的结构从单一机关的单一决定拓展到多个机关参与的决策时,程序的正当与合法,不仅取决于单一决定过程是否合法,还取决于各决定之间关系处理得是否恰当。以上第一部分,从程序类型的角度描述了多个行政机关参与决策时会形成的不同决策结构,呈现从单一中心到多中心,从片段化到多阶段,最终到"网络型"的复杂形态;不同结构之中,多个行政机关作出的行政行为,相互之间的关联程度会存在差异。而如果将综合行政任务视为一项复杂的决策系统,那么上述所谓行政行为或者各项内部决策之间关联程度的差异,表征的就是决策主体之间的影响方式及影响程度的区别。以下研究将从决策过程的角度,对多机关参与决策的主体间影响模式加以阐述,以作为上述程序结构之内容的补充。

(一)作为决策系统的行政权运行方式

在决策理论学者看来,一个正式的组织体,既可以被看作部门的集合,也可以被看作决策系统的集合,这样的论断同样适用于行政机关。当一个决策系统中包含多个决策者,并且需要通力合作共同完成某一任务时,决策者们所作出的决定,会在相互之间产生影响。在传统行政法原理之下,依照职权法定原则的要求,部门和机构创设完毕、职权内容予以明确之后,需要关注的就是某一行政决定的实体要件、决定程序和权利救济问题。但在复杂行政任务中,涉及行政机关之间的沟通和协调关系时,决策系统的视角则显得更为重要。决策,从本质上来说,是由事实要素和价值要素所导出的一种结论,价值要素指的是决策所希望达到之目的,事实要素指的是达到决策目的所应具备的现实客观要件。[①] 在法学语境下,可以对应于行政行为的规范要件和事实要件,这些要件都是机关进行决策的信息。这些决策所需的信息原本只是权力行使过程中不太受到关注的内部要素,因为在行政行为形式论的框架下,对外生效的是最终的行政决定,而以决策系统的视角来看行政权的运行过程时,这些要素将被"外部化"为一个决策系统的组成部分。经过这样的剖析,各决策主体之间的影响方式,并不是简单的一个机关直接向另一机关传达决策的结论,而是传达某些信息以作为其他机关的决策前提,换言之,当一个机关作出决定时,作为决策前提的某些要件可能受到其他机关已有决策的不同程度的约束。基于影响方式和程度的差异,决策主体间的影响模式可以区分为权威模式和沟通模式。[②]

(二)权威模式

当"权威"这一概念不是从传统的科层结构角度而是从决策过程角度来定义时,其指的是:如果决策者不经批判性审查就接受另一机关决定之内容,

---

① See Herbert A. Simon, *Administrative Behavior: A Study of Decision-Making Processes in Administrative Organization* (4th ed.), New York: Free Press, 1997, p. 55.

② 西蒙将权威和沟通作为组织及其组成成员之间传达信息的两种方式,但没有以对比的方式将两者作为两种影响模式,本研究将结合其对权威和沟通的定义,从决策主体间影响方式和程度的角度做一些补充阐述。

以构成自身决定之要件，那么，我们就可以将此种影响模式称为权威模式；此时与权威相对应的“服从”，意味着决策者接受其他机关决定之内容，而无权或者放弃对该要件进行独立审查。[①] 鉴于行政机关在组织上是典型的科层组织，并且其职权行使方式有正式的规范作为依据，因此，权威模式是行政机关之间影响模式的常见样态。此外，值得说明的是，当多机关参与的程序结构属于纵向关系，且前后行为之间存在要件上的先决关系，即三种纵向关系中“嵌套”结构最明显的一种类型时，前后行为的决定者之间一般就处于权威影响模式。也就是说，后机关一般无权自行审查前行为之内容，而只能将其作为既定要件予以采纳。

在某些有明确的法定先后顺序的情况下，行为之间的关联性会非常密切，并可能进一步导向权力的相对集中。例如，图 4 - 3 所示的以出让方式取得国有土地使用权的情形中，土地的提供和建设用地规划许可证的颁发，在多个环节上都有严格的法定先后顺序，并且存在复杂的“嵌套”结构。首先，国有土地出让之前，应由规划部门出具关于“出让地块的位置、使用性质、开发强度等规划条件”的认定结论，作为国有土地使用权出让合同的组成部分，国土部门无权排除此条件，也无权自行认定。其次，国有土地使用权出让合同签订之后，相对人应以此合同以及其他文件为基础，申请建设用地规划许可证。最后，规划部门所颁发的规划许可证的内容必须以国有土地使用权出让合同中的规划条件为准。[②] 可以发现，上述过程中的土地出让及其前置环节和规划许可，属于关联行政行为，其中的共同要件为“出让地块的位置、使用性质、开发强度等规划条件”，并且规划部门在第一环节就规划条件所作出

---

① See Herbert A. Simon, *Administrative Behavior: A Study of Decision-Making Processes in Administrative Organization* (4th ed.), New York: Free Press, 1997, p. 180 - 181.

② 《城乡规划法》第 38 条：“在城市、镇规划区内以出让方式提供国有土地使用权的，在国有土地使用权出让前，城市、县人民政府城乡规划主管部门应当依据控制性详细规划，提出出让地块的位置、使用性质、开发强度等规划条件，作为国有土地使用权出让合同的组成部分。未确定规划条件的地块，不得出让国有土地使用权。以出让方式取得国有土地使用权的建设项目，建设单位在取得批准、核准、备案文件和签订国有土地使用权出让合同后，向城市、县人民政府城乡规划主管部门领取建设用地规划许可证。城市、县人民政府城乡规划主管部门不得在建设用地规划许可证中，擅自改变作为国有土地使用权出让合同组成部分的规划条件。”

之认定属于不直接对外生效的处分行为。

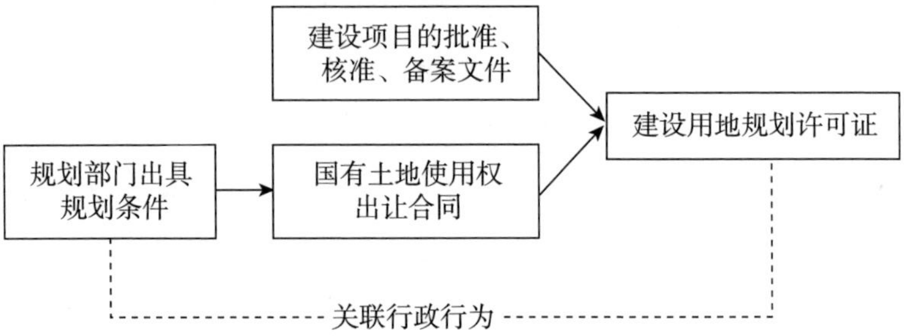

图4-3 以出让方式取得国有土地使用权各环节结构关系示意

在上述三个阶段中作为共同要件的规划条件贯穿始终,并且规划部门在第三环节颁发建设用地规划许可证时,需要受到自身在第一环节所认定之规划条件的约束。从实践中的案例来看,此种前后一致性的要求非常严格,表现为明显的决策间的权威影响模式,以至于如果在国有土地使用权出让合同与规划许可决定中,规划条件的文字表述相一致,但是附图不完全一致,也会被法院认定为变更了规划条件。① 这一点在最高人民法院发布的指导案例76号中也有明确体现。法院的裁判理由表明,尽管国有土地使用权出让合同是由国土部门与相对人签订的,但规划部门在其职权范围内就用地性质等规划条件所作的解释,会对国土部门的判断产生约束力。② 就协议中的特定要件而言,国土部门必须接受规划部门所作出的认定,而无权排除或自行审查,这在原理上,就是上一节所论证的共同要件在关联行政行为中产生的构成要件效力。在土地出让以及规划许可所包含的三个阶段中,各个环节之间的关联性非常密切,决策主体间的权威影响模式也很明确,实际上这意味着应当对其中的共同要件采取高度集中的审查方式,以达到前后一致的效果,从而既

---

① 参见“山东恒利房地产开发有限公司与禹城市规划局规划行政许可上诉案”,山东省德州市中级人民法院(2015)德中行终字第99号行政裁定书、“禹城市规划局与山东恒利房地产开发有限公司规划行政许可上诉案”,山东省德州市中级人民法院(2016)鲁14行终147号行政判决书。在这两个案件的终审判决中,法院明确“规划条件与附图共同构成了对于建设用地规划的整体要求,内容相互补充、不可或缺”,并且规划部门在颁发规划许可证时有职责对规划条件整体上的一致性进行审查。

② “萍乡市亚鹏房地产开发有限公司诉萍乡市国土资源局不履行行政协议案”,江西省萍乡市中级人民法院(2014)萍行终字第10号行政判决书。

契合规范上的目的，也更符合效率上的需求。而最终政府机构和职能调整时，国土部门与规划部门的组织与职能的合并也印证了这一点。

（三）沟通模式

与权威模式相对应的沟通模式，是指在整个综合任务的实现过程中，由一个机关（组织成员）向另一机关（组织成员）传达决策之构成要件的过程。[①]在行政法中，决策的构成要件指的就是行政决定的事实要件和规范（价值）要件。沟通模式本质上是一种信息传达机制，此时接到作为决策前提之各项信息的机关并没有"服从"义务，决策机关可以对其他机关提供的事实证据进行审查，也可以对规范依据进行解释，也就是其并未放弃对各项要件作出独立认定的权力。沟通模式通常出现在各决策关联性相对松散的结构中，比如多中心决策或者各行为之间处于无法定先后顺序的横向关系中时。上文提及的行政征收行为，在决定作出过程中，人民政府需要组织发展改革、住房建设、城乡规划、国土资源等部门，就确需征收房屋的建设项目是否符合各项规划及其他条件进行论证，各部门之间可以就涉案建设项目的各项事实信息进行沟通，也可以对存在交叉适用的规范在本案中的具体内涵进行交流，但各职能部门均保留了独立判断的权力。即便当横向关系中的行政行为之间存在共同的事实要件（如调查中对共同证据的认定）或法律要件时，只要行政机关对共同要件的认定有较大裁量空间，其仍然可以基于各自的职权目的，对该要件的认定结论进行沟通和协商。例如，相对集中行政许可权实践中的行业准入联合审批机制，各职能部门为达到整个行业准入审批的集中效果，可以对各种相同且重复的证据进行联合勘验与审查，但是，不同领域的行政机关仍保留各自的判断权，相互之间的影响模式就是以信息传递和协商为主的沟通模式。

结合第三节之职权内容和行政行为的关联性，与本节多机关参与决策之程序结构以及决策主体间影响模式，作一小结可以发现：当职权内容关联性

① See Herbert A. Simon, *Administrative Behavior: A Study of Decision-Making Processes in Administrative Organization* (4th ed.), New York: Free Press, 1997, p. 208.

越强,即法规范对各行为之共同要件以及法定顺序有明确规定时,机关之间的影响模式越趋向于权威模式,也就是对于职权重叠部分,通常应由单一机关进行一次认定并对其他机关产生拘束力,此时权力的行使方式就更趋于集中;当程序结构为关联性较为松散的多中心结构或者各决定间无法定先后顺序时,机关之间的影响模式则趋于沟通模式,即便存在职能交叉,各机关也保留独立的判断权,此时权力行使的过程可以采取程序集中的方式,但不宜进行职权内容的实质合并。

三、多机关参与决策程序的组成部分

行政程序通常指的是行政机关作出行政行为时所遵循的步骤、顺序、方式和时限,也就是从过程的角度来看一个行政决定是如何产生的。当处于复杂法律关系中时,由复数行为构成的宏观行政过程,除了要考察单一行政行为的程序和要件之外,还需要关注各微观行政环节如何构成整个过程以及各阶段的性质和相互间的关系。① 如果仍借用微观行政程序的几个组成部分来描述综合任务下的宏观行政过程,此时的行政程序指的是:第一,为完成整体目标,需要对复杂行政任务进行分解,归纳出整个宏观过程所包含的主要议题,并细分为几大类或几项决策内容。第二,确定各环节以及行为之间的关系,即行为之间是否存在法定先后顺序,或者仅属于无先后顺序的横向关系。第三,需要列明整个行政过程以及其中每一行为中参与决策的行政机关,明确彼此之间的影响模式。第四,在决策系统的视角之下,还应考察能否通过环节的合并、顺序的调整、方式的优化,在综合行政任务中达到决策集中的效果,并在政府整体层面上实现有效与负责。在完成这些要素的拆解之后,可以从两种视角来对程序进行描述,即多中心决策视角(空间角度上的扩张)和多阶段决策视角(时间角度上的延展)。

多机关参与的多中心决策模型可以分为两大类:由多机关参与作出同一

---

① 参见江利红:《行政过程论在中国行政法学中的导入及其课题》,载《政治与法律》2014 年第 2 期;江利红:《行政过程的阶段性法律构造分析——从行政过程论的视角出发》,载《政治与法律》2013 年第 1 期。

行政行为的多中心决策和横向关系中多个行政行为构成的多中心决策，如图4-4所示；在横向关系中的多中心决策的形态，还可进一步区分为有关联行政行为（图4-4右侧多中心决策之二的A与B两种行为）和无关联行政行为两种情况（图4-4右侧多中心决策之二的C与D两种行为）。

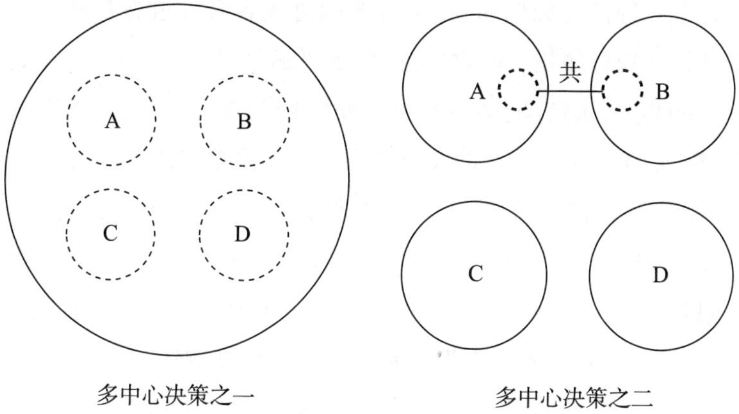

图4-4　多机关参与的多中心决策示意①

在第一类多中心决策中，某一行政行为的作出需要其他多个机关共同协力完成，如上文反复提及的行政征收行为，各参与机关在各自职权范围内、根据相应规范作出独立但不直接生效的处分。在此期间的各项决策可以同时进行，并无先后顺序之别。而且，各方决策机关之间可以在裁量权范围内，对证据认定和规范解释进行信息交流与协商，其主体间影响模式为沟通模式。这在相对集中行政许可权运行机制中的意义是，一方面与最终决定相关的各项决策同时进行，能够缩短整个决定作出的时限；另一方面当各决策之规范或事实要件存在重叠时，特别是在许可条件冲突的情况下，可以通过沟通模式进行协调和整合，从而一定程度上达到决策集中的效果。

在第二类横向关系的多中心决策中，如果两个行政行为之间存在共享的构成要件，那么，根据上论之共同要件的跨程序拘束力，相关决策机关对于该

① 在图4-4中，实线边框表示对外生效的行政行为，虚线边框表示不直接对外生效的内部构成要件认定行为。

共同要件的认定应当合并进行。这不是时间上的同步,而是只就共同要件进行一次审查并同步拘束其他的关联行政行为。而如果处于横向关系中的行政行为之间并无构成要件的共享,那么,由于无法定先后顺序之约束,在法律上,这些行政行为均可同时进行。对于相对集中行政许可权的运行机制而言,与上述第一种情况相似的,各决策的同时或者合并进行自然能够达到缩短决策时限、实现程序集中的效果;但更重要的是,横向关系中关联许可行为之共同要件的合并认定,能够达到事项归并的效果,这已超越了形式上的许可程序紧缩,而实现了许可权的实质集中。程序紧缩与许可事项归并,虽然在外观上都表现为许可时限的缩短,但在本质上,前者是多项许可的同步进行,后者则是将多项许可并为一项,因而在许可权的集中程度上存在明显差异。

在多机关参与的多阶段决策模型中,一个重要的问题是各阶段议题的筛选和决策顺序的确定。各项决策在宏观过程中所处顺序的差异,会影响决策者的裁量空间。当一项行政任务被分解为多个阶段,在此过程中越被置于末端的行为,越没有可争辩和可变更的空间,因此,对决策者来讲,其实际上所拥有的裁量空间越小。在多机关参与的具有严格法定先后顺序的多阶段决策中,行为之间如存在"嵌套"式的纵向结构,那么,决策主体间的影响模式通常是权威模式,后行为的作出机关应将前行为作为其决策的既定要件而无权自行进行审查,此时在先的决策显然对在后的决策构成了限制。而且,即便没有严格的法定顺序之规定,事实上的前后关系也会存在,例如,一个建设项目的审批,首先在立项阶段要考虑是否符合本地经济社会发展规划,之后在供地阶段将涉及具体选址、用地范围等问题,最后在建设阶段还需审查是否符合建设施工规划条件和具体标准等,后续阶段的每一项审批都将在一定程度上受制于前一阶段的各项决定。因此,无论行为之间的顺序是应法定程序之要求,还是因为事实上处于前后阶段,此种裁量空间逐渐收窄、决定内容逐渐固化的特征是多阶段决策中的普遍现象。基于这样的特征,就综合行政任务而言,在对各项决策顺序进行排列时,应将争议较大、涉及利害关系群体广泛的决策环节提前,而不是到改变空间极为有限时,也就是变更决策结论的成本极大的时候再作争辩。

最后,就相对集中行政许可权的法理结构及其与许可权集中路径之间的关系进行总结。以往实践中和理论上对权力集中运行的理解主要从静态的组织角度入手,现有相对集中行政许可权的改革样本——行政服务中心模式与行政审批局模式,主要也是行政组织层面的变通。但本章论证了相对集中行政许可权的实施,根本上是要实现许可权在政府整体层面上的有效性和负责性,而此种目标的达成不仅在于组织机构上的调整,还在于权力运行的动态过程。由此,相对集中行政许可权的运行机制,可以包含三个层次的视角:从组织法视角看,是许可部门和内设机构的整合;从行为法视角看,是许可职权内容及行为的关联性,以此为基础可以实现要件整合;从程序法视角看,是多机关参与的决策系统,以此为基础可以实现流程整合。其中第一层次的视角已有大量的实践和理论予以支持,本章主要对第二和第三层次视角进行了详尽阐释。以此法理结构作为支撑,再结合权力集中的程度差异,可以形成相对集中许可权的多维路径。

第五章　相对集中行政许可权的多维路径

现有行政手段推动下的改革实践，缺乏学理基础的支撑；因而会突破规范的边界，并且难以达到内部的自洽。而目前改革样本表现形式上的单一化，本质上是由于对许可权的内涵以及权力集中的法理结构认识不够全面，进而导致许可权集中路径缺乏体系性。因此，要在研究视角上进行深化与拓展，并在理论基础上予以充实。第四章关于相对集中行政许可权的法理结构，先是论证了许可权集中的正当性来源。也就是从根本上来讲，以许可权为代表的行政职权之所以有相对集中的需要，是由于政府应当在整体层面上实现治理的有效性与负责性，而这超越了部门的专业化分工和特定的个案合法性，是权力集中化行使的主要动力和正当性基础。而后，基于对权力集中化运行的动态过程的关注，第四章的后两节分别在行为论和程序论的层面上剖析了许可权集中的法理构造，从而弥补了现有研究仅从静态的行政组织视角入手的缺憾。以上对相对集中行政许可权之法理结构的阐述，既明确了许可权集中的功能与目标，又为许可权多维集中路径的进一步展开提供了规范和学理框架。

基于对相对集中行政许可权现有实践样本的反思，并结合许可权集中的法理结构，可以明确行政服务中心或行政审批局模式，都只是相对集中行政许可权的一种实现方式，而不能代表或者涵盖所有的集中路径。事实上现有的两种模式,从权力配置和组织结构的角度来看,属于权力分散和权力集中的两个极端。组织机构的调整能达到许可权集中的目的;但通常只能在组织法层面形成的一种静态结构,而无法彰显行政权运行的动态过程以及组织机构之间的影响模式。在目前的实践样本中,组织机构之间的互动关系,仅仅被视为确定集中模式之后的内部问题,如选择行政服务中心模式并匹配许可程序优化机制,或是选择行政审批局模式并在内部进行机构的进一步细分。但是,行政许可权的相对集中,而不是绝对集中,关键在于许可权如何运行,并且需要在分散与集中之间寻求平衡。通过将相对集中行政许可权理解为一种许可权行使过程及其行为的相对集中,而不仅仅是拥有许可权之行政机关的集合,扩大了相对集中行政许可权实现路径的选择空间。因此,本章将打破现有行政组织上二选一的单一框架(行政服务中心或行政审批局),并以关联行政行为的理论框架和多机关参与的决策模型为基础,为许可权的集中运行填充行为论和程序论的内容。以下按照集中程度,将相对集中行政许可权分为空间集中、程序紧缩、事项归并、职权整合这四个层次,从而为许可权的运行提供多维度的集中路径。

第一节　行政许可空间集中

按照行政许可权集中化运行的程度,许可机关在物理层面上的集合,是一种最低程度的权力集中,我们称为行政许可组织的空间集中。[①] 在此过程中,特定领域的许可职权仍由原行政机关行使,许可权并不发生实质的转移或合并。与下一节的行政许可程序紧缩一样,两者同属于许可权的形式性集中路径。许可组织的空间集中或组织场所集合,在审批制度改革的初期就已开始实施,以行政服务中心的建立为典型;当然随着电子政务和信息化治理

---

① 与空间集中不同的是功能性集中;除了第一节之外的其他许可权集中路径,都会涉及行政机关之间的功能性整合。空间性集中与功能性集中,参见许宗力:《宪法与法治国行政》,台北,元照出版有限公司2007年版,第395页。

技术的发展,现在已有其他更为重要的表现形式。作为一种最为基础的权力集中运行的方式,许可权在物理层面上的集合,为许可机关的沟通以及之后在实质层面上实现许可权的功能性整合奠定了基础。

一、行政许可空间集中的功能

许可权之所以要采取集中化运行的方式,主要是为了修正传统管辖权分配模式之下所导致的职权行使分散的弊端。传统的职权分配方式是在行政组织内部区分事务管辖、层级管辖和地域管辖,从而使行政许可权在不同的领域、不同的层级和不同的区划内,被分散地交由不同的行政机关来行使。从审批制度改革和相对集中行政许可权的现有样本来看,尽管许可权集中主要是针对事务管辖权分配模式的,也就是为了在横向上整合不同专业部门的许可职权;但事实上在各领域、层级和区域范围内都有许可权集中的必要,至少应当在最低层次上达到某种程度的集中。这主要是因为,许可权如按照上述多层次、多领域分散化的方式运行,会导致两方面问题:在行政机关与行政相对人之间、各个行政机关相互之间形成信息壁垒,进而导致许可实施公正性的缺乏。相对集中行政许可权的改革,要在法治和治理层面上实现许可权运行的规范和高效;而许可实施的公正性是基本的法治需求,也是改革应当实现的基本目标。因此,需要通过某些最低限度的集中手段,降低许可实施中的信息壁垒,保证许可实施的公正性。

传统上,基于各职能部门的分工,许可权被分散在各行政领域之中;又根据层级管辖的需要,许可实施标准被层层细分。而不同地区的行政机关基于本地的经济社会特点,在自由裁量权范围内对许可的具体执行方式再作解释。组织分工是复杂系统高效运转的重要手段,但也导致了不同机关之间的隔阂:彼此之间并不了解其他行政机关如何解释作为许可依据的规范,也不清楚其如何运用证据材料来认定法律事实。而对行政机关以外的私人主体来讲,一方面某一领域行政许可的相关标准本身就具有高度专业性;另一方面组织机构的复杂分工,又会进一步增加信息的复杂程度,降低信息的可获得性,提高信息壁垒。由此可能造成的问题是许可实施过程中的不一致和不可比较:第一,不同领域、层级、地区的行政机关,可能由于管辖的分散,而在对交叉的甚至同一类许可行为的依据进行解释时,作出不一致的认定。第二,信息复杂程度的增加,会降低权力运行的透明度,进而使许可的实施过程不可比较,无法保证同案同判。上述两点违反了基本的法治要求,即制定的规则不应互相矛盾,以及规则应当被公布并应为公众所充分知晓。[①] 这两点弊病导致许可权在实施过程中有失公正性。

从事务管辖权分工的角度看,主要的问题是不同部门对许可标准解释的不一致。此时,只要能够达到某种最低限度的集中,如通过将许可权实施主体的办公场所予以集中,或者在统一平台上对行政许可的各项标准予以整合,就能通过沟通与整合来消除矛盾,为打破专业信息壁垒、促进部门协调统一提供空间。从层级和地域管辖权分工的角度看,重要的问题是保证许可实施中的同案同判,防止行政机关通过对许可条件的不同运用来制造行政垄断。《行政许可法》明确禁止地方性法规和省、自治区、直辖市人民政府规章设定区分对待本地区和其他地区的许可,[②]其目的就是保证不同区域之间许可实施的公正性。如果能在更大的范围内将许可实施的相关信息统一发布至某一集中化的平台,实现跨区域之间的信息互通与整合,那么,就能更加有效地降低此种区域之间的信息壁垒。在某些情况下,许可信息并非完全不可获得,而是因为高度分散产生了层层阻隔,使相对人只见树木不见森林。许可权及其实施结果的空间集中,能够通过促进透明度,增加权力行使过程的可比较性,并进一步达到规范化和公正性。

二、行政许可空间集中的表现形式

行政许可权较低限度的空间集中,在外观上通常表现为拥有行政许可权的组织体的某种集合,这在根本上实现的是许可权行使过程中相关信息(规

---

① 参见[美]富勒:《法律的道德性》,郑戈译,商务印书馆2005年版,第47页。

② 参见《行政许可法》第15条第2款:"地方性法规和省、自治区、直辖市人民政府规章,不得设定应当由国家统一确定的公民、法人或者其他组织的资格、资质的行政许可;不得设定企业或者其他组织的设立登记及其前置性行政许可。其设定的行政许可,不得限制其他地区的个人或者企业到本地区从事生产经营和提供服务,不得限制其他地区的商品进入本地区市场。"

范依据与事实证据)的汇集与整合。在种种相对集中许可权的改革实践中,行政服务中心是许可机关空间集中的一种典型。各行政机关集中于一个工作场所办理各类许可事项,是初级程度的许可权集中方式。对私人主体而言,得益于行政机关办公场所的汇集,至少使其在需要办理多个许可事项时,也只需在不同窗口进行处理;而且对于有关联性的许可项目,还可以达到相对人申请信息的共享,避免相同材料的多次提交。对于行政机关而言,组织场所的集中显然为各部门的沟通与协商提供了便利。而且值得注意的是,目前行政服务中心各窗口所涵盖的政府职权领域,其实已经超出行政许可的范围,形成了以许可为中心的、囊括政府多项职权的空间集中模式,从而展现出行政职能从专业化分工转向有机整合的基本趋势,在某种程度上达到了整体政府的效果。

除办公场所的集合之外,在行政许可空间集中的实现方式上,更值得关注的是线上的政务服务平台。政务服务平台,从技术手段上来讲是电子政务的一项典型成果;在前期积累上,以包含许可权在内的各类职权事项的清理和权力清单制度的建构为基础;从实施效果上来讲,平台实现了行政权在各个领域和各个层面的虚拟集合,而且,相比实体的行政服务中心,线上的政务服务平台能够实现更大范围和更多层次的空间集中。一般而言,实体的空间集中方式,无论其所实现的集中程度如何,被集中的行政组织的范围通常以现有的市县一级行政区划为边界,在层级选择上通常为同级政府相关部门,而一般不作跨层级的集中。大多数地区都会在县级的行政区域设立行政服务中心,以容纳该层级政府内的行政部门进驻办公;而线上的政务服务平台,由于无须受制于实体的地域边界和层级限制,可以实现更大范围的以及跨区域的职权整合。而且,无论各地在实践中选择了何种实体性的行政组织集中模式,其都能够与政务服务平台实现很好的融合。例如,浙江省和江苏省分别采取了行政服务中心模式和行政审批局模式,各自在其县一级设立了行政服务中心或在试点县区设立了行政审批局。但两个省份都在省级层面上打造了标准化的政务服务网站;其所集成的职权也远远不止行政许可,而是涵盖了政府职能的方方面面。[①] 这也从另一方面体现了不同形式和程度的许可权集中方式应当互相配合,并在不同层面上达到互补的效果。

进一步地,全国一体化政务服务平台也在各省级在线政务服务平台的基础上整体上线运行,用以联通各地方政府和国务院部门的政务服务事项。[②]《法治政府建设实施纲要(2021—2025 年)》更是明确提出,要依托全国一体化政务服务平台等渠道,全面推行审批服务"马上办、网上办、就近办、一次办、自助办"。国家政务服务平台不仅具有集中信息的功能,还可以实现某些事项的跨省联合以及一定范围的区域整合。例如,国家政务服务平台将许多全国统一实施的事项(包含许可及其他行为)纳入"跨省通办"服务范围。这些事项一般按照国务院各部门也就是行政专业领域进行分类,而不区分层级和区域;这在特定的事务管辖范围内实现了许可权的高度集中。而在京津冀、长三角、粤港澳大湾区等超越一般行政区划的经济一体化区域范围之内,还有"一网通办"式的许可空间集中模式。区域政务服务一体化,突破了传统的行政区划边界,通过电子政务手段实现了行政许可及相关事项的异地、就近办理,达到了地域管辖的互通与融合。由此可见,依托线上政务服务平台实现各个领域、更大范围、多个层级的行政职权(包含许可权及其他职权)的相对集中,已经成为一个重要的趋势。

综上所述,行政组织的条块分割与多层级化,增加了行政权的复杂程度,影响其透明度和可接近性,甚至会引起许可标准的不一致和不可比较,影响许可实施的公正性。这些线上的政务服务平台,通过技术手段消除了行政组织在地域、层级、事项上的职权分割局面。由国务院各部门统一实施的"跨省通办"事项,达到了专业领域内许可标准一致性的效果。跨区域的"一网通办"事项,则实现了更大行政区域范围之内许可职权实施的一致性:一方面达到了同案同判的效果,另一方面也避免了因区别对待不同申请人而造成的地

---

① 浙江政务服务网,http://www.zjzwfw.gov.cn/zjservice/front/index/page.do?webId = 1;江苏政务服务网,http://www.jszwfw.gov.cn/,2021 年 2 月 21 日访问。

② 国家政务服务平台(全国一体化在线政务服务平台),http://gjzwfw.www.gov.cn/index.html,2021 年 2 月 21 日访问。

方保护和行政垄断。这在法治效果上,弥补了职权分散引起的高信息壁垒和公正性不足这两方面的缺陷;而在治理效果上,尽管并未对行政权进行实质性的融合,也未改变职权的归属主体,但高度透明化和扁平化的组织架构,显然改善了包含许可权在内的政府职权的行使方式。

此外,还有一个值得关注的问题是,特定许可事项的实施,除有行政许可机关参与外,还会涉及中介机构。相比行政机关,中介机构的设置更为分散:因为行政机关仍有事务、层级和地域这样的有一定逻辑性的管辖权分配方式,但中介机构则是以特定行政任务中某一环节的具体需求为标准设立的,其设置方式相对零散而无逻辑。中介机构设置的复杂性,也加剧了许可权行使的分散程度,因此,中介机构也应成为空间集中的一个组成部分。由于中介机构无法实现实体的组织场所集合,其一般通过虚拟的网络系统予以整合,如江苏省如皋市依托“如皋市网上中介机构信息管理系统”建立的包含国土测绘、环评、能评在内的中介服务事项的网上“中介超市”,就是其中的一个典型例子。[①] 此种网上的中介机构信息系统,也能实现上述法治和治理方面的效果。统一的信息平台能够对中介机构进行筛选,并对其服务效果进行比较和监管,能降低中介环节的信息壁垒,从而达到中介管理的规范化。而且由于涉及中介服务的许可事项,通常不仅具有行政专业性,还具有技术专业性,因此,通过各种手段降低这一环节的信息壁垒并简化相应流程,对于相对人而言有十分重要的意义。另外,对于诸如投资建设项目这类涉及多项许可环节的综合性很强的事项,许可机关以及相关中介机构的场所集合以及信息互通,能够为相应环节的集中以及许可整体流程上的程序优化奠定基础。

三、空间集中作为多维路径展开的基础

行政许可权实施的空间集中,无论是实体的行政服务中心,还是虚拟的政务服务平台,主要能实现两方面的功能:一方面,汇集各类行使许可职权的

---

① 引自笔者从如皋市获得的调研材料。

行政机关及其他相关部门或机构;另一方面,汇总与许可权行使相关的各种信息,特别是许可的设定依据、申请条件、办理流程等。这两个方面其实对应了前面所提到的管理学中用来描述正式组织的两个视角。对于行政权而言,其在组织上被分配于各类实体的行政机关,而在目的上是通过各项行政决定来实现治理功能。因此,权力的相对集中既表现为作为决策机构的各部门的集合;也可以表现为各项决策系统的集合,而决策由各种前提要素(价值要素和事实要素)所组成,本质上是各项信息的汇总和交换。① 也正是这两方面的汇集,为其他许可权集中路径的展开提供了基础。尽管行政许可组织在形式上的汇集只是一种较低层次的许可权集中手段,但是,就如同相对集中行政许可权的实施必须以许可事项清理为基础一样,后续更实质性的许可权集中措施,必须以许可实施机关及相关信息的某种形式上的空间集中为前提。如果说后续这些集中化程度更高的路径,需要根据不同许可领域和特定任务对权力集中的需求,而作出不同的回应,那么,第一层次的空间集中,则属于一种可以普遍采用的许可权集中化运行方式,并且可以作为其他手段的基础与之配套使用。

第一,行政许可的程序紧缩机制,需要以多方参与的沟通平台为前提,其中应当能够容纳项目申请人和各方行政机关及相关组织,使其能够提供和交换各类信息。因此,许可机关办公场所的空间集中,无论对于相对人还是行政机关而言都降低了沟通成本,这一点在早期关于行政服务中心的研究中已得到反复论证。第二,许可权行使相关信息的汇集,为整理和比较各行政许可决定的构成要件提供了素材。上一章曾论述,从职权行使的动态视角看,行政机关职权内容的关联性在于其作出之决定存在法定构成要件共享的现象。那么,各项行政许可之设定依据、申请条件等相关要件信息的汇总,能够帮助发现存在要件重叠的关联许可行为,乃至进一步地实现许可事项的归并和机关职权的整合。第三,再次结合本节第一部分论证的行政许可空间集中的功能和必要性,此种集中化手段,不仅能够作为基础来帮助实现更高的许

① See Herbert A. Simon, *Administrative Behavior: A Study of Decision-Making Processes in Administrative Organization* (4th ed.), New York: Free Press, 1997, p. 55, 246.

可权优化的治理目标,更是保证行政许可职权内容之透明度、运行标准之一致性的前提,是许可权集中化运行所希望达到之法治目标的题中之义。因此,行政许可的空间集中,是相对集中行政许可权的多维路径得以展开的基础。

最后,需要对本节再作一点补充的是,由于本研究在论证行政权相对集中的基本法理结构时,更注重权力运行过程这一动态的视角,因此,在阐述行政许可空间集中时,也更关注组织场所集中背后的信息汇总功能,并特别将线上的政务服务平台纳入其中。那么,具体到许可信息汇总的问题,特别是以在线平台为主的情况下,需要特别注意的是,仅仅对于许可事项的相关信息进行汇总堆积,并不是真正意义上的集中,也无法带来法治或治理效果上的提升。学者在信息化时代真正到来之前就已经预言了,现在真正稀缺的并不是信息,而是用于关注信息的时间,也就是注意力。① 对于决策者而言,根本的问题不在于决策所需相关信息的缺乏,而是大量冗余信息对于决策者注意力的分散。事实上,相较于许可决定的完全分散,各种许可设定依据和构成要件等相关信息无规律地汇集到一个平台上,并无法对于许可权的运行效果带来实质性的改善。真正重要的是,在完成许可机关及职权相关信息的物理汇集之后,需要对各项许可行为的构成要件进行标准化和类型化的处理。一方面,对各个许可事项应按照相同的标准,就其设定依据、申请条件、实施主体、办理流程等进行整理,以便后续对各项构成要件进行比较,从而发现职权交叉和相互关联的情况。另一方面,可根据行政任务的需求,对某些类型的许可信息进行分类与整合。例如,前述的全国一体化政务服务平台中的"跨省通办"和"一网通办"事项就是典型例子。国务院各部门统一实施的"跨省通办"事项,以事务管辖权分类为标准进行了行政专业领域内的集中,避免了层级和地域管辖上的分散;跨区域的"一网通办"事项,在许可权实施过程中进行了行政区划上的合并,避免了地域管辖上的分散。如此对许可信息的功能性整合,才是真正有意义的信息集中,也才能更有效地促进后续更为实

---

① See Herbert A. Simon, *Administrative Behavior: A Study of Decision-Making Processes in Administrative Organization* (4th ed.), New York: Free Press, 1997, p. 124.

质性的要件整合与职能归并。

第二节　行政许可程序紧缩

行政许可程序紧缩机制，与第一节的行政许可组织场所集中一样，同属行政许可权的形式性集中路径。两者之间的共同特点在于，许可职权的归属并未在行政机关之间发生转移。不同之处是，许可的空间集中是一种普遍开展的行政机关组织方式的调整；而许可程序紧缩则是针对特定行政任务进行许可程序的优化，一般不改变许可机关常规的决定程序。尽管都属于一种形式性的许可权集中，但相较于行政机关办公场所和许可相关信息的汇集而言，许可程序紧缩机制对于许可权的运行还是作了更进一步的集中，主要体现于对许可行为中的某些环节进行了精简或者是对复杂流程进行了优化。行政许可的程序紧缩机制既可以针对单一许可行为，也可针对复合许可程序；当然，在实践中，后者是程序紧缩机制的重点适用领域。第四章第四节所论证的权力集中模式下的多机关参与决策模型，为行政许可程序紧缩机制的建构提供了学理支撑和逻辑框架，本节将以此为基础来对实践中的程序优化措施进行分析与修正。

一、行政许可程序紧缩的适用领域

行政许可程序紧缩机制主要适用于复杂的、综合性的行政任务；而程序集中既可以包括单一许可事项的手续精简，也可以针对复合许可中的环节整合。与此相对应，多机关参与的决策模型也囊括了单一许可决定需要征求其他机关意见的情形，以及由多个许可决定构成的复合型程序。在综合性的行政任务中，多个许可机关通常是由于共同且特定的任务目标而被纳入一个宏观的行政过程之中。如果所涉行政领域不同或者任务目的发生改变，那么，被纳入该程序中的行政机关及其行为方式也会有所不同；因此，这是一种动态的、以具体任务为导向的许可权集中方式。多机关参与的情况下行政程序的构造较为复杂,在法理结构上还可作进一步的细分。随着观察视角在空间和时间上的不同,多机关参与决策的程序可以包含多中心决策和多阶段决策两种;而根据是否有法定的或事实上的先后顺序,各项决定之间又可区分为纵向关系和横向关系两种。当然,这两种分类方式也会存在交叉的领域。而如果存在构成要件共享的情况,也就是综合许可任务之中的部分环节互相关联时,则还可采取一些特殊的程序集中手段。此种情况与后续第三节的许可事项归并存在交叉共通之处,两相结合之后可对许可权作进一步的整合。本节以下各部分将按照单一行政许可行为的程序紧缩、无关联行政行为之复合程序紧缩和有关联行政行为之复合程序紧缩这三种类型来分别予以展开。

在具体阐述各种程序紧缩机制之前需要再次强调的是,无论是单一许可行为还是复合许可流程的优化机制,都应恪守程序正当的基本法治原则。各项行政许可程序紧缩机制,应当在符合法定程序,遵循公开、参与、中立的正当程序的基础上,进一步实现许可权运行程序集中化的治理目标。具体而言,程序紧缩机制通常表现为各项审查要件在时间和空间上的整合,但是,各项程序要件的整合并不等于程序要件的省略。因此,在各项许可决定作出的过程中,行政程序制度所要求的表明身份、告知、陈述申辩、说明理由等各项法定环节均应具备。在对许可申请过程中的各项材料进行精简时,也应符合法定条件并应在自由裁量权的范围之内。对于宏观过程之中的各项许可决定,进行顺序的调换、环节的合并和方式的调整,亦不可违反法定程序规则。在第三章的实证研究中,现有行政审批程序优化的实践措施带来的最大经验教训是,当改革者单纯以时限缩短作为评价标准,对审批流程进行改造时,就有可能忽略规范上对于行政程序必须遵循的步骤、顺序、方式等方面的法定要求,甚至可能会策略性地利用程序的复杂结构,来达到缩短审批时限的目的,乃至突破法治的框架。而第四章从程序法的视角对多机关参与之决策模型的论述,也是希望改变现有单一且表面化的程序集中评价标准,不再局限于许可时限的缩短,而是从许可机关互动关系的重构这一更为根本的视角,来描述程序法视角之下的许可权集中运行机制。在此过程中,许可时限的缩短是程序紧缩机制所达到的效果之一,但并不是根本更不是唯一的目标。

二、单一行政许可行为的程序紧缩

需要予以说明的是,本节关于单一行政许可程序和复合行政许可程序的区分,以参与决策的行政机关的数量作为区分标准。这延续了程序论上将许可行为视为决策过程的视角:许可决定由一个行政机关单独完成的为单一行政许可;如由多个行政机关共同参与,无论其中形成了多个许可决定,还是最终只以一个行政行为的方式对外生效,都被视为复合行政许可程序。因此,第四章第四节提到的"多阶段行政处分"和"多阶段行政程序"都属于此处的复合行政许可程序。以行政机关的数量作为区分标准,主要原因在于多机关参与的情况下,无论最终对外生效的行政行为是多个还是一个,其间都会发生行政机关之间的沟通与互动,从决策过程理论来看,这就与单一机关完成的许可行为之间存在本质差异。这样的视角与区分标准,明显地区别于传统的行政行为形式论;传统理论所设置的行政行为成立、生效要件以及不同行政行为的区分标准,主要服务于结果导向的行政责任归属和司法审查对象明确性的要求。而本节关于行政许可程序紧缩机制的内容,关注的是行政过程中的决策机关及其互动关系,因而不采用传统的区分标准,特予以说明。

单一行政许可行为的程序精简,通常可在许可事项清理以及政务服务平台的建立也就是许可信息的空间集中的过程中同步进行。对于一项许可决定来讲,流程优化的基本途径就是缩短审查时限。通常法规范所明确的是应当作出许可决定的最长时限,那么行政机关可在裁量权范围内制定解释性规则,作出更短时限的承诺,比如,在多地的政务服务平台上,都会明确列出许可事项的法定办结时限和承诺办结时限。但需要注意的是,许可决定的法定时限并不仅有最长时限这一种;在某些涉及公共利益的许可事项中,有法定的征求公众意见的环节,对此会存在最低公示期限的法定要求。例如,环保部门负责实施的"建设项目环境影响报告书审批",按照《环境影响评价公众参与办法》之规定,征求公众意见的期限不得少于 10 日。与之相对应的是,杭州市在政务服务平台上,对于该事项承诺的办结时限为 3 个工作日,但其中明确说明专家评审、听证和公示的时间不计算在内;而苏州市则直接将承诺办结时限设定为 11 个工作日,这些规定显然是考虑了法定公示期限的要求。在这一问题上,必须要考虑到行政许可所具有的公共属性,也就是之前提及的单一决定中也会存在的利害关系蔓延的现象。尽管行政机关承诺缩短许可决定的作出时限,对于相对人而言是有利的程序安排;但由于许可决定可能涉及不特定的利害关系人,许可程序的开放性要求行政机关不能仅考虑申请人的需求。因此,程序紧缩机制不能突破最短期限这一点:既是法定程序的明确要求,也是正当程序的应有之义。

单一行政许可程序紧缩机制,除了通过缩短时限来达成之外,还可以通过实体上的许可申请条件精简来实现:严格按照法定的标准,删除缩减无依据的材料和环节,或者合并需要重复提供的材料。在特殊情况下,可能存在作为许可依据的法规范滞后于社会经济发展需求,而尚未予以调整的情况。此时,行政机关可以按照实际情况变通处理有争议的材料:一方面达到许可实施过程中要件审查的合法性与合理性,另一方面也达到许可实施环节精简的效果。[①] 例如,文艺表演团体在申请从事营业性演出时,需要拥有“与其业务相适应的专职演员”,[②]这一申请条件在具体实施过程一般被解释为需要申请单位提交专业演员资格证书,以证明拥有“与其业务相适应的专职演员”;但也有实践部门认为这属于可由市场调节的事项,在许可实施过程中取消了提交专业演员资格证的要求。[③] 又如印刷企业的设立,法规范中要求申请人证明自己有相关机器设备,而实施机关同样认为这属于市场机制能解决的要

---

① 以下变通做法来自笔者从盱眙县获得的调研材料。

② 参见《营业性演出管理条例》第 6 条:“文艺表演团体申请从事营业性演出活动,应当有与其业务相适应的专职演员和器材设备,并向县级人民政府文化主管部门提出申请;演出经纪机构申请从事营业性演出经营活动,应当有 3 名以上专职演出经纪人员和与其业务相适应的资金,并向省、自治区、直辖市人民政府文化主管部门提出申请。文化主管部门应当自受理申请之日起20 日内作出决定。批准的,颁发营业性演出许可证;不批准的,应当书面通知申请人并说明理由。”

③ 检索盱眙县政务服务平台上关于“文艺表演团体申请举办内地营业性演出活动”的办理材料,其中仅要求演员身份证明。

件,也可予以变通处理。[①] 从上述两个实例可以发现,即便是在许可事项整体保留的情况下,其所包含的部分实体要件仍可作删减或变通。而在实施程序上由于行政机关的裁量空间不限于要件的变通,因而精简机制更为丰富,包括方式简化、时限缩短等。凡此种种,都触及了政府与市场/社会的界限,也就是说,在保留事前许可这一“门槛”的同时,仍可通过变通来降低“门槛”;政府外部权力边界的调整,并非只有通过取消事前许可的方式才能实现。当然,这些措施也在一定程度上促进了政府内部各机关权力行使方式的优化;而且只有单一许可事项的实体要件和实施过程足够清晰与精简,才能更好地与复合程序相衔接。

三、无关联行政行为之复合程序紧缩

在多个行政机关共同参与的复合许可程序之中,以各行为之间是否存在构成要件的共享为标准,可以区分为无关联行政行为的复合许可程序和有关联行政行为的复合许可程序。当在复合许可程序之中无关联行政行为时,由于无法定共同要件和法定先后顺序之规定,[②]各许可行为及其作出的微观程序,相互之间呈现为一种比较松散的关联性。此种情况中,各行政机关往往是因为同一具有综合性的许可任务而被联系起来的,最为典型的就是实践中的大型建设项目审批;当然建设项目审批中也会存在关联行为,并且是有法定先后顺序的纵向关系与无法定先后顺序的横向关系相互交织的情形,具体在后文也将详细阐述。实践中的综合性许可任务,绝大部分情况下都属于上述各种关系相互交织的情形。本研究之所以在此处对两种复合许可程序的紧缩机制予以区分,主要是出于分析上的逻辑性和清晰化的考虑。

---

① 参见《印刷业管理条例》第9条:“企业从事印刷经营活动,应当具备下列条件:(一)有企业的名称、章程;(二)有确定的业务范围;(三)有适应业务范围需要的生产经营场所和必要的资金、设备等生产经营条件;(四)有适应业务范围需要的组织机构和人员;(五)有关法律、行政法规规定的其他条件。审批从事印刷经营活动申请,除依照前款规定外,还应当符合国家有关印刷企业总量、结构和布局的规划。”

② 当行政行为之间存在法定先后顺序时,由于前行为就是被共享之要件,因此也符合有关联行政行为的情况。具体参见第四章第三节关联行政行为部分,关于有法定先后顺序之纵向关系与无法定先后顺序之横向关系的区分。

当复合许可程序中的各行政行为之间无明确的关联性时，程序紧缩机制所要达到的目的主要是两个方面：对于许可申请人及利害关系人而言，通过程序集中达到许可相关信息的有效汇集，提高信息的可理解程度；对于参与该程序的各行政机关而言，通过程序集中达到各机关之间的功能性集中与深度合作。由于无共同要件和法定先后顺序，行政机关之间的影响模式主要为第四章第四节所提到的沟通模式而非权威模式，职权相关性较为松散的各行政机关之间可以就与各自决定相关的事实要件和规范要件进行交流与协调。程序紧缩的目的是搭建一个沟通和协商的平台，以共同完成一项综合性的行政任务。

在复杂的行政许可程序中，对于许可申请人和利害关系人而言，相关信息往往呈现为高度碎片化的状态，难以被全面掌握。在这样的背景之下，传统的信息公开和沟通模式应有所调整，各地政府及其许可机关应逐步开始从"资讯消极"的观念转向"资讯积极"的观念。[①] 政府决策相关信息的公开及其所能实现的功能一般可分为三个层次：第一个层次是单向度公开。政府履行职能过程中所形成和收集的各项信息应当按照法定要求予以全面公开；这将满足公民的知情权，也能实现个案中的程序正义。第二个层次是以双向沟通为目标。政府信息的公开一方面是为满足公众的需求，另一方面，在充分掌握决策相关信息之后，公众也能通过与政府的良性互动，协助行政机关作出更为科学、民主的决定。因此，通过公开和沟通而能实现的信息增量是双向。更进一步而言，行政许可相关信息的公开不应仅停留在初级阶段的信息汇总与发布，还应包括标准化梳理基础上的系统公开和功能性整合。这第三层次的许可信息功能性整合，在第一节行政许可空间集中部分已经有所提及；这能真正体现"资讯积极"的观念，在复杂许可任务中有特别重要的意义。

---

① 参见叶俊荣：《面对行政程序法——转型台湾的程序建制》，台北，元照出版有限公司2002年版，第34~36页。

有价值的信息必须具备“公开性”与“可理解性”两种基本特质,[①]这两种特性分别代表着行政机关与公民之间浅层次与深层次的信息交换关系。深层次的沟通要求政府提供之信息能够为公众所理解。信息的公开不仅仅是一种单向的材料提供,更是一种双向互动,要求行政机关工作人员能够在公开的过程中为相对人答疑解惑。如果说,整理和公布许可相关信息是满足较低程度的合法性要求,那么,在相对集中行政许可权的实施过程中,为特定行政任务之中的申请人及利害关系人,提供复杂许可程序中的各种过程性信息和咨询性信息,则是一种积极的给付行政,我们借用大陆法系的用语习惯,可以将之描述为一种“资讯照顾”。[②] 特别是在大型的基本建设项目审批中,所涉审查条件纷繁复杂。法规范中规定的许可标准具有一般性和分散性,而具体的许可项目中的审查标准则具有特殊性和综合性。对于特定许可项目的申请人而言,其所面对的是大量的冗余信息;而只有与该许可项目直接相关的规范要件和事实要件,才是对这一复杂决策而言有价值的信息。如何结合实际情况来理解许可标准的具体内涵,并集结成一套与特定许可项目密切相关的审批条件,这是在面对复杂的许可事项之时,行政机关和项目申请人需要解决的核心问题。此时的程序集中,就体现为针对特定复杂许可项目的信息整合机制。

这一“资讯照顾”理念,在许可权集中化运行的地方实践中多有采行,以下试举一例来予以说明。比如宁波市在基本建设项目审批过程中采取了一种“6 +1 会商制度”。所谓的会商制度指的是,针对基本建设项目审批过程中的多项许可条件及其中的许可程序,由多个行政机关共同向申请人提供咨询服务。参与到会商制度中的行政机关主要有发改委、规划局、国土资源局、住建委、环保局、节能办这六个核心职能部门,以及审管办这一牵头协调部门。整项制度的内容包括以下几个方面:从产业政策、规划建设条件、用地政策、

① 参见叶俊荣:《面对行政程序法——转型台湾的程序建制》,台北,元照出版有限公司 2002 年版,第 121 页。

② 参见叶俊荣:《面对行政程序法——转型台湾的程序建制》,台北,元照出版有限公司 2002 年版,第 34 ~36 页。

环境影响、节能和当地经济社会发展需要等方面对基本建设项目作出评价，定期考察项目审批推进情况和存在的问题，综合分析项目的必要性与可行性问题，并在此过程中为项目单位提供前期分析以及联合咨询服务。[①] 该制度的一大亮点是：将信息的分析与交流活动提至正式受理之前，同时又将多家职能部门集中起来一同为许可申请人提供相关信息；前者让信息获得的时点更为提前，后者使信息的来源更为广泛且获取的方式更为集中。在基本建设项目审批过程中，相对人和行政机关之间信息不对称的问题极为明显，越早弥补这一差距，对相对人而言则越有利。而由于基本建设项目审批涉及的职能部门庞杂、许可条件繁复，多个行政机关采用会同商议、集中咨询的方式，能更有针对性地为相对人提供与复杂决策直接相关的信息。如果说第一节中提到的在线政务服务平台，是一般性、平均化地实现许可相关信息的汇集，那么，会商制度则是个案性、功能性地实现许可相关信息的整合。尽管这些都还属于许可权形式上的集中手段，但已经为各行政机关的深度沟通提供了契机和平台。

以上内容主要着眼于私人主体这一角度，关注的重点是通过程序集中来达到信息的有效汇集；而对行政机关来讲，需要通过复杂许可任务中的程序集中来实现深度合作。在此，仍以最为复杂的建设项目审批为例。前述章节的实证研究部分提到的行业联合审批机制，能在某种程度上实现行政机关职权的有机整合，但与之相比，建设项目审批过程中涉及的部门及其相互关系尤为复杂，要件审查时的裁量空间也更为广袤。因此，如果行业联合审批机制主要侧重于技术审查集中和信息资料共享，那么，建设项目的联合审批，则应进一步关注复杂许可程序的集中性、协商性需求。上文提到的宁波市基本建设项目审批领域中，除有满足项目申请人与多个行政机关信息沟通的会商制度外，还建立了行政机关的联合会审机制，目的是推动审批中的程序集中并实现动态协商。该项制度被命名为“9 + X”会审制度，是一种多部门联合沟通的会议制度。会审制度的主要实施机制是：在基本建设项目的审批工作进

① 参见宁波市行政审批管理办公室：《以标准化实现规范化和便利化——宁波市行政审批服务标准化建设情况》。资料来自笔者在宁波市的实地调研材料。

入受理环节之后，由发改委、规划局、国土资源局、环保局、住建委、节能办、公安局、城管局、人防办这九个核心部门以及其他与基本建设项目密切相关的机关、行业主管部门及事业单位（如水电气等公用事业单位）对项目进行具体审议，指导项目单位整理审批各环节之间的关系，并协调解决办理过程中出现的问题。[①] 在多部门联合会审的过程中，一般先由项目单位就初步设计方案进行汇报，而后由各职能部门就其不符合许可条件的地方分别提出修正意见。如果出现了规范上或事实上的标准冲突，则由项目单位与各职能部门共同展开协调；这实质上将各部门分头审查设计方案的过程集中到了一个会议程序当中。与行政服务中心"窗口化"的物理集中或者是政务服务平台的信息汇集相比，会审制度所能提供的是多部门即时性的、个性化的联合"会诊"。各行政机关在此过程中要进行沟通协商，甚至在合法合理的范围内对审批条件进行适当变通；因此，这显然是一种功能性集合而非单纯空间上的物理集中。

另外，值得一提的是，会审制度以及上文提到的会商制度，蕴含着一种许可实施中的程序理性要素。行政程序的公开与参与，自然是正当程序原则的要求，功能是服务于许可相对人的权利保障。但是，行政任务的不断复杂化，对政府治理行为的程序理性提出了更高的要求；设计得当的行政程序，不仅能对行政权的恣意加以限制，更是行政机关作出理性选择的保证。[②] 会商、会审制度作为一个整体，其中不仅包含了相对人与职能部门之间的沟通，也囊括了各职能部门之间协调机制；"专家会诊"的制度设计，不仅让项目单位这一相对人参与到了复杂的许可程序之中，更重要的是为各个职能部门提供了一个协商的平台。该项制度一方面充分体现了程序的交互性，另一方面又进一步将多个交互过程集中到了一个平台，是通过多方参与和程序集中实现行

---

① 参见宁波市行政审批管理办公室：《以标准化实现规范化和便利化——宁波市行政审批服务标准化建设情况》。资料来自笔者在宁波市的实地调研材料。

② 参见季卫东：《法律程序的意义——对中国法制建设的另一种思考》，载《中国社会科学》1993年第1期。

政过程之交往理性的典型制度。[①] 而这也是会商会审制度与行业联合审批制度最大的区别;相比后者而言,前者是一种更深度的集中与合作。而且,由于基本建设项目审批涵盖了大量政府内的主要职能部门,并涉及特定区域的发展规划,其往往能够成为检验程序紧缩机制之成效的最佳场所。商议的过程,一方面加强了行政机关与相对人及利害关系人之间的交流,让许可的制定者和实施者了解到现行标准中可能存在的问题,从而使优化后的审批条件更符合社会经济发展的需求;另一方面也推动了各职能部门之间的协调与配合,为打破部门之间的藩篱、变部门本位为整体政府提供了良好契机。会商、会审制度的实施过程中,会暴露出更多职权范围和许可条件上的交叉与冲突;这为单项许可要件的修正,以及多领域许可职权的优化配置,乃至许可权的进一步实质性集中,提供了丰富的实证素材。

四、有关联行政行为之复合程序紧缩

由于本章是按照许可权从较低程度的形式集中到较高程度的实质集中为顺序,来对相对集中行政许可权的多维路径予以展开的,作为一个广泛而连贯的光谱,其间自然会有交叉重叠的领域。例如,当综合性行政任务的实现过程中存在关联行政行为时,许可权集中的目标,既可以通过行政过程视角下的程序紧缩机制来达成,也可以通过行政行为视角下的事项归并机制来实现;这是本节与下一节内容在范围上的交叉地带。当然,本部分与下一节相关部分在阐述视角上存在差异。本节将会从程序法的角度对复杂许可事项中关联行政行为的处理予以论证,并且主要关注的是存在法定先后顺序的关联许可行为之间的关系,原理上延续了第四章第四节之多机关参与的决策模型,更多从程序结构和机关间的影响模式这些方面来进行论述。而下一节将主要从行为法的角度,来对关联许可行为的整合加以论证,并会涉及无法定先后顺序的横向关系中关联许可事项的归并问题。

就复合许可程序的整合而言,当行政行为之间没有明确的要件共享或法

---

① 关于通过程序参与机制实现行政过程的交往理性的相关研究,参见石肖雪:《行政听证程序的本质及其构成》,载《苏州大学学报(法学版)》2019年第2期。

定顺序时，跨部门间的程序紧缩机制以许可相关信息的互通与协调为主。而当存在关联行政行为时，根据上一章所建构的决策模型，复合程序紧缩机制的关键就在于两个方面：一方面，厘清多阶段行政过程中，各部门的职权内涵、审核条件以及各部门所作之决定相互之间的法定顺序，有法定先后顺序者为纵向关系，无法定先后顺序者为横向关系；另一方面，通过对各项许可决定之构成要件的整理，确定其中存在的关联行政行为，以及各行为之间的结构关系，包括纵向的"嵌套"结构或横向的"共享"关系。

第一，关于复合许可程序中各行为之间法定顺序的厘清问题。在多个相互关联、存在法定顺序的行政行为所构成的宏观行政过程中，实施程序紧缩机制的目的包括法治和治理两个方面。从法治的角度讲，这是要避免行为之间互为前置、多头交叉，进而形成冗长交错的多阶段程序构造，因为前述问题在根本上源于许可决定所依据之规范在体系上无法自洽；[①]从治理的角度讲，通过对其中各行为顺序的调整、审查方式的优化，能在单一事项手续精简的基础上，形成更科学高效的许可权行使模式，并在外观上直接体现为整体审批时间的大幅度缩短。实践中的做法简单概括起来就是，按照各环节之间关系分别处理，有法定先后顺序者进行"串联"，无法定先后关系者实行"并联"，形成的是串并联组合的审批流程。例如，浙江省以政务服务网为平台，在梳理各部门职权内容的基础上，设置了行政审批的"多部门联办"事项。以其中的"建设工程规划许可证核发"为例，该事项的受理和联办机构为城乡规划和自然资源局（在两部门组织合并之前），事项审查类型为并联审批。在审批流程中，各项技术评估审查以串并联混合的方式进行：民用建筑节能审查和人防审核意见为无因果关系的事项，可并联进行；前述步骤完成后，再征求交管、电力、通信等部门意见；如在建设工程规划许可证核发中涉及现场核实内容，则由各部门进行联合勘查。[②]

① 关于建设项目审批程序法制中的主要问题，参见唐明良、骆梅英：《地方行政审批程序改革的实证考察与行政法理——以建设项目领域为例》，载《法律科学（西北政法大学学报）》2016年第5期。

② 参见浙江政务服务网，http://hz.zjzwfw.gov.cn/art/2019/9/12/art_1312522_1017110.html，2019年11月20日访问。

第二,关于关联许可行为的整理和确定问题。部门分工以及由此导致的程序分立,给审批项目带来的问题,当然远远不只是表面上的流程叠加和时间累积,更核心的在于各部门职权之间的逻辑关系的复杂化。当复合许可程序中存在关联行政行为时,一个重要的基础性工作是厘清各关联行为之间的先后顺序、避免互为前置;如果法律明确规定某项许可证的颁发需要以其他许可决定为前置条件,那么,一般无法通过上述并联进行的方式实现程序上的集中。但是,基于多机关参与决策之纵向关系的结构以及影响模式的论述,作为法定前置要件的在先行为,一经生效就会对后续行为产生约束;如果能在这些关联行为的决定者之间,构建清晰而便捷的沟通和连接网络,就能够大大缓解所谓法定顺序之限制所造成的环节冗长、程序分散的问题。例如,江苏省在采取行政审批局模式的情况下,将"建筑工程施工许可证"的核发权集中交由行政审批局行使,但作为该项许可证的前置条件,申请人需要先行获得施工单位安全生产许可证、建设工程规划许可证、建设用地批准书或国有建设用地划拨决定书等需要由其他行政机关出具的许可文件。尽管这些许可决定都属于"建筑工程施工许可证"的法定前置环节,看起来形成了多环节的复杂程序链,但这些文件其实都可以由行政审批局通过"江苏省建筑工程'一站式'申报系统"自动获取,或者由政府部门通过数据共享的方式主动获取。许可程序紧缩机制,特别是跨部门复合许可的整合,是在没有牵扯到更复杂的职权变动的情况下,通过调配各事项和流程之间的关系,优化信息获取的方式,来实现许可程序的集中化。

在综合行政任务中,对复杂程序进行集中的一个非常值得关注的比较法上的例子是德国的"计划确定程序"。规划(德国法和日本法中也称计划)是以设定目标为核心的一类行为,并通过后续大量的行政决定来实现该目标,由此形成的是围绕着规划目标的"行为束",在这一"行为束"中最为重要的一类行为就是行政许可。因此,复合许可程序最常出现的领域就是与行政规划相关的建设领域,以上所举实例也印证了这一点。为应对规划及其后续实施行为所具有的综合性、关联性之特征,德国的计划确定程序采取了一种高度集中化的程序设计,在涉及大片国土开发的项目审批中,引入包含利害关系人、各方行政机关在内的公众参与机制,并实施多部门集中裁决。在规划实施的早期,行政机关将规划提交给听证机关,然后由听证机关召集规划实施者、与规划实施相关的其他行政机关、受到影响的私人主体等各方一起召开听证会,听证结束后由听证机关将各方意见移交给规划决定机关,由其集中作出一项计划确定裁决。① 计划确定程序的过程本身具有高度的程序集中效果,囊括了规划实施过程当中的各方行政机关特别是各领域的许可部门;同时该程序的产物也具有高度集中性,最终形成的计划确定裁决,可以取代其他本来需要分别作出的各项决定,包括建筑许可、水利许可和环保许可等。计划确定裁决对统辖于规划目标之下的几乎所有公法关系进行了统一裁决,对这些法律关系中的各方公权力机关和私人主体都有法定拘束力,具有全面的集中和塑造效果。②

事实上,前文提及的基本建设项目中的多部门联合会商会审制度,在外观上已具有计划确定程序的某些因子。不过,与后者相比,所谓联合会商会审,在集中效果上显然还有提升的空间,特别是计划确定程序的精髓——“所有决定一次性集中作出”,以及广泛而深入的公众参与,在联合会审机制中尚未有充分体现。当然,由于计划确定程序的实施前提是在特定规划任务中进行管辖权集中,以计划确定裁决取代其他行政机关的许可、批准、同意,这意味着其他行政机关需要在特定规划任务中就自身的许可决定权进行让渡,并集中于计划裁决机关。③ 这一职权让渡与集中涉及各部门之间的权限变更,并且存在许可权的实质转移,实际上已经具有许可事项归并的特征,甚至在特定行政任务中进行了大部门体制的尝试。因此,如果实践中没有采取行政审批局模式或者其他职权整合的方式,而是在许可权空间集中的基础上采取程序紧缩机制,也就是在许可权没有实质转移和集中的情况下,要达到德国

① 关于计划确定程序(计划裁决程序/确定规划程序)的具体规则,参见《联邦德国行政程序法》第72条至第74条。参见应松年主编:《外国行政程序法汇编》,中国法制出版社2004年版,第192~195页。

② 参见[德]哈特穆特·毛雷尔:《行政法学总论》,高家伟译,法律出版社2000年版,第453页。

③ 参见[德]汉斯·J.沃尔夫、奥托·巴霍夫、罗尔夫·施托贝尔:《行政法》(第二卷),高家伟译,商务印书馆2002年版,第251页。

这一计划确定程序的集中裁决的效果尚有难度。但是,以公开听证方式实施的"讨论会",作为计划确定过程中的一项核心流程,却可以为我国的审批制度改革实践乃至行政程序法的制定提供有益借鉴。① 或许是受到了这一比较法制度的启发,有学者认为,规划许可相关领域的程序集中甚至可以提前到更早的阶段,也就是在规划环节时就引入综合性的决策机制,大致确定各种项目规划审批条件,从而降低后续协调与整合的难度。② 这一点实则暗合了"多规合一"的国土空间规划体系的建构理念。如能实现多领域统一协调的规划体系,自然能在源头上化解许可条件冲突、环节交叉、程序冗长的问题。"多规合一"规划体系的建构,能对行政许可权的集中运行产生重要影响,关于此点内容,还将在后续章节详细阐述。

在复合许可程序中,从无关联行政行为的复合程序到有关联行政行为的复合程序,行政机关相互之间关系的紧密度及其职权内容的相关性显然有所增加。但需要注意的是,此处仍然是基于特定的行政任务而形成的具体的关联性,而非基于职权内容之本质的抽象的关联性;当行政任务完成后,各机关及其行为之间的联系也就解除了。当然,这些复合许可程序可以被类型化,并且进一步推广适用于所有类似的行政任务,由此形成的是一种行政程序的"类案"。但更为深入的许可权实质化的集中,需要探寻的是行政机关各项职权内容之间本质上的而非偶然的关联性,需要形成关于职权内容关联性的普遍规则,并以此来修正现有的许可权分配模式乃至行政机关的组织架构。

---

① 这一"讨论会"程序本质上是一个以口头讨论规划实施相关事宜为内容的听证程序,在完成材料的收集工作,各行政机关和关系人提出异议的期限结束之后,由听证机关组织计划主体、关系人和其他行政机关就这些意见进行讨论。"讨论会"的目的在于确认和明确所有对决定具有意义的事实和看法、平衡公益和私益,并尽可能地消除异议。此外,这一"讨论会"除了具有听证功能之外,还有协调的功能。参见[德]汉斯·J.沃尔夫、奥托·巴霍夫、罗尔夫·施托贝尔:《行政法》(第二卷),高家伟译,商务印书馆2002年版,第255~256页。

② 参见唐明良、骆梅英:《地方行政审批程序改革的实证考察与行政法理——以建设项目领域为例》,载《法律科学(西北政法大学学报)》2016年第5期。

第三节　行政许可事项归并

复合许可程序紧缩是一种形式性的许可权集中路径;尽管行政机关之间已经有深度合作,但仍只是因为某些具体的行政任务而聚集起来。如果需要实现许可权更高程度的实质性集中,那就不能止步于此,而应当探寻一种行政机关职权相互关联的、更为本质化和普遍性的规律,也就是从关联行政行为出发,寻找职权实体内容上的共通之处。当然,行政机关功能性地聚集于复合型的许可程序之中并展开频繁的互动与沟通,能够为发现各许可权在实质上的相关性提供线索,可以帮助从大量的“类案”中提炼普遍规则。而且关联行政行为之复合程序的紧缩机制其实已经触及了事项归并的许可权实质性集中层面。因此,在某些交叉地带,行政许可事项归并这一许可权集中路径是对于复合程序紧缩机制的一种深化。

行政许可事项归并,从行政法学原理上来看,以行政机关在许可职权内容上的关联性为基础,因此,与第四章所论证的关联行政行为及其效力理论密切相关。职权关联性的发现,既可以是在多个行政机关共同完成一项综合性许可任务时,也可以是在许可事项常规性清理过程中;当然,前者作为许可权的具体实践情形,通常为后者提供实证素材。而从表现形式来看,行政许可事项的归并,既可以发生在同一部门内部,也可以是发生在不同行政机关之间;其功能既可以是为了避免对相同要件进行重复审查,也可以是为了对相关行为进行整合或者就不同机关的管辖权冲突进行协调。以下部分将在总体性阐述许可事项归并的适用领域后,区分事项归并的两种功能,即避免审查重复和避免审查交叉,来详细阐述许可职权相互关联的不同情形及其处理方式。

一、行政许可事项归并的适用条件

对相同或类似行政许可事项进行归并,主要目的是为了避免对同一要件的重复审查;传统上一般用于处理管辖权冲突情况下导致的许可重复或矛盾的问题,如行政审批制度改革早期,在对审批事项清理时进行的同层级权力调整之"合并同类事项"即属典型。[①] 但是,如果深入到许可权的行为论这一层面来讲,行政许可事项归并所适用的条件是,行政机关行使许可权的产物即各项行政许可行为,在实体的构成要件上存在关联性,因而需要对不同的许可决定进行合并。当不同许可决定内容上的关联性发生在一项特定的综合性行政任务之中时,需要进行的是一种具体的事实层面上的许可事项归并;而当许可职权内容上的关联性是由于作为职权来源的规范在制定过程中不够统一,导致不同行政机关的管辖权有所重叠,进而需要对相关许可行为的决定主体进行确认与调整时,就会导向一种抽象的法律层面上的许可事项归并。以往在探讨行政许可事项归并时,往往关注的是后者。但应当明确的是,规范冲突导致的职权交叉和重复,根本上是法治层面的缺失,也就是规范本身在体系性上不够自洽;而当许可职权调整从一种基本的法治需求迈向更为高效集中的治理目标时,就需要进一步关注许可权动态行使过程中的更细微的交叉和冲突问题。

在具体的事实层面上进行许可事项归并,与上一节的复合型的许可程序紧缩机制,在适用领域和产生空间上有交叉重叠之处。行政许可程序紧缩机制主要适用于复杂的行政任务,也就是多机关合作共同完成一项多中心、多阶段的行政许可项目,基于其所处的程序结构,各项决定之间可进行一定程度的功能性整合。更进一步,如果在这一综合性许可任务中,还有某些行政行为之间共享了部分的构成要件,那么,就能对这些共同要件的审查行为进行实质性的归并。在这一点上,综合许可项目的完成,既可以采取复合许可程序的紧缩机制,也可以囊括相关许可事项的归并:两者其实是分别从过程和结果的角度对许可权的集中运行进行了描述。当然,其不同之处在于,许可事项归并针对的是许可决定在实体构成要件上存在重叠或交叉的情形,是一种实质性的许可权集中方式,前提是关联许可行为的存在。因此,同样是

① 参见第二章第二节"审批事项清理背后的权力调整模式"相关内容。

在综合行政任务中，程序紧缩机制的适用空间更大，以上所阐述的无关联行政行为之复合程序紧缩即是例证，而许可事项归并仅存在于有关联行政行为的复合程序之中。

当特定任务中对许可事项进行归并的具体案例重复出现，就会形成一种关于复杂许可项目的"类案"，此种"类案"的积累有程序和实体两方面的重要意义。在程序法方面，如上述第二节最后提及的复杂许可程序经过类型化后可以适用于类似的情形，如实践中区分行为之间是否存在因果关系分别采取"串联"和"并联"的处理，这些程序结构的类型化提炼，甚至能够成为今后行政程序法制定的一种模板。在实体的行为法方面，如果关联行政行为及其法定共同要件能够在具体案例中被识别出来并反复出现，就能帮助执法者划定出一些可能存在许可职权交叉甚至条件冲突的领域。当事实上的许可事项重复、矛盾成为一种普遍现象之后，立法者就能从中提炼规则，进而在法律层面上对许可事项的管辖权进行调整和归并。总而言之，从行为法层面探寻许可决定构成要件上的关联性，是对许可事项为何需要进行归并的更为本质性的诠释。许可事项归并这一许可权集中路径，所要实现的就是减少共同要件（相同审查行为）的不断重复。许可实施过程中关联行政行为的存在，正是特定许可职权之间具有普遍相关性的例证，这甚至为后续更进一步的许可职权整合提供了线索。

当从行为本身而不是行为的作出主体出发，来探究何为许可职权的相关性，并以此作为事项归并的适用条件时就会发现，这一相对集中行政许可权的实现路径，并不只适用于不同部门之间的许可事项调整，还包括同一机关内的各项许可职权的整合。如果仅仅在不同的许可机关之间进行比较，就会忽略此种部门内部的事项归并的空间。此外，需要进行"合并同类事项"的，既可以是存在重复审核环节因而需要进行精简的情形，也可以是存在相近的许可事项因而需要进行整合的情形，甚至是存在管辖交叉和标准冲突因而需要进行协调的情形。如能不断地在具体实践中就上述重复和交叉的许可决定进行归并，就能逐步实现单一行政机关许可权行使的优化，以及多部门之间许可权配置的集中，并最终在规范上形成更为统一、协调、高效的许可权运行机制。

二、避免重复审查的行政许可事项归并

以避免重复审查为目的的行政许可事项归并,并不是为了处理不同机关因管辖权交叉以及标准冲突而引起的不同许可决定在结论上互相矛盾的问题,而主要是为了防止同一许可事项或者相关许可事项中的共同要件在不同环节中被重复审查。许可事项的重复审查,一方面表现为许可权分散行使的低效率;另一方面如果对同一对象的重复审查得出前后不一致的结论,则有违反法治原则之嫌。随着职能分工的精细化以及许可事项清理的多轮推进,不同的行政机关对于一个完全相同的许可事项进行重复审查的情形通常很少出现;但同一机关在不同许可行为或者相关环节中,就某些要件进行重复审查的情况仍然存在,而且主要发生在一些比较复杂的综合性许可项目中。

一般情况下,外观上完全相同的许可事项的重复审查,可以通过日常性的许可事项清理或复合许可程序的环节合并来避免,而实践中更为隐蔽也更值得关注的是,关联行政行为中共同要件的重复审查问题。基于上一章对于关联行政行为的界定,其在外观上是两个独立且并不相同的决定,因此,整体上无重复审查之嫌;但关联许可行为之间有构成要件的共享,那么,此时就有可能存在对该要件的重复审查。这种现象之所以会出现,是因为在不同的法律关系中,不同的法规范就同一行政机关在不同阶段或不同领域内的职权,规定了相同的审查对象和审查条件。当一项综合性的许可任务中存在此种共同要件时,行政机关如果进行了重复审查甚至分别作出了不同认定,那么,不但无法达到治理上集中高效的目的,而且还会违背法治的基本要求。根据第四章对多中心、多阶段程序结构的描述,关联行政行为之间可以包括纵向关系和横向关系两种。那么,在复杂许可项目中,同一部门对同一事项进行重复审查,也可以发生在有法定先后顺序的两个环节中,或者是无法定先后顺序的情形之中。

第一,关联行为之间处于有法定先后顺序的情形,仍然以上一章曾出现过的建设项目用地审批以及规划许可行为为例。根据《城乡规划法》之

规定,[①]以出让方式获得国有土地的建设项目,在签订国有土地出让合同之前,应由规划部门提出相关项目所使用地块的规划条件,并作为国有土地出让合同的组成部分,而后由建设单位持该合同及其他证明文件,从规划部门获取建设用地规划许可证。其中,关于建设项目是否符合"出让地块的位置、使用性质、开发强度等规划条件"的认定及其附图,作为一项共同要件,在规划部门出具规划条件以及之后颁发建设用地规划许可证时,应当保持一致,[②]两者属于关联行为(如图 5－1 所示)。这种情况属于,在同一个建设项目审批任务中,对于国有土地出让前的出具规划条件这一阶段,以及土地出让后的核发建设用地规划许可证的阶段,法律对规划部门规定了相同的审查任务。并且,为了保证前后认定的一致性,法律要求规划部门"不得在建设用地规划许可证中,擅自改变作为国有土地使用权出让合同组成部分的规划条件"。

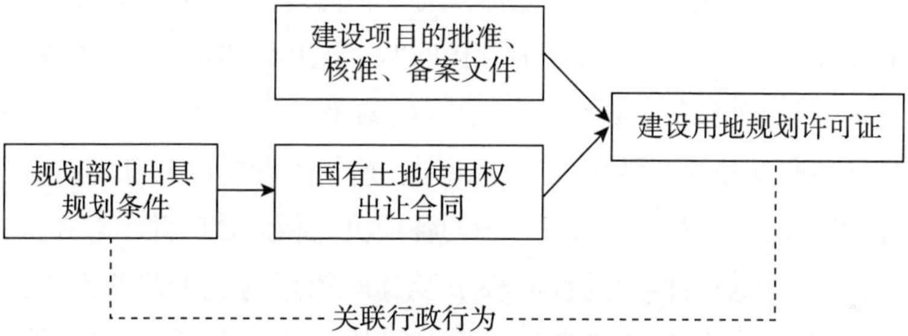

图 5－1　以出让方式取得国有土地使用权各环节结构关系示意

规划条件及其认定结论的前后一致,是法治的要求,目的是防止建设单

---

① 参见《城乡规划法》第 38 条:"在城市、镇规划区内以出让方式提供国有土地使用权的,在国有土地使用权出让前,城市、县人民政府城乡规划主管部门应当依据控制性详细规划,提出出让地块的位置、使用性质、开发强度等规划条件,作为国有土地使用权出让合同的组成部分。未确定规划条件的地块,不得出让国有土地使用权。以出让方式取得国有土地使用权的建设项目,建设单位应取得建设项目的批准、核准、备案文件和签订国有土地使用权出让合同,向城市、县人民政府城乡规划主管部门领取建设用地规划许可证。城市、县人民政府城乡规划主管部门不得在建设用地规划许可证中,擅自改变作为国有土地使用权出让合同组成部分的规划条件。"

② 参见"山东恒利房地产开发有限公司与禹城市规划局规划行政许可上诉案"山东省德州市中级人民法院(2015)德中行终字第 99 号行政裁定书、"禹城市规划局与山东恒利房地产开发有限公司规划行政许可上诉案"山东省德州市中级人民法院(2016)鲁 14 行终 147 号行政判决书,以及第四章"多机关参与决策的主体间影响模式"相关部分的论述。

位以宣称合法的条件获取土地,而后又采取不同的建设行为。而从集中高效的治理目标来看,由于建设项目完成立项后,土地供给是最为关键的阶段,也是最早进行规划条件认定的环节;因此,规划部门有必要在此阶段就明确规划条件,并直接约束后续所有包含此要件的关联性决定,而不需要再进行重复审查。这在许可权集中的语境下,则是实现许可事项中共同要件的归并,也就是将事项中共同要件的审查归并至该要件初次出现的阶段并一次性作出认定。这种集中处理也能得到行政法学理上的支持。从行政行为效力理论来讲,有法定先后顺序的关联行为之间,共同要件在被初次认定,并随前行为一同生效之后就产生了存续力,①也就是当规划部门出具规划条件后,该认定结论就被包含在国有土地使用权出让合同之中,存续至后续阶段并拘束建设用地规划许可证的内容。

第二,关联行为之间无法定先后顺序,也就是处于横向关系中的情形。第四章在论证关联行政行为时详细分析的"江全新案"即属于此种情况。"江全新案"及其他类似案例,涉及城市更新时的两个宏观行政过程:同一地块上旧有建筑的处置和新建项目的审批。尽管同一地块上的拆除和新建行为在事实上存在先后顺序,但这两个行政过程中的各项决定相互之间并不存在法律上的先后关系。回顾此类案例中的核心环节及其所依据的法规范的内容,在原有土地上房屋的征收环节,对于确需征收房屋的各项建设活动,要求符合国民经济和社会发展规划、土地利用总体规划、城乡规划和专项规划。因此,人民政府在作出征收决定之前,需要多个部门就涉案建设活动是否符合各项规划进行论证,以作为征收决定的前置环节。而在建设项目的审批过程中,有关部门进行项目意见书、选址意见书、用地预审、可行性研究报告审查之后,规划部门需要根据城乡规划条件进行审查,并核发建设用地规划许可证。② 由

① 参见第四章第三节相应内容。

② 参见《城乡规划法》第37条:"在城市、镇规划区内以划拨方式提供国有土地使用权的建设项目,经有关部门批准、核准、备案后,建设单位应当向城市、县人民政府城乡规划主管部门提出建设用地规划许可申请,由城市、县人民政府城乡规划主管部门依据控制性详细规划核定建设用地的位置、面积、允许建设的范围,核发建设用地规划许可证。建设单位在取得建设用地规划许可证后,方可向县级以上地方人民政府土地主管部门申请用地,经县级以上人民政府审批后,由土地主管部门划拨土地。"

此可以发现,关于"涉案建设项目是否符合城乡规划"这一要件,规划部门在征收和建设活动相关的法律关系中,都需要进行审查并作出认定。由于存在法定共同要件,征收决定和建设用地规划许可决定属于关联行政行为,而这种同一部门对共同要件的重复审查,实则可以合并到一个环节中进行。与上述第一种情况相同的,应当在最早出现共同要件时,由规划部门进行审查作出认定,并对其他关联行为产生拘束效果。这也就是第四章论证的共同要件所具有的跨程序拘束力:就同一个问题而言,一旦行政机关在一个程序中作出具有规制内容之处分,那么,这将对该机关在其他程序中的处分行为产生拘束效力。[①] 之所以要强调共同要件的跨程序拘束力,是为了防止行政机关在不同程序中采取自相矛盾的措施,也就是要求行政机关必须保持一贯性。在此种情况下,对于要件进行归并与整合,既能压缩行政机关前后不一致的裁量空间,有其法治层面上的意义,同时也能达到许可权集中的治理效果。

相比第一种情况,横向关系中的许可事项归并还有一个需要处理的问题。上文提到共同要件的审查应当在该要件最早出现的环节进行。但横向关系中的关联行为之间无法定先后顺序,那么,许可事项的审查应当归并到哪个环节?进一步而言,无法定先后顺序的情况下,是否存在其他逻辑上的关系?当处于复杂法律关系中时,各阶段之间的顺序和逻辑关系之所以重要,是因为各行为彼此间存在关联,某一行为的内容和效力会波及与之相关的其他行为。这在纵向的多阶段行政程序中是显而易见的,行为间通常存在法定的接力关系;而在横向关系中,这样的法定接力关系并不存在,因此,无法直接确定共同要件最早出现的环节。但如作仔细考察可以发现,复杂行政过程中的关联行为之间,有时即便无法定先后顺序,但也会存在逻辑上的先后关系,进而可以帮助我们厘清许可事项归并的时间节点。

仍然以上述城市更新的情况为例。在此复杂行政过程中,需要关注的是

---

① 参见许宗力:《行政处分》,载翁岳生编:《行政法》(上),中国法制出版社2002年版,第685页。

征收、规划许可和作为两者基础的规划制定及其调整行为。一般情况下，城市更新是以各项规划条件的变更为起点，如国民经济和社会发展规划、土地利用总体规划和城乡规划的调整。规划调整之后，首先需要对所涉土地范围内的旧有设施进行处理，因为此时原有建筑性质已经不再符合调整后的规划条件。[①] 而且在逻辑上，只有在消灭原国有土地使用权归属的法律关系之后，才能对该国有土地使用权进行划拨，建立新的行政法律关系。据此，行政征收与规划许可这两个横向关联行政行为，在逻辑上的顺序应当为：规划许可决定的作出不应早于行政征收决定；而作为两者之基础的城乡规划如需调整，则规划调整决定应早于这两项决定（如图5－2所示）。根据这样的关系，许可事项中共同要件的认定应当归并至最早出现的环节，即规划部门在征收过程中对该要件进行审查后，其结论直接拘束规划许可行为；在作出规划许可决定时，规划部门无须再作重复审查。上一节行政许可程序紧缩机制的最后部分提到了在规划环节引入综合性决策机制的观点，即在规划编制和调整时就大致确定各种项目规划审批条件，以减轻后续审核时各部门的协调难度、降低审批程序复杂程度。那么，结合上述城市更新的案例，相关部门在进行规划调整时，事实上就已经有了比较明确的任务目标（如在特定区域范围内规划地铁线路，并设置地铁出入口），在这种情况下，那些适用于多个关联行政行为的共同要件，恰恰就是最适合在规划调整环节就进行综合性决策的事项。无论是程序上进行综合决策还是要件上进行事项归并，目的都是在复杂的许可项目中及早确定这些牵涉主体比较复杂、影响范围比较广泛的许可事项，这也回应了上一章在多机关参与决策模型中所论证的决策顺序的确定标准。

---

① 如在“江全新案”中，地铁建设被纳入国民经济和社会发展规划后，涉案地块的用地性质也被调整为交通设施用地（u2），而原有建筑为民用住宅，不再符合调整后的用地性质。

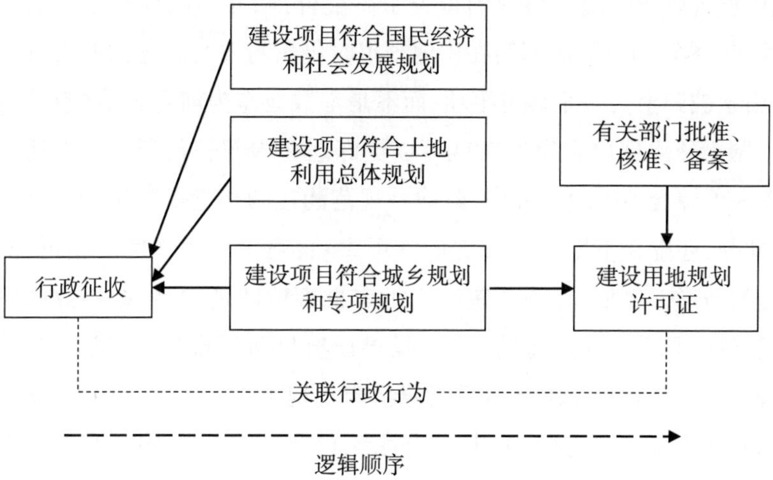

图5－2　横向关系中关联行政行为的逻辑顺序

三、避免交叉审查的行政许可事项归并

除重复审查外,更常见、涉及主体和范围也更广的许可事项归并,是审查行为出现交叉的情况。从比较广义的角度讲,交叉可以包括职权内容相近(因而可以被归为同一大类之下)和职权内容重叠(因而可能存在审查结论上的冲突)两种情况。从事项归并所涉机关的情况来看,此类许可权集中可以是同一机关内部交叉事项的归并,也可以是不同机关之间交叉事项的归并。

因职权内容相近而将原本分立的许可事项归入同一个大类之下,通常发生在一个机关内部,是对某一职能部门所享有之许可权的优化配置。这一措施实质上并没有减少需要进行审核的许可事项数量,但因为其将相近要件整合于一个更上位的许可事项之中,使特定职能部门许可权的组织方式更具有逻辑性。例如,在建设项目审批中,矿产资源压覆情况证明原本为一个独立的审查事项,并且是用地预审的前置环节,①现在一般将压覆矿情况与土地利

① 参见《建设项目用地预审管理办法》第7条:已批准项目建议书的审批类建设项目与需备案的建设项目申请用地预审的,应当提交下列材料:……(5)单独选址建设项目所在区域的国土资源管理部门出具是否压覆重要矿产资源的证明材料。

用、地质灾害防止情况等事项的审查予以整合，归并为用地预审中的一项审查要件。[①] 尽管国土资源部门在用地预审时仍然需要对上述这些要件进行审查，但由于被归整为一个许可事项，而不是零散地作为前置环节（有法定先后顺序），国土资源部门在审查时就可以更好地在内部进行调配。上述是同一部门在一项综合性行政任务中，就同一规范涵盖的相近审核事项进行归并的情况；此外，还存在不同法律规定的许可事项，由于目的和性质相近，而被归并处理的情形。例如，在国务院第六批审批事项清理中，各级地方政府水行政部门根据《防洪法》进行的“水工程建设项目防洪规划审核”，[②]与其根据《水法》作出的“水工程建设项目流域综合规划审批”，[③]被合并为“水工程建设规划同意书审查”。这就意味着，在水工程项目审批过程中，尽管分别涉及防洪规划和流域综合规划条件的审核，但水行政部门只需在“水工程建设规划同意书审查”之下进行综合审核即可。

行政许可事项在不同部门之间进行归并，比上述同一部门内的事项集中更进了一步，本质上代表了职权内容在部门间的划分，迈向了同类事项管辖权的实质性集中。跨部门许可事项的归并，主要发生在不同部门之间有管辖权重叠和审查标准冲突的领域。根本上来讲，不同的职能部门之间之所以会有许可事项审查的交叉，主要是由于作为其职权来源和行为依据的法规范，在适用时存在逻辑上或经验上的冲突。[④] 尽管《行政许可法》关于行政许可的设定主体与规范层级有明确规定，试图使许可条件的来源与内容更为清晰化和精简化，但许可事项被创设之后，在执行过程中还需要不断地进行标准细

---

① 参见唐明良、骆梅英：《地方行政审批程序改革的实证考察与行政法理——以建设项目领域为例》，载《法律科学（西北政法大学学报）》2016 年第 5 期。

② 《中华人民共和国防洪法》第 17 条：在江河、湖泊上建设防洪工程和其他水工程、水电站等，应当符合防洪规划的要求；水库应当按照防洪规划的要求留足防洪库容。

③ 《中华人民共和国水法》第 19 条：建设水工程，必须符合流域综合规划。在国家确定的重要江河、湖泊和跨省、自治区、直辖市的江河、湖泊上建设水工程，未取得有关流域管理机构签署的符合流域综合规划要求的规划同意书的，建设单位不得开工建设；在其他江河、湖泊上建设水工程，未取得县级以上地方人民政府水行政主管部门按照管理权限签署的符合流域综合规划要求的规划同意书的，建设单位不得开工建设。水工程建设涉及防洪的，依照防洪法的有关规定执行；涉及其他地区和行业的，建设单位应当事先征求有关地区和部门的意见。

④ 参见骆梅英：《行政许可标准的冲突及解决》，载《法学研究》2014 年第 2 期。

化。在错综复杂的行政审批领域,许可事项的具体审查标准不仅仅源于法律、法规,还会源于行政规章、规范性文件等对于许可执行标准的进一步解释。单一部门或者某一地区在制定许可实施的细化规则时,自然是以本领域或本区域的规制目标或发展需求为核心,以分别达到许可事项实施中的安全、环保、经济等方面的要求。抽象地来看,每一项审查标准各自都具备设定的正当性;但在具体案件中,不同职能部门的审批对象可能会交叉重叠,而几种标准也会存在互相冲突的情况。

仅就单一领域的许可条件而言,每一项具体的标准可能都是决策者深思熟虑的结果,也具备科学性与合理性,但每个部门都作出最优决策时并不一定能在总体层面上达成最佳选择。复杂系统中某一个体的决策会对他人的决策构成限制,这是决策过程理论的基本假设,其结论也已被经典的"囚徒困境"模型所证实。就一个涉及多个相关许可决定的审批项目而言,相对人要面对的不是单一职能部门,而是多个行政领域的规范标准;整个行业准入或者审核,涉及的是一系列审批标准的集合。当每个部门各自为政,从本部门利益出发制定标准乃至相互冲突时,就会导致相对人的无所适从。在实地调研走访中可以发现,许多抽象的部门规范在实施过程中,会由于行政机关解释的不断具体化而导致经验上的冲突。如旅店设立的审批过程中,出于治安的考量,相关法规范要求在各出入口安装防盗安全设施,公安机关在执行过程中一般将这一抽象的要求具体解释为安装防盗窗;而消防部门出于消防安全的考虑,则会要求旅店预留消防逃生通道。对于一般的旅店经营者来讲,可以在初期规划时单独设计安全通道,保证其完工验收时既符合治安标准也满足消防需求。但是,这样的要求在第三章曾提到的农家客栈审批中就造成了一种两难的局面。对于早期由农户或居民自家房屋改建的农家乐(民宿)来讲,窗户就是唯一的安全出口,消防部门在具体的审核过程中要求预留窗户作逃生通道,不得安装防盗窗,而这就与治安审查的要求相冲突。[1] 仅从两个部门规范分别设定的许可条件来看,彼此间并无逻辑上的冲突,但在面对

---

① 资料来自笔者在宁波市的实地调研材料。

农家乐(民宿)的设立审批时,却由于具体许可对象的特殊属性,而产生了经验上的冲突。最终,住房城乡建设部、公安部和国家旅游局联合发布了《农家乐(民宿)建筑防火导则(试行)》,[①]对这一经验上交叉的许可事项进行了一定程度的归并,要求许可机关在对消防基础设施进行审批时"应与农村基础设施统一建设和管理"。

不同的许可事项除会在具体实施过程中出现经验层面上的交叉外,还有可能直接存在逻辑上的冲突。政府整体上所代表的不同的公共利益,在内部会分化为不同部门的规制目标,而当这些目标相互冲突时,就会在规范体系内部造成一种矛盾的局面。例如,关于建筑工程项目的绿地率标准,原国土资源部发布的《工业项目建设用地控制指标》规定"工业企业……绿地率不得超过20%",而2004年《杭州市城市绿化管理条例》则要求"一般工厂……绿地率不得低于20%"。[②] 上述两项许可标准的直接冲突源于两个部门在职权目标上的差异。前者对绿化率上限的控制,是国土资源部门以节约利用土地资源为目标而作出的解释,后者对绿化率下限的规定,则是城市绿化行政主管部门出于改善城市生态环境的目的而形成的标准。在同一管辖对象上,存在复合且冲突的规制目标,这不仅影响许可的效率,更关乎规制体系的自洽。从实践操作的角度来讲,可以通过程序上的联合与协调来完成(如建设项目审批中常见的多部门"会商会审"制度),但更重要的是要对不同的规制目标和许可标准进行调和,并进一步明确事务管辖权的边界和归属。同样是上述绿地率的问题,之后于2011年出台的《杭州市城市绿化管理条例》就规定"建设工程项目附属绿地面积占建设工程项目用地总面积的比例,应当按照国家有关规定执行",从而对以上冲突进行了调和。但是,这还仅仅是一种技术处理,而更根本性的是,此种情况下不同部门基于各自的规制目的,对同一管辖对象进行重复审查的问题仍然存在;因而更理想的处理方式是,对诸如建设项目绿地率这样的审查要件进行跨部门的合并,明确由一个职能部门进行审

---

① 住房城乡建设部 公安部 国家旅游局《关于印发农家乐(民宿)建筑防火导则(试行)的通知》(建村〔2017〕50号)。

② 参见骆梅英:《行政许可标准的冲突及解决》,载《法学研究》2014年第2期。

查,从而实现“一事不再审”。

基于行政组织和政府权力配置的结构,许可事项的归并除了横向集中(一级政府部门内部以及各部门间许可事项归并)之外,还可涵盖纵向集中(事项管辖在层级上的合并)。纵向层级上的合并,其中一个方向是许可权的下放,这与执法体制改革中的执法重心下沉的基本趋势也是一致的。但在特定领域内,也存在基于垂直管理的需求而对许可权进行向上集中的处理。特定的许可事项在纵向上是否需要集中,以及管辖权设置在哪一层级,需要与现有的组织领导规则相协调;而且许可事项层级的向上或向下合并,还需要与具体管理领域的特定需求相匹配。在第五章的相对集中行政许可权的运行模式中,将结合具体领域对此进行详细阐述。

在综合、复杂的许可任务中,同一部门的各项许可职权之间可能存在重复,不同部门的管辖权之间也会有交叉地带,甚至可能因为职权目标的差异而导致许可决定上的矛盾;这是在规制对象越来越复杂、规范体系越来越庞杂的背景下所无法避免的。当然,在具体实践与抽象规范的互动之间,各职能部门的实践理性会超越法律的形式逻辑,进而能在具体案件中修正规范中的不合理性。但这种修正只能是一种权宜之计,长此以往无疑会架空现有的审批规则。[①] 本节的研究对这一问题的解决提供了一个思路:通过实践中的“个案”发现来对许可事项重复、交叉、矛盾的领域进行清理,并通过“类案”的累积和调试,得出关于机关内部以及不同行政机关之间管辖权分配的更为合理的方案。这是一种“判例法”式的思维,从许可权运行的生动实践中发现那些可以也应当进行许可事项归并的情形;而后以此为线索,在规范层面上整理出管辖权重叠、许可标准冲突的领域,并通过多轮的事项清理和规范修正,来不断减少许可事项重复、交叉、矛盾的现象。这就是通过具体事例来研究许可程序紧缩和许可事项归并机制的目的,也是从具体到抽象的提炼过程。

---

① 参见周汉华:《行政许可法:观念创新与实践挑战》,载《法学研究》2005 年第 2 期。

第四节　行政许可职权整合

现有的许可权集中的实践样本，主要是从组织法视角出发建构行政服务中心和行政审批局这两种许可权集中的模型，并辅之以各种许可程序优化机制作为补充。而第三章为相对集中行政许可权的实现方式刻画了三个层次的法理结构：组织法视角、程序法视角、行为法视角，目的就是打破单一模式的弊病。本章的多维路径以该三层次法理结构为理论框架。前两节是对许可权形式性集中路径的阐述：第一节的行政许可空间集中，描述了一种许可组织及许可相关信息的较低程度的汇集模式；第二节的行政许可程序紧缩，则是在许可职权的内容不发生实质转移的情况下，探索许可权功能性整合的程序机制。第三节和第四节则开始探寻许可权的实质性集中路径：第三节以许可职权内容在构成要件上的关联性为考察重点，研究视角主要是行为法层面的；而本节作为最高程度的许可职权整合，又将回归到组织法的视角。当然，既然是上述各层次路径的集合，许可职权整合自然会囊括程序构造和行为要件方面的内容。

一、行政许可职权整合的适用基础

行政许可职权整合，指的是职权具有相关性的行政机关，相互之间就许可职权进行概括性的转移与合并，从而改变现有机关所享有的权限与权能。许可事项归并与许可职权整合的根本区别在于：事项归并是在同一部门或者不同部门所作之决定存在关联性的情况下，就其中重复或交叉部分进行整合，这改变了特定行政机关许可职权的内容和实现方式但并没有概括性地调整许可职权的归属；而许可职权整合，是对行政机关的职权边界（权限）与职权实现方式（权能）做了重新分配，从组织法的角度来看，这会改变特定机关的职责、机构和人员配置乃至创设出新的行政机关。也正因如此，许可事项归并是一种行为法层面的集中，聚焦于特定许可项目的实施者和实现方式，而许可职权整合则进一步触及了许可职权配置的抽象层面。此外，同为组织法视角的许可权集中路径，最低层次的空间集中关注的是组织形态上的聚集，而最高层次的职权整合则关注到了组织背后的权力归属；组织形态是行政权运行的载体，而职权的边界和内容是行政权运行的实质内涵。

从以上所论述的各层次集中路径之间的关系可以发现，行政许可职权整合这一集中路径的实现必须具备其内在的适用基础。也就是说，只有当各种程度相对较低的许可权集中化运行机制得到充分积累、相关领域许可职权的关联性不断得以清晰化，才能在一定范围内自下而上地产生许可职权整合的动力。因此，尽管与前述三个层次的集中路径相比，行政许可职权整合最大限度地改变了许可权在政府内各部门之间配置方式，是许可权最为实质性集中的体现；但是，职权的实质性整合无法一蹴而就，行政许可权的重新配置方案也不能凭空创设，反而是要在上述各层次路径不断探索的基础上才能形成。换言之，相对集中行政许可权的改革，是通过许可组织空间集中、许可程序优化紧缩、关联许可决定事项归并，来对各个领域内许可职权的行使方式进行调试，积累职权整合的经验，进而达到最佳的组织与职权配置状态。

从更宏观的角度看，许可职权在各部门之间进行实质性的整合，是政府组织和职权运行的一种新的样态，而这与行政体制改革之间也存在密切联系。一方面，相对集中行政许可权的实施作为政府行政体制改革的一个阶段性成果，根本目的在于促进政府职权行使方式的变革，从而反思传统的事务、层级、地域管辖权分立模式，探索一种“许可（标准化）—监管（专业化）—执法（综合化）”的组织和治理模式，这些最终也将汇聚和体现于政府整体的职能转型与机构调整方案中。另一方面，政府行政体制改革对于职权和机构的调整，也可以为许可权的集中化运行，特别是为实质性的许可职权整合，提供外部的动力和实施的条件。相比上述通过许可权运行机制的变通自下而上产生的推动效果，政府体制改革和机构调整，为许可权的实质性集中提供的是一种自上而下的动力。

行政体制改革和机构调整，能够直接发生行政职权概括性转移与合并的效果，而其中就会包括许可职权。这种调整会改变现有机关所享有的权限与权能。权限与权能是描述行政职权的两个方面:前者指的是法律赋予特定行政机关在事务、地域和层级等方面所享有的管辖权;后者指的是法律赋予行政机关通过各种方法、手段和措施,在特定的管辖权范围内完成行政管理任务的权力。[①] 传统的行政机关组织模式是以权限(管辖权)为主要标准进行分工的,在此分工之后,行政机关同时被赋予了审批、监管、执法等权能。而目前的相对集中行政许可权以及综合行政执法的改革,则属于从职权实现方式这一权能角度出发,对行政职权采取了新的分配方式。因此,在以许可权能为核心的职权分配方案中,如果能通过行政体制改革和机构调整,在各行政组织间整合许可这一权能的归属,或者以许可权为核心单独创设行政机关,那么,就能实质性地达到许可权集中的目的。但是,事实上容易忽视的是行政职权的另一个方面,那就是通过组织机构合并,概括性地改变现有机关的管辖权(权限)分配方式,也能够实现许可权集中的效果。总体来说,以机构改革来实现行政许可职权整合的途径包括两种:单独围绕许可职权本身,创设新的组织机构;以组织机构合并为主导,达到许可权集中的结果。

行政许可职权整合的这两种形态都有相对应的实践典型。以许可职权为核心创设新的行政机关来实现职权整合,这就是行政审批局模式。该模式并未改变现有各机关的事务、地域和层级的管辖权,而是单独将各机关的审批这一项权能抽离出来,创设了专司许可权的行政机关,监管、执法等职能仍由原机关分别行使,此为许可职权整合的第一种形态。另一种职权整合的形态是,直接以两个机关的组织机构合并,达到包括许可权在内的各项职权的整合效果,实践中以自然资源部的设立以及各地国土资源与城乡规划部门的合并为代表。这种形态的职权整合改变了原有土地与规划分立的权限分配模式,通过将这两个在事务管辖上具有相关性的机关予以合并,概括性地集中了原机关分别享有的各项权能,其中自然包括许可职权。此时许可权的整合只是组织机构合并的附带性产物,因此,在相对集中行政许可权这一议题之下,这一模式较易被忽视。但如果需要在行政体制改革的系统性视角下看

---

① 参见朱新力:《论行政超越职权》,载《法学研究》1996 年第 2 期;王名扬:《英国行政法》,北京大学出版社 2016 年版,第 141 页。

待许可权的集中问题,并从完整描述行政职权的两方面内涵的角度出发,仍然应当将通过权限(管辖权)调整达到许可职权整合效果的这一形态纳入研究范围。综上所述,鉴于行政许可职权的整合可以从职权实现方式(权能)和职权边界(权限)两方面进行描述,以下就区分两种形态:通过单独创设许可机关来实现许可职权整合、通过组织机构合并来实现许可职权整合,分别阐述行政许可职权整合的实践典型,并检讨其中可能存在的问题。

二、单独创设许可机关实现许可职权整合

根据《行政许可法》第25条的授权,行政许可权的相对集中,可以通过由"一个行政机关行使有关行政机关的行政许可权"来实现。到2015年行政审批制度改革进入新一阶段后,为了深化改革效果、提高审批效率,《相对集中行政许可权试点工作方案》进一步将《行政许可法》的该项授权解读为"将政府各部门的行政许可权交由一个部门行使,或者将一个部门的行政许可权交由另一个部门行使"。该项法律授权和试点方案的具体化,表现为实践中的行政服务中心和行政审批局,并且试点方案所确定的几个试点地区各自选择了不同的模式。[①] 行政服务中心模式以及作为其补充的线上政务服务平台,已在第一节的行政许可空间集中部分讨论,本节将关注以创设独立的许可机关来实现许可职权整合的行政审批局模式。对于该模式的实施现状及其困境,本研究第三章第二节已经从实证经验的层面作了审视。以下主要从行政机关职权之权能整合的角度,对行政审批局模式作一下较为学理性的探讨;同时与后文的组织机构合并之权限整合的角度进行对比,进而能够展现许可职权整合的完整样态。

行政审批局是以许可这一项权能为核心而创立的行政机关。这种模式的特征是,行政审批局的创设基本没有改变同一层级现有各机关的权限(管辖权),而是调整了各机关原先享有的权能(审批、监管、执法等),将其中的事前审批这一权能单独抽离出来,交由一个新创设的部门集中行使。因此,对

① 具体参见第三章相对集中行政许可权的现状审视,特别是其中比较了浙江省、江苏省以及广东省中不同地区所采取的不同方案。

于被集中的行政领域内的许可职权而言,行政审批局模式达到了许可权能的绝对集中;而所谓的相对性则应当被解读为行政审批局只集中了部分行政领域的许可权,而不是将所有机关的许可权全部集中。因此,这种模式在集中范围上是具有相对性的,但在集中程度上并不是相对性的。尽管本研究在第二章的实证分析中曾指出,这一集中模式某种程度上超越了《行政许可法》第25条原本的规范意图,但是,在《相对集中行政许可权试点工作方案》中,这种超越事实上获得了认可,属于"将政府各部门的行政许可权交由一个部门行使"的一种实现方式。而且上述方案的试点内容中提到,要探索行政审批部门与承担管理职能部门以及同级其他部门和上下级政府部门间的协调与配合机制,从这一表述可以推断,设立专司行政审批权的职能部门是试点方案所认可的一种改革模式。

实践中,现已设立的各个行政审批局基本上具备了许可职权整合的外观。首先,从组织的职责与主体地位来讲,行政审批局独立于其他各部门并具有行政主体资格,根据被集中的各部门的权限范围,行使相应领域内的事前审批权(各地实践中基本都没有把所有部门的许可权全部集中于行政审批局,而是保留了分散行使许可权的领域),[①]并就许可权行使的合法性自行承担法律责任。其次,就组织的机构设置和职权分配而言,如以苏州市行政审批局为例,该局内部除了包含政策法规处、信息处、督查处等日常机构外,还设立了市场准入审批处、项目建设审批处、公共资源交易管理处等业务部门,专司相应领域的许可职能。最后,从组织的人员构成来讲,行政审批局有专职的工作人员,但受到人员编制的数量限制,并出于工作人员专业性上的需求,行政审批局在组建时会从原机关抽调工作人员,而这也构成了实践中的一项主要矛盾。[②] 无论行政审批局模式的实施效果如何,从组织法角度看,其已经具备了组织机构创立的必要条件,在外观上达到了将许可职权实质性地

① 例如,根据行政权力事项清单公布的情况,苏州市行政审批局承办21个行政许可事项、一个行政确认、一个行政裁决以及5个其他行政权力事项,而其他大部分的同级行政机关都保留了部分许可事项的审批权。

② 参见第三章中对行政审批模式的实践困境的阐述,引自笔者从常州市武进区获得的调研材料。

整合于一个行政机关的目标。

但是,如果对行政审批局履行许可职权时的具体情况作深入分析可以发现,目前实践中所达到的效果基本还停留于许可机构空间的集中、程序的优化和许可事项的某种程度的归并。第一,在空间集中上,由于许可权能的抽离和组织人员的调整,原各机关内履行相应许可权的机构和人员已集中于行政审批局内,从而达到了不同领域内审批权能的集合。第二,在程序的优化上,行政审批局最明显的特征在于,将原本的外部程序变成了内部程序,也就是说,原本的复合许可程序需要各自独立的行政机关相互之间进行外部的协调,而当这些机关中的许可机构集中于行政审批局之后,即便仍然存在多项许可决定构成的复合程序,各决策者之间的关系也不是以往的机关之间的外部协调关系,而是变成了行政审批局内各机构之间的内部沟通关系。第三,在许可事项的归并上,目前的行政审批局模式其实表现为,许可权的绝对集中之后的再分配,即行政审批局总体上统一行使各项许可职权,但其内部又分别设置了诸如市场准入审批科、投资建设审批科、社会服务审批科、综合审批科、现场勘查科等专门机构,来分别行使各领域的审批权。从组织法的角度来看,这些内设机构只存在分工的差异,在对外的行政许可法律关系中,主体资格与法律责任统一归属于行政审批局;因此,在行政法学的层面上,许可权能的实质性集中已无疑议。但从治理的角度出发,内设机构的此种分工恰恰反映了在行政审批局内部没能完全实现许可事项的归并,而只能停留于特定领域范围之内。

通过单独创设审批机关来实现许可职权的实质性整合,在行政组织法层面上,完全突破了传统的管辖权分工,特别是横向的事务管辖权分工模式。但在实际的治理过程中,事实上又部分地回到了事务分工的局面。这一方面表明了,许可职权整合作为最高程度的集中,必须有此前各层次集中路径作为支撑;如果没有这种自下而上的充分积累,就无法完整实现许可权能实质性集中的目标。《行政许可法》第 25 条关于相对集中行政许可权的授权,特别是其中对于职权相关性的强调其实表明了,许可权的集中在范围和手段的选择上,都应当采取循序渐进的策略。在此意义上,行政体制变革和机构调整更多应当是对前期积累的一种总结，以及对改革成效的固定化和正式化。《相对集中行政许可权试点工作方案》所表达的“将政府各部门的行政许可权交由一个部门行使，或者将一个部门的行政许可权交由另一个部门行使”应当被解读为：经过前期阶段的改革探索，部分领域内许可事项的构成要件、实施程序已经得到厘清，许可机关之间职权的关联性已经比较明确，在此基础上可以通过组织机构的调整和职权内容的整合，将此种许可职权的相关性予以制度化，并交由一个部门行使。在没有完全化解不同规范之间的标准冲突，没有厘清各决策机关之间的相互关系，没有全面整理出职权密切相关的领域的情况下，仅仅创设出具备职权整合之外观的行政审批局，实际上并不能充分实现许可职权实质性集中的目标。因此，在进行许可职权整合时，仍然需要探索各机关职权之间的相关性，新一阶段的改革试点方案不能被解读为忽略职权相关性的许可权集中模式。否则，即便贸然创设了专司许可权的行政机关，也会导致内部机构再分化的后果。

当然，此处所强调的是，许可职权整合应当具备内在基础和实现条件，而上文也提到了，政府对于机构和职权的概括性调整，可以成为许可职权整合的外部压力和实施平台。也就是当行政审批局已然创立之后，为保证对外行使许可职权的统一性，其必须要对各内设机构的各项决定进行协调，解决其中存在的规范冲突、要件重叠和程序交叉等问题。对于行政审批局来讲，这些问题已经不再是以往所说的治理优化问题，而是成了该部门职权行使的合法性基础问题。这些外在压力会成为各机构互相协调的动力，而各决策者之间沟通关系的内部化，也更易促成协调一致的结果。可以期待的是，经过对行政审批局模式的不断调试，地方改革者将总结出更能满足现代社会治理需求的行政领域划分和职权行使的方式，也能创造出更有效的机关/机构间的沟通模式。现有模式作为一种改革的阶段性产物，仍然会在实践过程中不断形成更精细化的相对集中行政许可权运行方案，而作为政府行政体制改革的一个部分，这些成果也将进一步促进政府的职能转型与机构调整。

三、通过组织机构合并实现许可职权整合

单独创设许可机关，是以行政许可这一权能为核心，就不同机关的职权

进行集中;而组织机构合并,则是以两个机关的全面整合,概括性地达到包含许可权在内的各项权能的集中。作为后者之典型的就是行政规划领域的国土资源与城乡规划部门的合并,以及在此基础上的各类规划许可权的整合。行政规划本身是一种综合性的调控体系,作为规划执行机关的各个行政机关被统摄于一个复杂的宏观过程中,由其所作出的各项决定被捆绑为一个整体的"行为束",指向共同的规划目标,服务于综合调控目的的达成。在其调控目的的实现过程中,规划会对后续的执行行为产生持续性影响,而由规划所统领的各种行政行为之间也会产生横向上的关联;这也就意味着有时需要在体系的语境下考虑"行为束"中各项活动的意义。结合上述几节的内容可以发现,规划体系统摄下的行政许可以及相关决定之间,往往会形成非常复杂的法律关系,如大型建设项目的审批,其中既包含规划许可的复合许可程序,也可能存在与规划许可审查要件上交叉重叠的关联行为。在规划实施的过程中,各个职权有关联性的行政机关之间有长期而频繁的沟通与互动,最终推动了规划相关领域的组织机构乃至整个规划体系的调整,并进一步解决了相关部门之间许可职权的整合问题。以下就主要以行政规划领域的机构调整为例,来具体说明通过组织机构合并实现许可职权整合的这一种方式。

在调控体系的理念之下,行政规划的制定以及作为其实现手段的各项决定,表现出空间维度上的统筹需求:既包括一个区域内各项规划间的统筹,还包括区域之间以及更大范围的各层级之间的统筹。规划所具有的这一特征,要求行政权在规划及相关领域的行使应当具有某种集中性。但是,传统的行政专业化分工,恰恰阻碍了规划体系统筹性的实现。本研究在第四章阐述行政许可权集中的正当性基础时曾论证了,以专家知识模式为支撑的行政专业化分工以及其中职业化的行政专家,用来制约行政权的基本途径是,以行政专家的"职业精神"保证特定专业部门的独立性和行动一致性。[①] 而另一类在规划领域非常常见的技术专家,则主要是将规划及其实现过程视为中立的科学问题,并以其独立而专业的论证来为规划的编制和实施提供支持。但是,

---

① Adrian Vermeule, *Bureaucracy and Distrust: Landis, Jaffe, and Kagan on the Administrative State*, 130 Harv. L. Rev. 2463, ii (2017), p. 2470.

这种正当性模式最大问题是，职业化的行政专家以及由其构成的专业分工的行政部门，会给协调带来极大困难，其无法解决不同部门所制定的规划之间以及在执行过程中的冲突；而技术专家只能对科学性问题负责，一般而言也无法处理不同领域、不同层次的规划之间的统筹问题。同时，“职业精神”所保证的长期专业认知上的一致，虽能为一个机关内的决策带来前后一贯性的优势，但也导致行政专家在面对新的知识和变化的环境时难以进行适度的变更。与此同时，专业化分工后的规划部门，既没有动力也没有能力基于时间和空间上更开阔的目标，来对规划体系进行调整与统筹。因此，从实践需求来看，无论是规划的制定还是规划的实施，都需要通过程序的优化、标准的协调乃至机构的调整，来达到规划体系的统筹目的。

在这一背景之下，2018 年的国务院机构改革方案组建了自然资源部，统一行使国土资源部的职责、国家发展和改革委员会的组织编制主体功能区规划职责、住房和城乡建设部的城乡规划管理职责；在地方，这一机构调整方案就表现为国土资源与规划部门的合并，成立规划与资源部门。与此相配套的是，中央发布了《关于建立国土空间规划体系并监督实施的若干意见》，明确建构“多规合一”的国土空间规划体系。事实上，“多规合一”的试点早在 2014 年就已经开始，早于中央的机构和职权整合的改革。2014 年中央多个部门联合发文，选取了地方 28 个市(县)作为试点城市开展市县空间规划的改革试点；这一试点牵涉到的部门包括发展改革、国土资源、环境保护、住房城乡建设(规划)等领域，重点方向在于推动市县一级的经济社会发展规划、城乡规划、土地利用规划、生态环境保护规划的“多规合一”。① 中央于 2019 年出台的“多规合一”的国土空间规划体系的方案，自然是在此前各层级、各领域试点工作的基础上推出的，同时也与自然资源部的设立以及国土资源与城乡规划部门的合并这一机构改革的成果相关。根据上述文件，“多规合一”的国土空间规划体系方案，就规划的制定而言主要包括两方面要求：一个区域内各项规划的横向统筹；不同层级间各项规划的纵向分工。

---

① 参见《关于开展市县“多规合一”试点工作的通知》(发改规划〔2014〕1971 号)。

第一，将主体功能区规划、土地利用规划、城乡规划等空间规划融合为统一的国土空间规划，并约束诸如生态环境保护、文物保护、林业草原等专项规划，此为一个区域内各项规划间的统筹。① 对比前期的试点方案可以发现，在予以横向统筹的规划范围上，核心领域有所调整，这一点可被视为与机构改革成果相一致的安排。在实现组织机构的调整与合并后，主体功能区规划、土地利用规划、城乡规划将由自然资源部以及地方各个规划与资源部门统一拟定和具体编制，也由其负责主导这些空间规划的融合，并形成统一的国土空间规划；②而其他的诸如生态环境保护规划等专项规划，则要受到上述统一规划的约束。第二，要实现从国家级到乡镇级的各个层级的国土空间规划的不同分工，此为纵向层级各规划之间的统筹。国土空间规划体系从国家到地方划分五个层级，与各级政府相对应。不同层级的规划之间本身存在功能定位上的差异，比如全国性国土空间规划侧重战略性，省级政府组织编制的规划侧重协调性，市县和乡镇级的侧重实施性；同时下级规划又是对上级规划的进一步落实。③ 因此，高层级规划通过指导下级规划以实现整合，而下级规划在进行细化落实过程中也需要发挥当地特色和自主性，从而形成双向的统一。④

在此基础上，与本研究主题密切相关因而需要进一步关注的是，作为规划的主要实现手段的行政许可以及其他审批手续，如何基于组织机构的合并以及规划体系的调整，在“多规合一”的统一国土空间规划体系之下达到集中与统合。上述行政规划领域的改革至少为相对集中行政许可权的实施提供了两方面重要的支持：第一，国土资源与城乡规划部门的合并，就行政规划体

① 参见《中共中央　国务院关于建立国土空间规划体系并监督实施的若干意见》（中发〔2019〕18号）。

② 《自然资源部职能配置、内设机构和人员编制规定》规定，自然资源部的主要职责之一为负责建立空间规划体系并监督实施，包括推进主体功能区战略和制度，研究拟订城乡规划政策并监督实施，组织拟订并实施土地、海洋等自然资源年度利用计划等。

③ 参见《中共中央　国务院关于建立国土空间规划体系并监督实施的若干意见》（中发〔2019〕18号）；另参见《建立国土空间规划体系并监督实施〈若干意见〉发布会》，载国新网，http://www.scio.gov.cn/xwfbh/xwbfbh/wqfbh/39595/40528/index.htm，2021年4月11日访问。

④ 参见王贵松：《调整规划冲突的行政法理》，载《清华法学》2012年第5期，特别是其中关于调整垂直冲突的整合原则和逆流原则部分。

系而言,是两个在管辖范围上交叉重叠、在职权内容上密切相关的部门,对各方面的职权进行了全面的整合,这一合并概括性地实现了包括许可权在内的各项权能的集中,也就是通过组织机构合并实现了许可职权整合。这种集中模式区别于上述第二点的单独围绕许可权来设立行政审批局的职权整合模式。第二,如果在具体行政许可的语境下解读统一的国土空间规划体系的建构,意味着作为各项规划许可依据的规划条件,将被纳入一个统一自洽的规划体系。而且这样的集中与统筹效果,不仅发生在自然与规划部门所管辖的主体功能区规划、土地利用规划、城乡规划的实施过程中,还在一定程度上约束了生态环境保护等专项规划的适用。在"多规合一"的国土空间规划体系之下,各项规划条件相互之间应当尽可能地协调一致、避免冲突。如上述各节所阐述的,无论从法治还是治理的角度出发,许可权的运行都应当避免事项审查中的重复与冲突;如果能在自然与规划部门的主导下,系统性地就空间规划的各项审查条件进行梳理与整合,那么,许可机关在规划实施中作出的各项决定,就能最大限度地避免出现上述问题。

除此之外,关于规划实施过程中的许可及其他相关环节的优化,2019 年的国土空间规划体系的实施方案中也作出了专门的部署。与 2014 年的"多规合一"的试点相比,2019 年出台的方案不仅要求建构国土空间规划体系,还要求确保并监督其全面实施;因此,除了明确规划编制在横向与纵向上的统一之外,还特别关照到了与"多规合一"相匹配的规划实施中各项环节的统筹问题。行政规划作为一种对有限的资源(资金、自然、空间等)进行合理利用和正当分配的活动,不仅关注目标的设定与分解,还关注目标的最终实现;因此,作为实现目标之重要手段的各项许可决定也应纳入规划体系的整体框架之中。其具体表现为,在规划领域推进的"放管服"改革,要求在"多规合一"的基础上,进一步统筹规划、建设、管理三大环节,推动"多审合一""多证合一";同时也要优化现行建设项目用地(海)预审、规划选址以及建设用地规划许可、建设工程规划许可等审批流程,从而提高审批效能和监管服务水平。①

① 参见《中共中央 国务院关于建立国土空间规划体系并监督实施的若干意见》(中发〔2019〕18 号)。

对照上述各章节所阐述的内容,“多规合一”基础上的“多审合一”关注的主要是复合许可程序或者其中各项审查环节的紧缩机制;“多规合一”基础上的“多证合一”讲的其实就是对于构成要件相近的各许可决定进行事项归并。从外部的制度条件来看,在进行国土资源与城乡规划部门的组织机构合并并由其主导编制统一的规划体系之后,上述这些在行政规划领域内实施的相对集中行政许可权的改革措施,就能够更为顺理成章地得到推行。

上文曾提到,有学者对于规划环节提出了实施综合决策程序的构想,也就是在规划环节进行综合统筹,大致确定后续各项目的空间容许度以及城市管理、环境保护、产业发展等各方面的要素,从而在一定程度上降低后续各许可环节的复杂程度,缓解审批的压力。① 这一设想的实现有赖于各领域规划体系的完善与整合,而目前规划领域的组织机构合并以及“多规合一”规划体系,已经为上述综合决策的程序构想创造了条件。以行政体制改革为基础的规划许可部门的机构合并,赋予了相关部门之间进行许可职权整合的合法性基础(职权法定);而规划体系如能进一步实现融合,则可以说在源头上解决了行政规划核心领域的各许可依据/条件的冲突问题。但反过来讲,规划以及相关部门各个方面职能的整合以及“多规合一”体系的建构显然不是凭空创造出来的,而是多个部门之间长期协调合作的成果。在规划编制领域,统一规划体系的建构有前期市县层级的试点经验;在规划许可领域,这得益于大型建设项目的用地(海)预审、规划选址以及建设用地规划许可、建设工程规划许可等审批流程优化以及审批事项归并的实践经验。本章第三节的结尾部分提出了一种“判例法”式的思维:通过实践的“个案”发现和“类案”累积,总结和整理出许可权在事实上和规范上存在的权限重叠和标准冲突的情形;一旦外部条件允许用正式制度将其固定下来时(如规划领域实现组织机构合并,并开始建构“多规合一”国土空间规划体系),就能将这些许可权集中化运行过程中的“类案”总结为普遍性的规则,并用来修正作为许可依据的各项规划条件中存在的重复、交叉、矛盾等问题,进而帮助建构统一的空间规划

---

① 参见唐明良、骆梅英:《地方行政审批程序改革的实证考察与行政法理——以建设项目领域为例》,载《法律科学(西北政法大学学报)》2016年第5期。

体系。

比较实现许可职权整合的两种方式,即以许可权能为核心的单独创设许可机关和以相近领域的权限集中为主导的组织机构合并,可以发现无论采取何种方式,行政职权的整合仍然应当在前述较低程度集中路径的基础上,在特定的行政领域内有选择地加以实施。如果不尊重这样的规律,可能会导致形式上具备职权整合的外观,但实质上仍需进行内部机构和职能分化这样的结果。行政体制的改革看似是自上而下的机构调整,能够强制性、概括性地改变现有机关职权内容,进而达到许可职权整合的效果,但这样的改革更多时候恰恰是各部门职能归并与整合已经成熟的自然结果。从"多规合一"的改革试点,到国土资源与城乡规划部门的合并,再到"多规合一"的国土空间规划体系的建构,以及"多审合一""多证合一"措施的出台,某种意义上是在不断对前期经验和试点成果进行正式化与制度化,因而也是自下而上的改革产物。而当作为一项最终成果出现时,行政规划领域的组织机构改革与职权整合,就概括性地实现了规划制定和实施等各方面权能在一个部门内的统合,其中自然也就囊括了规划许可权在组织、程序、行为等各个层面的集中化运行这一结果。

本章所论证的核心观点是:行政许可权本身并非不可细分的概念,许可职权的实施有多个面向的内容,可以从许可主体、程序、内容等方面来加以刻画;许可权的相对集中而不是绝对集中,也意味着应当针对许可权运行过程中的不同面向,就其所实现的集中程度作多个层次的解读。由此,本章建构了相对集中行政许可权的多维度路径,从而破解了实践中行政服务中心模式或行政审批局模式所存在的集中模式单一化的弊病。基于本研究第四章所论证的相对集中行政许可权的法理结构,对权力集中状态下的许可权可以从组织法视角、程序法视角和行为法视角予以描述,因此,许可权集中可以从空间、程序、事项、职权集中等几个维度来展开,而实践中针对其中各个维度都存在集中化的改革尝试。行政许可空间集中主要包括行政服务中心和在线政务服务平台两种表现形式;这是一种常态化、普遍化的集中路径,也是实现其他更高层次集中手段的基础。行政许可程序紧缩可以区分为单一许可程序优化和多行为的复合许可程序的紧缩机制。行政许可事项归并可以从避免重复审查和避免交叉审查的目的出发,归纳出两种主要的类型;其以解决特定行政任务中的问题为导向,能够通过不断发现职权交叉、重叠的领域,积累解决问题的"类案",进而形成普遍化的规则。行政许可职权整合在实践中可以分为以行政审批局为代表的单独创设许可机关的模式以及通过组织机构合并概括性地实现职权整合这两种模式。但根本上来讲,职权整合主要是基于上述空间集中所提供之条件,通过动态的程序紧缩和事项归并,最终在某一领域内实现许可权的实质性整合,并可被固定为一种机构和职能调整的具体形态,纳入体制改革的总体框架之中。以上各个方面作为一种层层递进的许可权多维度集中路径,空间集中与程序紧缩主要是形式上的集中机制,事项归并与职权整合已经触及了许可权的实质内涵。上述不同层次集中路径的逐步发展,表现为许可权集中程度的实质性扩充;而这也是下一章针对不同类型的许可任务,区分集中范围、集中程度,体系化地描述相对集中行政许可权的综合运行模式的前提和基础。

第六章　相对集中行政许可权的运行模式

在经过十多年的改革历程之后，行政审批制度的许多普遍性问题已经得到非常有效的化解，特别是在促进审批权的规范化和透明度方面，改革成效十分显著。无论是许可和其他审批职权依据的梳理、条件的明确，还是许可职权行使程序的规范化和办理流程的精简化，与改革之前以及改革初期相比，都有重大的提升。但前期的改革模式也暴露出一种典型的平均主义的特点，特别是在评价机制上，改革实践者多以审批事项精简的数量、审批流程缩短的时间来设定改革的目标、衡量改革的成效。[①] 这显然忽略了不同层级、不同领域的行政机关在职权特征上的差异，也没有关注到职权调整背后的行政机关之间的互动关系，更没有关照到不同行政任务对职权行使方式的特定需求。而当行政审批制度改革进入一个新的阶段，探索相对集中行政许可权的实现方式时，如果仍然不加区分地在所有行政领域内推行行政服务中心模式或者行政审批局模式，在理念上其实与上述平均主义的做法并无二致。前述章节对于相对集中行政许可权之法理结构和多维路径的刻画，是从学理和实证层面对许可权这一概念及其集中化的运行机制进行的细分。分析工具本身的细分，是政府治理

---

① 参见孙彩红：《地方行政审批制度改革的困境与推进路径》，载《政治学研究》2017 年第 6 期。

精细化的前提,而此后还需要对政府治理的具体领域也就是对治理的对象作进一步的类型化。高质量的政府治理模式不应当简单地采取平均主义的做法,而是需要区别不同行政领域的职权特性,更需要关注不同行政审批任务中的特定需求。

相对集中行政许可权的法理结构与多维度路径表明,许可权的集中在学理上包含多个面向的丰富内涵,可以从组织法、程序法、行为法的角度作出不同描述;而许可权的集中运行,也并非只有一种集中模式,而是存在不同层次、不同维度的实现路径。无论在理论上还是在实践中,相对集中行政许可权的实现形式,远比行政服务中心或者行政审批局这样二选一的模式要丰富得多。从行政许可的空间集中、程序紧缩,到行政许可的事项归并、职权整合,这些从形式到实质不断深入的不同集中手段,都能在实践中找到具体的实现方式及运用领域,也能在学理层面进行规范和逻辑上的剖析与归纳。《相对集中行政许可权试点工作方案》在试点内容的部署中明确,要探索相对集中行政许可权的内容、范围和实现形式。本书第五章的多维度集中路径刻画了相对集中行政许可权的内容,而本章将围绕许可权的集中范围、程度以及在不同领域的实现形式,探讨相对集中行政许可权的具体运行模式。

第一节　许可权集中路径选择的具体标准

针对相对集中行政许可权的内容、范围和实现形式,《相对集中行政许可权试点工作方案》明确指出,应当“重点研究集中哪些行政审批权,集中到什么程度,如何更好地实现相对集中行政审批等问题”。如果从行政法学原理的角度来剖析以上这些研究重点,相对集中许可权的综合运行模式应考虑以下几方面内容:就组织和权力结构的角度而言,许可权在横向上应以集中还是分散的方式进行,在纵向上应设置于哪一或哪几层级;在行使方式上应选择何种程度的集中手段,是单独选择某一层次的路径还是几种路径的组合;

如何对行政任务作分类处理，并匹配相应的集中模式，从而更好地契合实践需求。那么，本节将先在整体上探讨一下许可权集中路径选择过程中应遵循的一些标准；而后各节再区分不同的行政任务类型，阐述相应的许可权集中化运行的实现形式。具体而言，在多维度体系框架下，针对各行政许可领域对集中层次和模式的具体需求，来制定相应的许可权集中化运行机制时，主要应当考虑三个方面的问题：集中范围、集中程度和集中模式。集中范围主要探讨特定领域范围内的许可权要不要集中的问题；集中程度分析的是，如果特定领域的许可事项对权力运行有集中需求，那么，应将许可权的集中程度设定在何种阶段，应采取形式性的集中还是实质性的集中；集中模式指的是，在确定集中程度之后，不同维度和层次的集中手段应如何组合的问题。

一、集中范围

许可权的集中范围探讨的是特定领域内的许可权是否需要集中的问题。从集中范围的角度来看，许可权的相对集中而不是绝对集中，意味着并不是所有行政机关的许可权都需要集中行使；那么，应当研究哪些行政领域的许可权是需要予以集中的，或者某一行政领域中的哪几项许可职权是需要予以集中的。许可权集中范围的划定，作为许可权集中路径选择的一个较为宏观和整体性的层面，根本上就是处理权力集中的供需问题，是综合考量许可权集中运行模式的成本收益之后得出的结论。简单来讲，收益方面指的是，与权力的分散模式相比，集中化的运行模式是否能够为许可权的行使和行政任务的完成带来更多的效能提升，同时也能符合行政权运行正当性的要求，达到法治与治理的平衡。如果答案是肯定的，那么，意味着许可的集中相较于分散而言，是一种更好的权力运行模式；而如果答案是否定的，那么，意味着在特定范围内维持现有的许可权分散模式是更好的选择。就成本而言，主要包括两个方面：一是改革成本。即便改革能将政府的职权配置和权力运行导向一种更优化的模式，但是，任何一种制度变迁特别是以政府法令主导的自上而下的变革都会有较高的成本;[①]因此,许可权集中的改革一方面需要在小范围试点的基础上逐步推进,另一方面也需要权衡改革能够带来的实际成效。二是权力的集中运行本身带来的成本,换言之,就是许可权集中是否可行的问题。例如,对于一些职权关联性并不强的行政机关而言,由于空间集中能降低信息交流的成本,所以,某种程度的权力集中是必要的;但随着许可权集中实质化程度的上升,则可能出现边际效益递减的结果,甚至反而不利于权力的有效运行,行政审批局模式中出现的权力实质性集中后的再分化即是一例。

从实践的情况来看,集中范围的划定并不存在统一的标准;这取决于特定领域内的行政任务的性质,不同类型的行政任务对权力运行的集中和分散需求不同。而且集中的范围的划定显然与集中的程度有一定相关性,这就又取决于特定领域内的权力集中行使的可行性。无论是仅采取空间集中的行政服务中心模式,还是采取实质化职权整合的行政审批局模式,都没有将所有部门的许可职权予以集中,也就是都体现了集中范围上的相对性。但如果对两者作一比较的话,集中程度更高的行政审批局模式所能够包括的许可职权范围其实是比较有限的。仍以苏州市行政审批局所发布的权力清单为例,统一由行政审批局集中行使的许可职权只有 29 项,另外还包括 6 项其他行政权力,除此以外的大量许可职权仍留由各职能部门分别行使。[②] 相反,能够入驻行政服务中心的许可机关,或者是以政务服务平台予以整合的许可事项,其数量和范围则要远远广于前者。当然,采取行政审批局模式的试点地区,通常也会建立网上的政务服务平台,将其他未被实质性集中的许可事项的相

---

① 关于改革作为一种社会制度变迁,及其本身所具有的成本问题,参见林毅夫:《关于制度变迁的经济学理论:诱致性制度变迁与强制性制度变迁》,载[美]R. 科斯、A. 阿尔钦、D. 诺斯等:《财产权利与制度变迁:产权学派与新制度学派译文集》,上海三联书店、上海人民出版社 1991 年版,第 382 ~ 400 页。根据“需求—供给”的分析框架,社会制度的变迁可分为诱致性变迁与强制性变迁两种,而行政审批制度改革及其各阶段的改革措施,主要都是以政府法规命令为主导的自上而下式的改革,属于强制性制度变迁。而无论何种变迁模式,只要是从现行制度转变为另一种不同的制度,都需要付出高昂的改革成本。关于相对集中行政许可权改革作为一种强制性制度变迁及其可能存在的其他问题,另可参见本书第二章第三节的分析。

② 参见苏州市行政审批局官网,http://xzspj. suzhou. gov. cn/szsxzspj/qlqd/201912/7fbad4555e4042a1a4b0506552805c6e. shtml,2021 年 6 月 28 日访问。

关信息予以整合,这也意味着,在实践中集中手段和集中模式的选择本来就是多样化的。

许可职权的集中范围与集中程度之间的相关性,是一种很容易被预料和解释的现象。一方面,许可职权的高度实质化集中,无论对地方改革者而言,还是对承接许可职权的行政审批局来讲,推进和实现的难度都比较大;因此,通常只能在比较有限的范围内进行局部试点,之后再逐步进行推广。而各职能部门的空间集中以及许可信息的形式整合,已有前期的审批事项清理作为铺垫,只需在原有组织模式的基础上稍加调整和优化即可实现。另一方面,许可权的实质化转移与归并,要求被集中的职权内容具有较高程度的关联性,如要避免许可权实质性集中后的再分化,就必须将这种集中模式限定在较小的范围内,而不能不加区分地一概予以集中;但如果只进行较低程度的形式性整合,那么,即便是职权相关性不高的行政机关,也能够被集中于同一个空间内。这第二方面的原理归纳起来就是,集中的范围和程度都以许可职权的相关性为判断标准:相关性越高意味着两个行政机关的许可职权同质性越强;相反,如果某一类许可事项与其他事项均无明显相关性,则意味着该许可职权是高度专业性的。对此类专属于某一领域或某一机关的许可职权,则无须予以集中,也就是属于许可权集中化运行的排除范围,或者仅出于信息共享的必要性而作最低限度的整合即可。正是基于这样的原理,后文单设了一个章节来探讨专业型事项的许可权集中化运行模式。

二、集中程度

以上论述已经提及了集中范围与集中程度两者之间的关系。一般而言,如果许可权集中的范围仅限于某一特定行政领域,那么,关于集中程度的判断也相对简单,甚至可以采取单一化的集中模式。但是,相对集中行政许可权的改革已经全面展开,那么意味着整体上的集中范围将全面覆盖各类行政领域;而显然不同领域内各项行政任务的特征千差万别,对于许可权的运行模式也存在多样化的需求,与之相对应的许可权的集中程度应当是多层次的。因此,在这样的背景之下,关于集中程度这一层面,需要论证的就不是相对集中行政许可权的改革整体上需要将许可权的行使集中到何种程度的问题,而是需要论证应当采取什么样的标准来对权力运行的各种样态进行描绘,以区分出不同层次的集中程度,从而能够与多样化的行政任务相匹配。这种对于许可权集中程度的定义,也符合相对集中行政许可权的定位。所谓许可权的相对集中而非绝对集中,一方面自然指整体上许可权的运行并非完全集中于一个行政机关,而是保持着适度的分散。这种集中程度在宏观层面上的相对性,是相对集中行政许可权这一概念最显而易见的特点。另一方面在微观层面上,所谓的相对性也意味着在不同行政领域中许可权的运行样态是差异化的,许可权在某一行政任务中的集中程度,相较于在其他领域内的情况,可能是更集中也可能是更分散的,与整体上的相对集中而非绝对集中有所不同,这是在内部比较的意义上谈许可权集中程度的相对性。

明确了相对集中行政许可权的所谓集中程度的涵义后,在此需要具体探讨的就是区分标准。为了避免停留于表面的泛泛而谈,我们仍然需要从相对集中行政许可权的法理结构中寻求支撑。本研究在第四章提出了相对集中行政许可权的动态视角及其法理结构,从而为后续多维度集中路径的分析奠定了基础。简言之,目前以行政服务中心模式或行政审批局模式来描述的相对集中行政许可权是一种静态的组织法视角;这样的描述虽然简洁但不够全面和深入,特别是忽略了许可权运行过程的相对集中这一问题。动态视角下的相对集中行政许可权,一方面体现在行为法层面,许可权集中的法理基础在于行政许可及其他行为在规范和事实上构成关联行政行为;另一方面体现在程序法层面,许可权集中的法理结构表现为多机关参与的决策程序。两者在根本上讲的都是包含许可权在内的行政权运行过程及其产物的相关性问题。在此意义上,组织法框架下的各种静态的集中模式,其实是上述多个层面的许可权集中的法理结构在实践中的具体表现形式。

由此来探讨许可权集中程度的判断标准,我们同样关注的是权力的运行过程。正如第四章已详细论述的,正式的组织既可以被视为各种部门的集合(静态),也可以被视为一种决策系统的集合(动态)。当从第二种的动态视角看待政府的各个部门及其权力的行使状态时,其本质上就是一个复杂的决策信息处理系统。在现代决策理论中一个经典的论断是,复杂任务之中真正稀缺的不是决策所需的信息,而是决策者的注意力;真正影响决策成效的不是信息的匮乏,而是处理信息的能力的有限性。在观察到复杂决策系统信息处理能力上的限度之后,决策理论对于组织结构的设计提出了两个方面的要求:第一,在对决策问题进行分解时,需要遵循的重要原则是降低各个部分的相互依赖程度(interdependence of components);第二,决策系统的整体组织方式应当有助于保护真正的稀缺资源——注意力。[①] 这两方面要求其实都与组织决策能力中的核心即稀缺的注意力和有限的信息处理能力有关。降低各个部分的相互依赖程度,能让分解后的决策事项各自之间相对独立,从而使得每一决策单位都将注意力投注于特定事项;相反,如果两个以上的决策事项相互之间有比较高的依赖度,那么,意味着各决策部门之间需要就交叉、重叠的内容进行沟通,这会分散注意力、增加信息处理的复杂程度。

这正是为什么政府需要在其内部分化出不同的行政机关来各自履行相应职能。在决策理论之下,政府各职能部门的分工就是在对复杂的政府管理事项进行分解,以降低任务的综合性和复杂程度,而分解的标准就是各子任务(各管理领域)之间相互依赖的程度越低越好。政府管理事项分解之后,各个行政机关只需要专注于特定领域的行政任务,经过长期的训练,各部门对本领域的决策事项越来越熟悉,并具有高度的专业性,使其在面对海量的信息时能够准确甄别出有效信息,并迅速作出决策。因此,通过降低决策事项相互之间的依赖性以保护决策者的注意力,显然有助于提高决策效率。对于政府而言,决策任务的分解,意味着权力运行模式的分散化;而能够通过权力分化实现高效决策的前提,又是各职能部门之间具有较高的独立性。但是,各类政府管理事项之间的相互依赖性是不可能被完全消除的,因此,某些情况下需要对权力运行采取集中化的处理方式,以降低信息交换和沟通协商的难度。从这个意义上来讲,决策事项之间相互依赖性的程度,是判断权力运行模式之集中程度的一项重要标准。通常,当各决策事项相互之间的依赖性

---

① Herbert A. Simon, *Administrative Behavior: A Study of Decision-Making Processes in Administrative Organization* (4th ed.), New York: Free Press, 1997, p. 241.

越高时，越应当采取集中的模式来完成相应任务；当各决策事项相互之间的依赖性越低时，则越可采取分散的处理方式，或者说此时的权力集中模式并无突出价值。决策理论中关于决策事项分解后的各部分的相互依赖程度，转化到行政权的行使过程，表征的就是政府的行政任务被分解后的各项职能之间的关联性。因此，总体来讲，各类职权事项之间的相互依赖性越高，则关联性越强，与这些决策事项相关的权力的集中程度就越高。

集中路径中关于范围、程度和模式的内容，根本上描述的是一种权力分配的方式；权力分配除了包括上述管理事项（权力内容）的分解外，还包括组织（权力主体）的分解，以及分解后的任务与主体的结合。目前，政府组织及其任务的分配方式是将行政权力按照部门进行专业化分工的分散模式，也就是为特定机关匹配相应领域的行政管理职能，管理职能中包含许可职权。如果将上述决策理论关于职权依赖程度的原理应用到许可权的分配方式中，来描述许可事项（权力内容）与职能部门（权力主体）的结合方式，那么，基本可以分为三种情况：第一，某些许可事项与其他事项并无明显的相互依赖性，但同时对于各个部门所行使之职权的依赖程度也均不高，也就是相关许可决定的作出并不需要行政机关太多的专业裁量，任务与主体的结合并不十分紧密。第二，某些许可决定的作出高度依赖于特定部门的专业裁量，但与其他机关的职权事项并无明显的相互依赖性，对于相互依赖性较低的类型，许可权的运行并不需要采取集中的方式。第三，某类许可事项整体上属于特定部门的职权范围，在核心要件上需要由其进行专业判断，但同时又一定程度上依赖于其他部门的职权内容，那么，此时的许可权应当以恰当的方式集中行使。

三、集中模式

从权力配置的角度来探讨许可权的运行模式，主要应当包括三个方面的内容：任务类型、组织类型、手段类型。任务类型也就是许可权运行的领域，或者说政府治理的对象；组织类型指的是在纵向层级和横向部门的划分之下，特定许可任务及其权力配置于哪一层级或者部门；手段类型是指特定部门在行使许可权完成特定领域的治理任务时，采取何种治理手段。如果采取集中化的运行模式,仍然可以参照上述三个方面的内容来对权力配置的过程进行分解:首先对许可任务进行分类,并判断特定许可事项是否需要予以集中(集中范围);其次明确需要集中的程度,从而确定相应的许可权应分配于哪些部门或者集中于哪个部门;最后对许可权集中的手段进行选择,也就是可以采取上述第五章所阐述的各种集中路径,或者对集中手段进行组合。通过这三个层次的分析,最终需要达到的是许可任务与组织及其手段的合理配置。在相对集中行政许可权的语境下,这意味着在不同的行政任务中,许可权将呈现不同程度和类型的集中状态,所谓的许可权集中模式是多种集中样态的集合。这正契合上文对于何为许可权相对集中而非绝对集中的定义,也就是相对性不仅针对整体上的集中程度,还是一种在内部比较意义上所谈的许可权集中程度的差异化。

当我们承认政府的治理任务具有多样性,并以此为前提来对许可权的集中化运行模式加以分析时,核心问题就不再是确定一种相对集中行政许可权的模板,而是需要对许可权所运行的领域进行类型化。以往分散的许可权的运行模式,是直接以现有行政组织在横向和纵向上的分类为基准,来配置相应的许可职权,其实并未专门就许可事项本身进行细分。而关于许可权运行领域的类型化,有学者根据《行政许可法》所规定的调整范围,将政府进行事前审批的行为细分为资源配置类审批、市场进入类审批、危害控制类审批,并根据各自的特点匹配了相应的改革措施和替代性方案。① 这三种任务类型,是以事前许可/审批这一政府管理手段设置的目的为标准所做的区分,其规范的依据就是《行政许可法》规定的五大类许可事项。由于本研究是从权力配置的角度来探讨相对集中行政许可权的运行模式,除要关注行政许可事项本身的特点外,还需要结合行政组织的权力结构及其所运用的集中手段,因

---

① 参见王克稳:《论行政审批的分类改革与替代性制度建设》,载《中国法学》2015年第2期。其中,资源配置类审批主要是学理上所说的特许,而后两者基本属于普通许可。特许和普通许可这两类许可在改革的处理方式上有较大差异。资源配置类审批主要是通过产权制度改革,改变初始的权利归属主体以及获得方式,从而取消/压缩审批,因此,严格来讲,这不属于行政许可权的相对集中。而在市场进入类审批、危害控制类审批中,则可采取多种类型和不同程度的许可权集中手段。当然,该文的研究重点是从设立目的上对许可进行分类,而本研究注重于许可权的运行方式,在研究角度上有一定差别,但该文关于许可事项分类中的部分内容对本研究有重要的借鉴价值。

而会采取一种不同的分类标准。

基于对实践的观察与反思,并结合前述集中范围和集中程度的内容,本研究将行政许可的任务类型分为标准型许可事项、专业型许可事项和综合型许可事项。前文在阐述任务分解后各决策事项间的相互依赖性及其与权力集中程度之间的关系时,已部分涉及了这三种行政许可的任务类型。第一,标准型许可事项。这类事项有事前核准的必要;但就审查内容而言,行政机关并无裁量空间,也就是不需要由特定部门进行专业性的判断。标准型的许可事项,尽管在事务类型上属于某类行政管理领域,但由于无须行政机关专业判断,实则并不依赖于特定部门的职权内容;而又由于在要件审查过程中无裁量空间,因而可以在明确其审查标准后,交由一个专职许可权的部门(如行政审批局)来予以集中处理。第二,专业型许可事项。这类事项有两个主要特征:一方面,与前一种类型正好相反,这类许可需要特定机关发挥其专业优势,在裁量权范围内就相关要件进行审查并作出认定;另一方面,这类许可事项与其他事项之间的相互依赖程度通常比较低。换言之,就是高度依赖于特定部门的专业裁量,但与其他部门行使职权的行为无相关性。从集中范围和集中程度的角度讲,对专业型许可事项进行集中化处理是不必要的。第三,综合型许可事项。顾名思义,这类事项尽管属于某一行政机关的管辖范围,但在要件审核上又一定程度地依赖于其他部门的职权,通常会与其他行为构成关联行政行为。但区别于第一类标准型事项,这类许可的审核是存在裁量空间的,特别是需要多机关参与,在各自的裁量权范围内就要件交叉部分的内容进行协商。将综合型许可事项的所有审查职权都集中于一个部门,成本过于高昂因而并不可行,但应当选择恰当的路径和手段,来达到许可权某种程度的集中。

在完成任务类型的划分后,需要明确与不同许可任务相匹配的组织类型,也就是许可权需要集中或者归属于哪个部门。行政组织的分工模式大体上可以被区分为横向的事务管辖权分配和纵向的层级管辖权分配。对于标准型许可事项的集中处理,由于并不需要按照事务管辖权的分配方式进行专业判断,因此可以在横向上进行实质化集中。专业型许可事项,在横向上显然需要维持原有的权力分配模式,但在纵向层级上仍可以再作进一步探讨。所谓的职权专业化,一方面体现为横向管理领域上的专业细分,另一方面也涉及纵向层级选择上的职权下沉或者“在地化”,这一点在实践中也有具体表现,将留待后续部分详细探讨。综合型许可事项,原则上不需要调整许可事项在横向和纵向上的管辖方式,也就是并不像标准型事项一样发生许可权的实质性转移与合并,但需要就职权内容交叉的部分进行梳理,厘清管辖边界、减少职权重叠;这样做的目的其实也是在许可权运行过程中不断降低各个事项间的相互依赖程度。

行政机关根据不同许可任务对于集中程度的需要,选择相应的集中路径,从而形成不同的集中模式。前文提供了从行政许可的空间集中、程序紧缩到事项归并、职权整合这样四个层次的多维度集中路径,这四个层次在集中程度上具有从形式到实质不断深入的特点。当然,需要注意的是,第五章所阐述的多维度集中路径是为实现许可权集中提供了四种分析工具,实践中的每一类许可事项都需要根据具体情况来对集中的层次、类别加以选择。特别应当注意的是,在任务类型与集中手段之间关系上,一方面,尽管类型化的许可事项和多维度的集中路径都能按照许可权的集中程度予以排序,但是集中手段和任务类型并非一一对应关系;另一方面,对于每一种任务类型并非只能选择一种集中路径。具体来讲,以上所区分的三种许可事项,各自对于许可权的集中程度有不同的需求:标准型许可事项可予以集中化的程度最高,专业型许可事项的集中度需求最低,而综合型许可事项则处于中间状态。对于这三种类型,应当根据其集中程度的差异选择不同层次的许可权集中路径;同时还应注意许可权集中的复合模式,也就是需要考察不同集中路径在各种任务类型中的组合。

在相对集中行政许可权的改革过程中,需要特别突出强调的是,许可权的集中只是手段而不是目的,提高许可权的集中化程度也不是最终目标;以某种程度的集中实现许可权运行的规范和高效才是根本目的。这也是为什么本章强调要区分许可权的集中范围、集中程度和集中模式并根据行政任务的需求对许可事项进行类型化处理的原因所在。在此之后,还应明确许可权在行政组织横向与纵向上的职权配置,并选择相应的许可权集中路径,由此形成的相对集中行政许可权的运行机制,才能更好地应对不同行政任务在权力集中程度上的差异化需求。本研究将针对标准型许可事项、专业型许可事项和综合型许可事项这三种类型,来分别阐述相应的许可权集中模式。当然作为一种理论上的分类,以下的阐述更多是突出各自的标志性特征,而三者之间的边界自然是不清晰的。具体到实际的行政任务领域,显然不能将某一许可事项简单地套用到这其中的一类,实践的具体情形可能只是部分地近似于其中一类,或者是同时兼具几项的特征。

第二节　标准型事项的许可权集中运行模式

一、标准型许可事项的界定

所谓标准型许可事项,指的是审查要件可以被客观标准化的许可事项。如上所述,这类许可事项的审核尽管按照传统的事务管辖权的划分属于某一行政机关的职权范围,但是,行政机关在对客观标准的许可条件进行审查时,其实并不需要根据具体情形进行专业性判断。此种情况下的许可机关并不拥有广泛的裁量权;在标准不断细化的情况下,裁量空间也可以不断地被逐渐压缩。随着裁量空间的不断减少,许可事项的审核对于特定行政机关职权的依赖程度就会逐渐下降;而当许可事项审查过程中的裁量空间被压缩至零时,也就是意味着该事项交由任何一个行政机关的任何一位工作人员予以审查,都应得出唯一相同的结论。当行政机关只是按照公开的客观标准对于许可事项进行审查时,该事项其实对任何行政机关的职权都没有明显的依赖性,那么许可权就没有必要遵循事务管辖权的规则分配给特定机关。

事实上,在正式推行相对集中行政许可权的改革之前,作为基础的审批事项清理和权力清单制度建设,某种程度上就是不断地压缩行政职权在各类事项中的裁量空间。审批事项清理从根本上讲,就是按照《行政许可法》的要求对现存审批事项进行筛查,剔除不符合许可设立条件的审批事项,并逐步厘清予以保留的事项相互之间的关系;权力清单制度的目的,则是通过明确界定各类权力的外延和内涵、划分各个机关的权限与权能,来推进行政职权(包括许可职权)的规范化和透明化。第三章曾经提到的宁波市行政审批服务标准化建设就是其中的实践典型。此项改革所构建的行政审批标准化体系,由行政审批资格条件标准、运作程序标准、窗口服务标准、内部管理标准、环境设施标准等共同构成,[①]全面涵盖了许可权运行中的实体和程序要件,甚至包含了许可机构的组织规范。当然,行政审批服务标准化建设,并不能够将所有的事前审批行为都变成本节所探讨的标准型许可事项,但在规范化基础上实现许可条件的标准化,能够使得许可权的内容逐渐趋于客观中立。行政审批制度改革以及权力清单制度,整体上都是在推进包含许可权在内的各项职权的标准化。这一目的可以通过两方面的工作予以实现:一是不断提高标准型许可事项在事前审批行为中的比例;二是对无法标准化的许可事项不断地在实体上细化行政裁量基准(提高专业型许可事项的标准化程度),在程序上梳理各环节和各流程之间的逻辑关系,明确参与机关之间的协调机制(提高综合型许可事项的标准化程度)。

对于标准型许可事项,许可要件的审查不需要行政机关行使裁量权进行专业判断。因此,其事前审查的实施方式有两种改革方向:

第一种是在行政组织内部实质性地集中这些标准型的审查环节,即将许可权交由一个行政机关行使,由其严格按照公开的客观标准进行形式性审查和技术性处理。在此意义上,许可条件的客观标准化,是打破传统的事务管辖权分配模式、设立专司许可职权的行政机关,将许可权实质性转移并集中于一个部门的前提。通过创设专门的行政许可机关以实现许可职权整合的实践典型就是行政审批局模式。本节第二部分将结合实例来具体剖析行政审批局所审查的许可事项,探究其许可权的运行方式,并分析这一组织模式与任务类型之间的匹配程度。

第二种是在行政组织内外部之间进行审查职权的分配,也就是在特定情况下,可以将部分许可要件的事前审查职权交由行政机关以外的专业技术组织来实施。例如,上文提到学者将事前审批行为分为资源配置类审批、市场进入类审批、危害控制类审批三大类的情况,对于其中的危害控制类审批事

① 宁波市行政审批管理办公室:《以标准化实现规范化和便利化——宁波市行政审批服务标准化建设情况》。资料来自笔者在宁波市的实地调研材料。

项,如果危害物品的检测完全属于科学专业性上的问题,那么,就可以交由专业技术组织来实施,行政权其实并无介入的必要性。[①] 这里又会涉及两方面问题:一方面,许可机关与专业技术组织之间的关系,特别是当这些组织以中介服务机构这样的角色出现时,如何避免审批事项以中介服务事项的名义被不合法地保留下来,以及如何规范中介服务机构的行为。另一方面,此种情况其实一定程度地触及了政府与社会之间的分工问题。随着相关审核职能越来越多地被交由专业技术组织来实施,实际上可能导向事前审批的取消,也就是将事前的控制完全交由市场或社会,而行政权的功能更多是在于事后的监管。更进一步的问题是,在标准型许可事项中,政府和市场/社会之间是否只有单向的替代关系,换言之,专业技术组织是否一定比行政机关更适合处理标准型的审查事务,有没有可能存在反向替代的情况。本节第三部分将探讨专业技术组织在标准型许可事项审查过程中的角色,并将特别关注行政审批中介服务规范化的问题。

二、标准型许可事项与行政审批局模式

地方改革者在提出行政审批局模式时,希望能够达到“许可(标准化)—监管(专业化)—执法(综合化)”的治理结构;但是经过以上分析可以发现,这种治理结构事实上只适用于行政职权和规范依据边界清晰、许可条件明确客观的事项,也就是本节讨论的标准型许可事项。在这类事项中,才能在许可阶段最大限度地压缩审批机关的裁量空间,而将行政专业性上的判断交由后续的监管部门承担。换言之,所谓的“许可—监管—执法”治理结构,是将特定领域的治理职能分为了“事前—事中—事后”三个阶段,而结合相对集中行政许可权和综合行政执法的改革目标,行政机关的专业性职能将被分配于“事中”的监管部分,从而实现“许可(标准化)—监管(专业化)—执法(综合化)”。这种与行政审批局模式相匹配的政府治理结构,在标准型许可事项中

---

① 参见《行政许可法》第28条:“对直接关系公共安全、人身健康、生命财产安全的设备、设施、产品、物品的检验、检测、检疫,除法律、行政法规规定由行政机关实施的外,应当逐步由符合法定条件的专业技术组织实施。专业技术组织及其有关人员对所实施的检验、检测、检疫结论承担法律责任。”

可以得到实现;一旦行政裁量的因素被最大限度地抽离,各行政领域之间的差异其实就在很大程度上被弱化了,也就消除了不同部门之间的“行业壁垒”。因此,将此类许可事项予以归并整合后由一个部门来实施并不存在障碍。

以上在学理上对于标准型许可事项进行了界定,并进而明确了这类许可事项与行政审批局模式之间的关系。但是,如果仔细考察实践中行政审批局所履行之许可职权可以发现,其所审查的并不都是上文所述的标准型许可事项,实践中被划归为行政审批局集中管辖的事项,可能还会包含后文将提到的专业型许可事项或者综合型许可事项。仍以苏州市行政审批局为例,根据江苏政务服务平台公布的权力清单,由苏州市行政审批局负责审核的行政许可事项中,有很多仍然保留了需要原机关审查的内容。这无疑就导致许可权形式上归属于行政审批局,但相关要件的实质审查权仍由原机关行使的局面,反而造成了审核流程的复杂与烦琐。以下将以其中的建设项目环境影响报告书审批和建设项目选址意见书核发这两个事项为例予以说明。

第一例建设项目环境影响报告书审批,原属于生态环境部门的职责,①现由苏州市行政审批局集中审查。在提出建设项目环境影响报告书审批申请时,建设单位需要自行准备并提交以下材料:公众参与说明、关于建设项目环境影响评价文件中删除不宜公开信息的说明、建设项目环境影响报告书、建设项目环境影响评价文件报批申请书。从以上材料来看,并没有需要其他部门予以审核的前置环节。但根据平台所发布的办理流程图(如图 6-1 所示),上述材料中的核心部分,即建设项目环境影响报告书,并不是由行政审批局进行审查的。建设单位将建设项目环境影响报告书提交给行政审批局之后,在进行实质上的内容审查、技术评估、并联会签、重大项目审查时,行政审批局均会转交给生态环境局的环评部门以及其他处室进行处理。

---

① 参见《建设项目环境保护管理条例》第 9 条:“依法应当编制环境影响报告书、环境影响报告表的建设项目,建设单位应当在开工建设前将环境影响报告书、环境影响报告表报有审批权的环境保护行政主管部门审批;建设项目的环境影响评价文件未依法经审批部门审查或者审查后未予批准的,建设单位不得开工建设。”

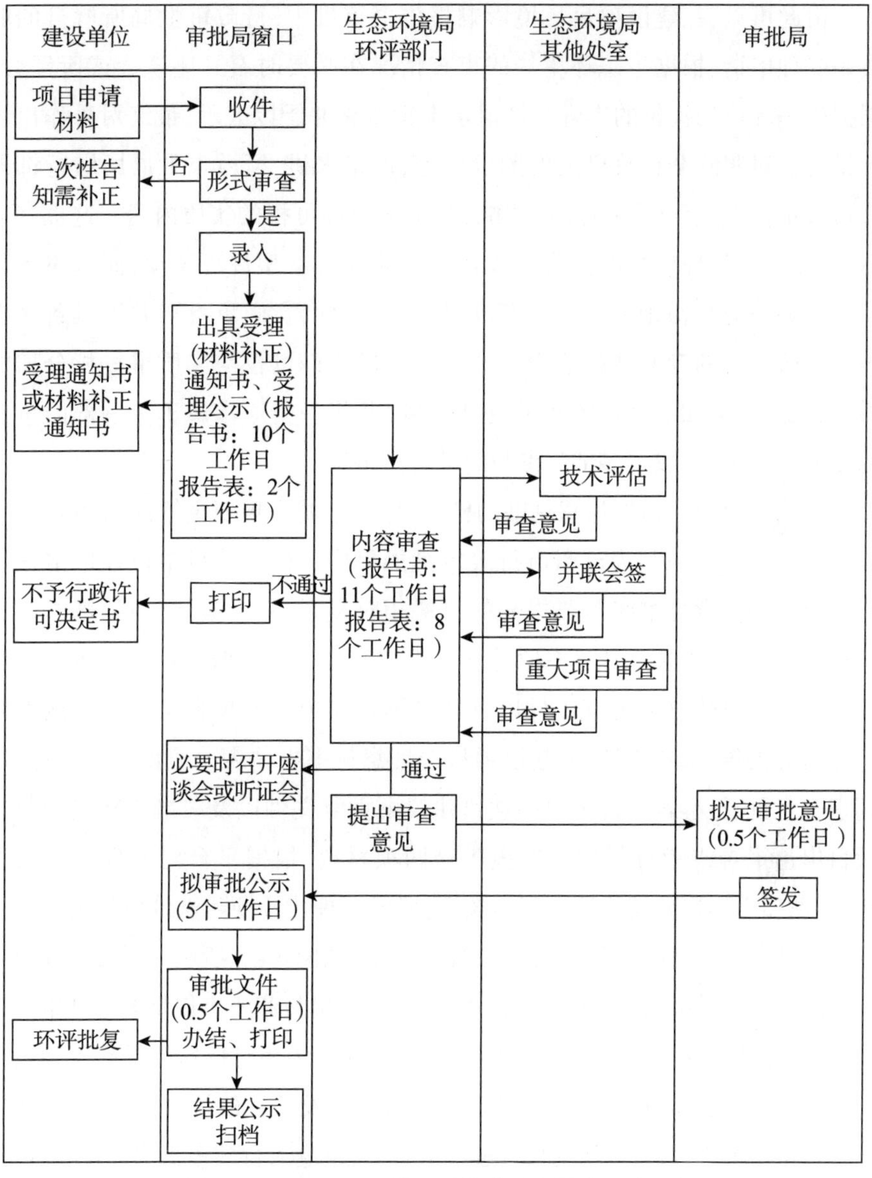

图 6－1　建设项目环境影响报告书审批办理流程①

① 资料来源：江苏政务服务平台苏州市行政审批局行政权力事项清单“建设项目环境影响报告书审批”（不含入海排污口设置审批在线办理网上咨询，不含辐射建设项目），载江苏政务服务网，http://sz.jszwfw.gov.cn/jszwfw/bscx/itemlist/bszn.do?webId = 3&iddept_yw_inf = 11320500MB0317315T300011605500001&ql_kind = 01&iddept_ql_inf = 11320500MB0317315T3000116055000，2021 年 7 月 18 日访问。

由此可见,在建设项目环境影响报告书审批中,行政审批局所履行的职责是受理申请、根据生态环境局的审查情况在必要时召开座谈会或听证会、根据生态环境局提出的审查意见拟定审批意见并予以公示、最终对外作出环评批复。对照两个行政机关的职责内容,严格来讲,行政审批局所履行都是许可决定作出过程中的程序性职能,并不涉及许可权的实质内涵。这也就意味着,建设项目环境影响报告书审批其实并非标准型许可事项,而是属于与特定机关职能密切相关的专业型许可事项,对此,行政审批局并不具备该事项审核所需要的专业裁量能力。这样一种形式许可权与实质审查权分离的做法,实际上增加了许可流程的复杂程度,并将一个原本属于单一部门审查的专业型事项,变成了多部门参与的综合型事项。

第二例建设项目选址意见书的核发,原属于城乡规划主管部门的职责,①该项职权同样被划归为苏州市行政审批局集中行使。建设单位在申请核发建设项目选址意见书时需要提交的材料相对复杂一些,具体包括:基本信息材料、变更须提供选址意见书原件和变更申请报告、规划审查意见、批准类建设项目的项目建议书批复文件以及核准类建设项目的项目申请报告或者可行性研究报告、选址申请书、建设项目选址意见书申请表。值得关注的是,规划审查意见、批准类建设项目的项目建议书批复文件以及核准类建设项目的项目申请报告或者可行性研究报告这两项材料,根据平台对办理材料的说明,这两项内容均需其他政府部门核发,属于办理建设项目选址意见书的前置环节。其中的规划审查意见,根据办理流程图(如图 6 - 2 所示),需要由建设单位先向市规划局用地处申请规划技术审查,由其出具苏州市规划局规划审查意见,再由建设单位提交市行政审批局项目处;而对于相对特殊的批准类建设项目和核准类建设项目,还要先由其他审批部门核发项目建议书批复文件,或者对项目申请报告、可行性研究报告进行审查后,再进入行政审批局的审查环节。由此可见,建设项目选址意见书的核发有多项前置环节,整体上是由多个部门

① 参见《城乡规划法》第 36 条:“按照国家规定需要有关部门批准或者核准的建设项目,以划拨方式提供国有土地使用权的,建设单位在报送有关部门批准或者核准前,应当向城乡规划主管部门申请核发选址意见书。”

共同参与的综合型许可事项。尽管最终是由行政审批局签发建设项目选址意见书,但与该项许可相关的很多实质性审查内容,仍然需要城乡规划部门以及其他具有审批权限的部门参与认定。仅仅在形式上将该许可事项集中于行政审批局,其实并没有改变许可条件的审查在实质上分散进行的事实。

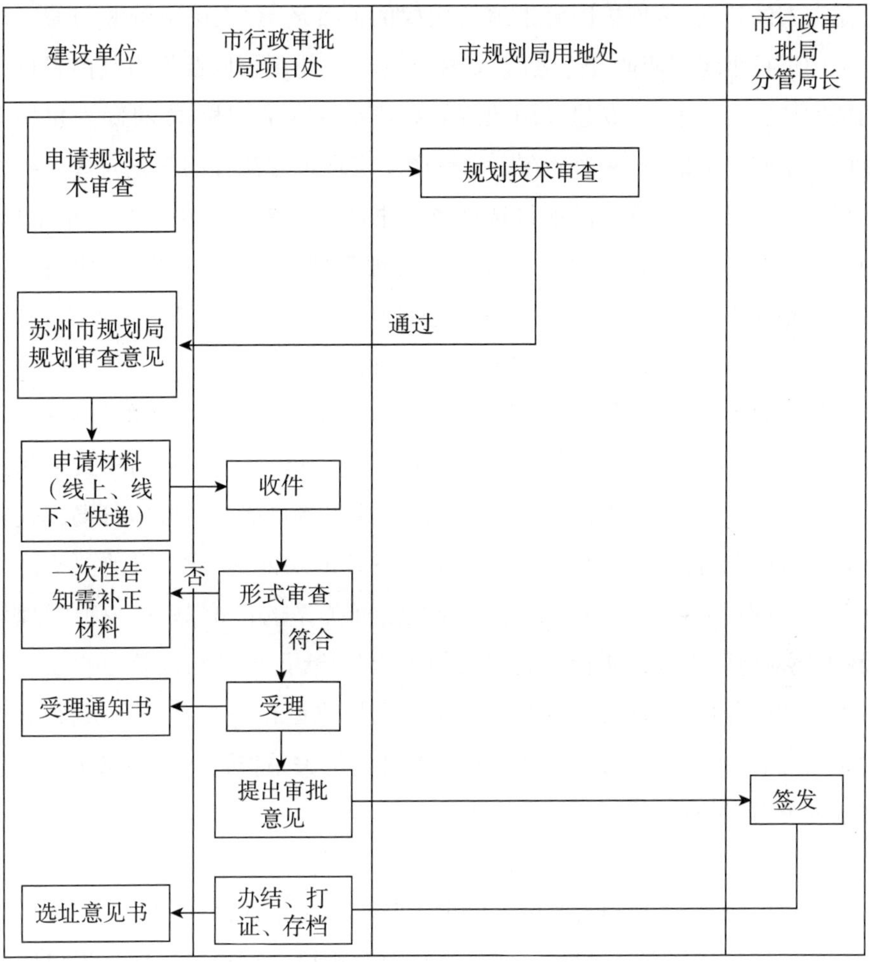

图6－2　建设项目选址意见书核发办理流程①

① 资料来源:江苏政务服务平台苏州市行政审批局行政权力事项清单“建设项目选址意见书的核发”,载江苏政务服务网,http://sz. jszwfw. gov. cn/jszwfw/bscx/itemlist/bszn. do?webId = 3&iddept_yw_inf = 11320500 MB0317315T300011501200001&ql _ kind = 01&iddept _ ql _ inf = 11320500MB0317315T3000115012000,2021 年 7 月 18 日访问。

建设项目选址意见书核发这一许可事项，在被归并到行政审批局后，原城乡规划主管部门的规划技术审查环节并没有取消。这意味着，在对建设项目选址意见书核发这一许可事项进行集中后，总体上并没有实质性地改变或者减少审核部门，甚至反倒增加了审查流程。而且更重要的是，建设项目选址意见书的核发，是划拨国有土地使用权的前置环节，在国土资源与城乡规划部门进行组织与职能合并之后，划拨国有土地使用权以及作为其前置环节的核发选址意见书、核发建设用地规划许可证这几项职权，本将随着机构调整而归于同一个部门，从而能在一定程度上实现审查流程的简化与许可权力的集中。但是，现在将建设项目选址意见书的核发单独集中于行政审批局，而划拨国有土地使用权的审查以及建设用地规划许可证的核发，仍由自然资源和规划局来行使，其结果就是，这几项密切关联的职权重新分属两个部门，实际上反而可能导致审查部门和环节的增加。

通过以上两个实例可以发现，实践中的行政审批局所审查的许可事项，在性质和类型上其实非常复杂。标准型许可事项与行政审批局模式之间的关系，也并不如学理上所设想的那样。地方改革者可能对行政审批局模式寄予了过高的期待，反而影响了该模式本应发挥的功能。当然，目前关于许可任务类型的划分及其与许可权集中模式之间关系的讨论，只是一种学理假设；上述对行政审批局所行使之职权的审视与检讨，也是在该学理假设的基础上所作的分析。对此，可以在行政审批局模式运行一段时间、实践经验更为丰富之后，再对该模式与许可任务类型之间的关系作进一步的修正。基于目前的分析，仍有一些问题值得关注。

第一，行政审批局模式是相对集中行政许可权的改革实践中一项非常具有创造性的成果，其在很大程度上颠覆了长期以来形成的职权分工模式。但所有的组织模式都有其优势与劣势，这种单独创设许可机关以实现许可职权整合的模式也无法适用于所有的行政领域。在实践中，应当避免不加区分地将各类许可职权都集中于行政审批局；否则，可能导致形式性的许可权与实质性的审查权相分离的现象，或者是出现前述章节提到的许可权在行政审批局内集中后再分化的问题。在此，真正重要的是更深入地研究各类许可任务的性质和特征,并对许可事项进行更科学的分类,从而识别出与行政审批局模式更匹配的任务类型,最大限度地发挥该模式的功能。

第二,要实现许可权的实质化集中,也就是进行行政许可职权在部门之间的整合,创设专司许可权的行政审批局并不是唯一的方式;根据第五章第四节所阐述的内容,通过行政体制改革进行组织机构合并,也能够实现许可职权的整合。例如,上文提到的国土资源与城乡规划部门的组织与职能合并,就使原本分属两个部门的许可职权随之归并于一个部门,相应的建设项目审批过程中的很多审核环节也被集中于一个部门。行政组织机构的大部门体制改革与行政许可领域的相对集中改革,都以行政权力某种程度上的集中化行使为目标,根本上来讲是殊途同归的。因此,一方面,在选择创设行政审批局并将部分许可职权划归其行使时,还应当考虑这种职权分工模式与逐步推进的大部门体制改革之间的协调问题。另一方面,在上述两种实现行政许可职权整合的方式之间进行选择时,也要考虑到不同领域行政任务的特性。例如,在建设项目审批这样一种综合性极强的许可领域,某一许可要件的审查与其他事项存在高度的依赖性,其特性与所谓的标准型许可事项正好相反,此时并不适合将其中的某些许可事项单独抽离,并集中到行政审批局中,因为这么做恰恰切断了这些事项之间的关联性。对于这类行政任务,通过行政体制改革达到概括性的组织和职能(包含许可职能)整合,或者在关联部门之间建立密切的沟通和协调机制,才是更好地实现许可权的相对集中方式。

第三,对于标准型许可事项,许可权的行使方式也并非只有行政审批局集中审查这一种。从其特征来看,标准型许可事项的审核,并不依赖于特定领域行政机关的专业判断,许可条件具有客观性和技术性,基本不存在广泛的行政裁量空间。但是,这类许可事项的审查要件中可能会存在包含科学上专业性(而非行政裁量上专业性)的内容,此时可以交由专业技术组织进行审查。如上文提到的建设项目环境影响报告书审批,其中的技术评估等实质性审查环节,被作为具有行政专业性的内容,由行政审批局转交生态环境局的环评部门以及其他处室进行处理;但其实关于这一审查环节,法规范明确规定了,建设项目环境影响报告书、环境影响报告表的技术评估,可以由审批部门组织技术机构进行。[①] 从法条的规定来看，建设项目环境影响报告书审批的技术评估，所具有的是科学上的专业性而不是行政裁量上的专业性。对此，一方面，需要对许可事项审查中具有科学技术专业性和行政裁量专业性的内容进行区分，因为这是标准型许可事项与专业型许可事项之间的核心区别；另一方面，需要关注提供评估服务的专业技术组织在标准型许可事项审查过程中的功能，及其与许可机关之间的分工，而这是本节接下来将重点分析的内容。

三、标准型许可事项与专业技术组织

根据《行政许可法》的规定，对于某些具有一定危害性的设备、设施、产品、物品，其检验、检测、检疫工作，除法定必须由行政机关实施的情况外，应当逐步交由符合法定条件的专业技术组织来实施，并由专业技术组织对检验、检测、检疫的结论承担责任。这类检验检疫工作涉及的是具有科学技术专业性的事项。尽管从科学技术的角度来看，这些事项的审查结论也有专业判断的空间；但就行政权的运行而言，这些技术认定是客观化的，并没有行政裁量空间，因此，仍然属于标准型许可事项。综上所述，将标准型许可事项的部分审查职能交由专业技术组织来实施，其实是在政府和市场/社会之间进行分工，尽可能地将事前的控制交给市场或者社会，而将行政权的功能更多限制在事后的监管；随着市场调节机能的进一步完善，逐步精简甚至取消需要行政权事前介入的环节。这就涉及行政许可机关与专业技术组织、标准型许可事项与行政审批中介服务之间的关系问题。

在标准型许可事项的实施过程中，专业技术组织能够在某些方面代替行政机关完成技术性审查的职能。但需要注意的是，专业技术组织在此过程中的角色还应细分为两种情况：一是受许可申请人委托提供行政审批中介服务，二是受行政机关委托提供技术性服务。其中行政审批实施过程中的中介

---

① 参见《建设项目环境保护管理条例》第9条第3款："环境保护行政主管部门可以组织技术机构对建设项目环境影响报告书、环境影响报告表进行技术评估，并承担相应费用；技术机构应当对其提出的技术评估意见负责，不得向建设单位、从事环境影响评价工作的单位收取任何费用。"

服务事项，具体来讲就是，许可机关开展行政审批时，要求申请人委托企业、事业单位、社会组织等机构（中介服务机构）开展的作为行政审批受理条件的有偿服务（中介服务），包括各类技术审查、论证、评估、评价、检验、检测、鉴证、鉴定、证明、咨询、试验等。[①] 因此，当各类专业技术组织受许可申请人的委托实施上述中介服务事项时，其角色就是行政审批的中介服务机构；但是专业技术组织所提供的审查评估等技术性服务并不都属于中介服务。中介服务事项作为行政审批过程之外的一个环节，应当是法定明确由许可申请人委托专业技术组织开展的审查评估等服务；而如果按照规定应当由许可机关委托专业技术组织来提供审查评估等技术性服务，则应属于行政审批程序中的一个环节，不属于中介服务事项。对此，许可机关不得将这些审查评估环节转化为中介服务事项，违法增加许可申请人的义务；这些技术性服务所导致的行政成本、时间成本和经济成本也应由许可机关来承担。如上文提到的建设项目环境影响报告书、环境影响报告表，法规范明确规定可以由审批部门来组织专业机构进行技术评估，并承担相应费用。此处由专业机构进行评估的就属于科学上具有专业性而行政上无裁量空间的标准型事项，这应被纳入行政机关的审批程序，而不是作为审批流程之外的中介服务事项。换言之，在这种情况下许可申请人所面对的仅仅是许可机关，而并不直接与专业技术组织发生法律关系；因此，从相对人权益保障的角度来看，其实并不需要特别探讨专业技术组织的功能。而更值得关注的是，专业技术组织作为行政审批中介服务机构的角色，在这种情况下，许可申请人除了要面对行政机关以外，还要处理与专业技术组织之间的关系，此时就会存在行政审批中介服务规范化以及许可申请人权益保障的问题。

当与行政许可权密切相关的各类审核职能被这些提供专业技术服务的中介组织所承接，此时的重点就从许可权的规范化，转变成行政审批中介服务机构的管理和中介服务过程的规范问题。2015 年《国务院办公厅关于清理规范国务院部门行政审批中介服务的通知》的发布，标志着行政审批中介服

---

① 参见《国务院办公厅关于清理规范国务院部门行政审批中介服务的通知》（国办发〔2015〕31 号）。

务规范化的开始。尽管中介服务机构在为许可申请人提供专业技术服务,进而促进政府各部门依法履行许可职权方面发挥了重要的功能,专业技术组织也是连接政府与市场、政府与社会的重要部分;但是,行政审批中介服务一直以来都存在"环节多、耗时长、收费乱、垄断性强"等问题,部分中介服务机构甚至与政府部门存在千丝万缕的利益关系。因此,自2015年开始的行政审批中介服务的清理工作,提出了规范化的举措:清理中介服务事项、破除中介服务垄断、切断中介服务利益关联、规范中介服务收费、实行中介服务清单管理、加强中介服务监管等。上述规范化措施,从学理的角度概括起来主要就是三个方面:许可事项与中介服务事项关系的规范化、中介服务机构法律地位的规范化、中介服务行为的规范化。

第一,许可事项与中介服务事项关系的规范化。从《行政许可法》所规定的专业技术组织在许可条件审查中的功能以及上文所阐述的标准型许可事项与中介服务事项的关系可以了解到,中介服务事项是从许可实施过程中的一些标准型审核环节转化而来的。许可机关将那些能够用客观的技术标准来衡量的审查工作,从行政审批过程中抽离出来,交由专业技术组织来实施;这些标准型的审查事项从一项许可实施过程中的审查环节,转化成一项前置性的许可受理条件。正是基于这样的关系,在中介服务事项的清理过程中特别应注意以下一些内容:一方面,中介服务事项的前身是许可条件,其能够设立的前提是符合法律法规关于许可条件的设立要求。因此,根据《行政许可法》关于许可设立的规定,除了法律、行政法规、地方性法规、国务院决定和部门规章按照法定条件已经规定的中介服务事项以外,许可机关不能以其他形式创设中介服务事项、要求许可申请人提供中介服务证明材料。另一方面,根据许可设立和实施的精简原则,中介服务事项的设立和实施也应当尽量精简。已经取消的审批事项,不得转为中介服务事项而变相地予以保留;已经设立的中介服务,不得拆分为多个环节,而增加事项内容。那些能够通过征求其他机关意见、以事中事后监管的方式解决,或者是许可申请人能够自行完成的事项,不得设定中介服务。

第二,中介服务机构法律地位的规范化。在中介服务机构法律地位的规范化方面,最主要的就是明确其市场主体地位,发挥市场竞争优势,因此,需要破除中介服务的垄断地位、切断中介服务机构与政府部门的利益关联。在破除中介服务垄断地位方面,以放宽中介服务机构准入条件为核心。中介服务机构作为市场主体,其设立条件也应符合许可法的基本原则;除法定的资质资格许可外,其他中介服务机构的资质审批等准入条件,区域性、行业性的中介服务机构执业限制条件,各部门设立的中介服务机构限额管理规定等,都应当予以取消。此外,要促进中介服务市场的健康发展,就要切断中介服务机构与审批部门之间的关联。各类中介服务机构都应当平等地参与中介服务市场的竞争。① 相应地,许可机关也不得以任何形式指定中介服务机构,而应当对各类中介机构提供的服务予以同等对待。

第三,中介服务行为的规范化。中介服务事项由许可实施中的一些标准型审核事项转化而来,是将部分的审查职能交由市场主体来实施;因此,中介服务行为一方面要发挥市场竞争的优势,另一方面自然也应符合许可条件审查的法定要求,并应吸纳行政审批制度改革的经验。中介服务行为的规范化,一个重要的内容是要规范中介服务收费。中介服务收费应按照价格法的定价原则,对竞争充分、价格形成机制健全的中介服务事项,应通过市场调节机制进行定价;对市场发育尚未成熟、无法形成充分竞争的中介服务事项,可实行政府定价;而对那些许可机关委托专业技术组织提供技术性服务的情况,也应当通过竞争性的方式确定服务提供机构。此外,在吸收行政审批制度改革经验的基础上,中介服务机构应当逐步建立"服务承诺、限时办结、执业公示、一次性告知、执业记录"等制度,规范和优化中介服务行为。最后,与权力清单制度相类似,保留为行政审批受理条件的中介服务事项,也将实行中介服务清单管理,明确项目名称、设置依据、服务时限等;对实行政府定价或作为行政事业性收费管理的项目,同时还需明确收费依据和收费标准;凡是未纳入清单的中介服务清单的,不得再作为行政审批受理条件。

① 与之相关的,近年来也在以去行政化为基本原则,全面开展行业协会商会与行政机关"脱钩"的改革,具体参见《关于全面推开行业协会商会与行政机关脱钩改革的实施意见》(发改体改〔2019〕1063 号)。

国务院自2015年以来共发布了三个关于清理规范国务院部门行政审批中介服务事项的决定。[①] 根据国务院公布的数据，这三个批次审议通过的国务院部门行政审批中介服务事项一共为323项。为了便于公众了解这些清理规范后的中介服务事项的具体实施方式，国务院通过数据库公布了中介服务事项的名称、所涉审批事项、审批部门、中介服务实施机构和具体处理决定等。[②] 而地方各省市也在同步地进行各类中介服务事项的清理，不少地方公布了行政审批中介服务事项清单，如《苏州市政府部门行政审批中介服务事项清单》就对清理规范之后予以保留的79项行政审批中介服务事项，明确规定了所涉部门、审批事项、设定依据、中介机构、收费标准、服务时间、规范要求等内容。这些对行政审批中介服务事项的清理和规范，在某种意义上是对标准型许可事项的进一步客观化和标准化。

值得注意的是，将许可实施过程中的一些标准型审查事项交由专业技术组织来实施，是将事前的控制尽可能地交给市场或社会，以市场和社会的自我调节代替行政机关的事前介入，是审批制度改革的基本方向，但事实上还存在一种以行政机关代替市场和社会的情况。在许可职权整合和部门间信息共享的基础上，政府开始成为重要的信息汇总中心，这种反向替代的现象开始出现。换言之，某些原本由中介机构进行审核的事项，开始重新交由行政机关进行技术性的处理，其效果反而更优。一个典型的事例就是二手房交易登记中的价格评估事项。例如，盱眙县行政审批局通过整合不动产登记中心和税务部门的数据，将不动产信息查询环节融入纳税环节，原本的二手房中介评估就可直接使用税务系统的免费评估软件来完成，只要录入交易房产的地理位置、面积等信息，整合后的系统便能自动测算出价格，从而作为纳税的依据。[③] 这种方式既达到了职权行使上的统一性，消除了可能存在的审核结论上的不一致，又减少了原本需要中介服务机构介入的审查环节。因此，

---

① 《国务院关于第一批清理规范89项国务院部门行政审批中介服务事项的决定》(国发〔2015〕58号)、《国务院关于第二批清理规范192项国务院部门行政审批中介服务事项的决定》(国发〔2016〕11号)、《国务院关于第三批清理规范国务院部门行政审批中介服务事项的决定》(国发〔2017〕8号)。

② 参见中央人民政府官网，http://spcx.www.gov.cn/zjxf/index.html，2021年7月19日访问。

③ 引自笔者从盱眙县获得的调研材料。

以专业技术组织代替行政机关完成审查职责，并非总是一种优先性的选择，行政机关在某些情况下能拥有市场主体并不具备的信息和技术优势。对于标准型许可事项来讲，真正重要的是根据具体情况确定哪些主体以何种方式能够更专业、客观、高效地完成审查职责。

第三节　专业型事项的许可权集中运行模式

一、专业型许可事项的界定

如果许可事项无法被标准化，意味着许可职权的内容或行使方式具备特殊性，通常表现为内容高度专业或者是实施过程十分复杂，前者是本节所研究的专业型许可事项，后者则是下一节将探讨的综合型许可事项。概括来讲，专业型许可事项，指的是特定领域的许可机关在行政裁量上具有专业性的事项。专业型许可事项的具体特征，可以通过与标准型许可事项和综合型许可事项进行对比的方式来加以描述。当然，正如第一节在最后所强调的，以下的比较和区分都是相对的，我们无法用十分明确的标准将这三者绝对地区分开来，而只能突出其典型特征。

第一，与标准型许可事项正好相反，专业型许可事项的特点在于，其审查条件无法用客观化的标准予以描述，通常需要特定的许可机关发挥其专业优势，在裁量权范围内就相关要件进行审查并作出认定。值得注意的是，所谓的专业型，指的是许可机关在行政裁量上而非科学技术上有专业判断的空间，具有技术专业性的事项很多情况下为标准型许可事项。如上一节所述，如果一类许可事项的审查内容以科学技术上的专业评估为核心，那么，在许可实施的过程中，行政机关就应当接受专业检测评估的结论。即便从科学技术的角度来看，检测评估结论也有专业判断的空间，但相对于行政机关而言，这些技术认定还是客观的，许可机关没有行政裁量空间。此种情况下的专业性审查，无须许可机关通过行政裁量来判断，而应委托专业技术组织来实施，或者以中介服务事项的方式处理。

第二，根据现代决策理论关于决策任务分解的标准，综合型事项与专业型事项之间的重要差异在于该许可任务与其他任务之间的相互依赖程度。在这一标准之下，专业型事项的特点在于，与其他事项之间的相互依赖程度比较低，也就是许可条件的审查高度依赖于特定部门的职权，但与其他部门的职权及行为无明显相关性。这就意味着，专业型许可事项本身并不需要多机关参与决策，通常也没有与其存在要件共享的关联行政行为。正是基于这样的特点，对于行政机关在专业型许可事项中的权力进行集中化处理是不必要的。一方面，只要与许可事项相关的主体、条件、程序、救济等各方面的信息足够透明、准确，即便该项许可职权完全分散行使，也不会对相对人造成不便。另一方面，将专业型许可事项的审查权进行转移或集中，无法明显提高职权行使的效率。在这些事项中，许可权的集中并不会降低或改变其对特定行政领域专业裁量的需求，而承接许可职权的行政机关可能并不具备这样的专业性，这就是为什么实践中一些采取行政审批局模式的地方，需要大量抽调原许可机关的工作人员，甚至导致“人才争夺战”的原因。在面对专业型许可事项时，如果贸然打破现有的事务管辖权分配模式，可能反而会削弱长期职业训练和行政惯例所带来的效率优势。因此，从集中范围的划定来讲，专业型许可事项可以不予集中，而即便要进行集中，也可采取集中程度较低的措施。

以上在与另外两类许可任务作对比，强调所谓行政专业性时，通常指的是特定机关对其所管辖的行政领域范围内的事务具有专业性。这主要是从横向的事务管辖权的角度定义了专业型许可事项。但完整地讲，行政机关的管辖权可分为横向和纵向两个维度，包括事务管辖权、地域管辖权和层级管辖权等几个方面。现代的政府组织模式是以专业化分工为主导的，在对行政管理任务进行分解之后，分配于各个横向与纵向的行政机关，由其专注于特定管辖范围内的行政任务，并通过长期的专业训练而达到快速、准确决策的效果。这种以专家知识模式为理论基础的政府分工模式，与专业型许可事项的需求是基本一致的。因此，对于专业型事项而言，问题的关键并不是如何改变现有组织模式以实现权力的相对集中，而是如何在现有组织分工的基础上对许可权进行横向与纵向的配置,并选择相应的集中路径,最大限度地达成许可职权行使专业化的目的。在此,专业化就意味着规范和高效。

许可权在行政组织中的横向配置,应当尊重现有事务管辖权的分工模式,对专业型许可事项的审查并不需要进行集中,或者进行较低程度的形式集中即可。但需要注意的是,根据事务分类完成了许可权的横向配置后,还需要对许可权在纵向上设置于哪一层级进行选择;专业型许可事项在横向上保留现有组织分工模式,并不意味着在纵向上没有职权转移或者集中的必要。在传统上,与"上下同构"的组织结构相配套,行政职权的纵向分配模式为,同一行政领域的许可权分散配置于各个层级的行政机关,某种程度上导致了职权内容的重复和审查流程的烦琐。许可权在纵向上的相对集中,就需要打破这种"上下同构"的职权配置模式,根据特定许可事项的专业性需求,将许可权集中交由某一层级的行政机关来行使。职权纵向分配的关键是研究将许可权交由哪一层级的行政机关来行使,方能最大限度地发挥专业优势,在此,会存在许可权的向下集中(层级下放)或者向上集中这两个方向。以下,就从许可权的横向分配与纵向集中两个方面,来具体探讨专业型事项中相对集中行政许可权的运行机制。

二、许可权在专业型事项中的横向配置

从决策效率的角度出发,组织在进行专业化分工时,通常是按照职能予以划分的。所谓职能化,就是将治理目标分解成若干个次级目标,并指定给各个组成部门予以完成;在将治理任务与各个部门进行匹配时,如要实现有效职能化,就应当尽量使每一个专业机构主要负责一个次级任务目标,也就是要尽量降低不同次级任务目标之间以及各组成部门之间的相互依赖性。①上述关于决策效率的职能化原理运用于政府治理过程,体现为管理领域(次级目标)与职能部门(专业机构)的划分。通过有效职能化来提高决策和治理效率,是政府的各个部门在横向上按照事务管辖权进行任务分配的根本原

---

① See Herbert A. Simon, *Administrative Behavior: A Study of Decision-Making Processes in Administrative Organization* (4th ed.), New York: Free Press, 1997, p. 265 - 266.

因。对于专业型事项而言,许可权的横向配置也以实现许可组织与任务的有效职能化为目标。许可事项具有行政专业性,或者是由于不同领域的许可行为在构成要件上存在重大差异,进行职权集中不存在必要性;或者是在规范要件的解释、事实要件的认定中存在裁量空间,许可的实施需要依赖于长期实践所带来的行政经验,进行职权转移或集中不具有可能性。正如上文所强调的,在相对集中行政许可权的改革中,许可权的集中本身并不是目的,以改革促进许可权的规范和高效行使才是根本目标;如果在特定领域和任务类型中,组织和职能的分散更能促进许可权的规范和高效,那么,就不应该盲目地追求权力集中的效果。

因此,对于专业型事项,许可职权可按照事务管辖权的规则进行分配,原则上无须在不同职能部门之间进行横向上的集中,或者只进行最低限度的组织/场所集中即可。当然,不在横向上进行实质集中并不意味着无需就许可权的运行采取其他优化措施。除可以采取较低程度的场所集中,即以行政服务中心模式汇聚各类行政机关、统一办理许可事项以外,还可以通过政务服务平台汇总各类许可审查相关的信息,优化许可权的运行过程。而且对于专业型许可事项来讲,政务服务平台这种虚拟的空间集中手段,甚至比行政服务中心模式更具有价值。在许可事项审查中,行政相对人和行政机关之间会存在信息不对称,在高度专业性的行政领域,这种信息不对称的现象更为突出。因此,对于专业型事项而言,许可权运行机制优化的方向主要在于,降低行政专业性所带来的信息壁垒。具体的措施主要包括两个方面:第一,参考行政处罚领域的裁量基准制度,细化专业型许可事项的审查要件。尽管这类许可事项审查中需要行政机关的专业判断,但仍可以通过不断细化其中的审查要件、逐步压缩裁量空间,从而达到专业裁量的规范化,并提高专业型许可事项的标准化程度。第二,应当将与专业型许可事项相关的职权主体、许可条件(包括裁量基准)、审查程序等信息,集中公布于政务服务平台,并应当对审查要件的裁量基准及其理由进行说明。由此可以发现,在专业型许可事项中,许可权运行的透明度要求其实更高。从行政程序的原理上讲,此处的透明度已经超越了一般意义上的行政公开,其还包含了说明理由的要求。在许可事项审查过程中,赋予行政机关进行专业裁量的空间,并不是划定了一个不受控制的领域,行政机关仍然需要就裁量的部分进行充分说理并且应当遵循行政惯例。我们认可在很多情况下行政机关的职权内容具有专业性并存在裁量空间,但这本身并不能够自动地正当化一项行政决定,行政机关只有通过更为充分的论证和说理才能为其专业判断赢得尊重。

从相对集中行政许可权的改革实践来看,即便是一些整体上采取行政审批局模式的地区,仍然会基于安全涉密、场地要求特殊等专业性上的考虑,将部分许可事项保留在原部门而不予以集中,典型的例子包括枪支(弹药)出入境携运许可、养殖类海域使用权证等审批事项。① 当然,关于许可事项类型的认定也会存在冲突的情况。例如,前述章节在阐述行政审批局模式的实践困境时曾经提到,江苏省的不少改革试点地区将营业执照的发放视为市场准入领域的重要事项,归入行政审批局的职权范围。② 也就是说,市场主体在这些地区申领的营业执照都是以行政审批局的名义颁发的。但与此相冲突的是,国家工商行政管理总局于 2018 年初发布的一个规范性文件特别指出,“营业执照的法定签发单位是各地工商部门或合并工商职能的市场监督管理部门,营业执照签发单位和营业执照加盖印章单位应当一致,不得在营业执照上加盖非签发单位印章”。③ 这一规定的出台,显然直接否定了行政审批局所签发之营业执照的合法性,所导致的后果就是,一旦企业申领了加盖行政审批局印章的营业执照,此后如果要到其他地区从事经营活动,可能会面临主体身份违法的风险。④ 最终,地方改革者将行政审批局与市场监管局共同列为“企业设立、变更、注销登记”的许可机关,以作为处理上述矛盾的折

① 引自笔者从盐城市大丰区获得的调研材料。江苏省整体上以行政审批局模式为改革的基本方向,并选取了包括盐城市大丰区在内的多个地区为试点地区。

② 根据江苏政务服务平台所公布的信息,苏州市范围内的公司设立登记,实施主体为苏州市行政审批局,并且其性质为法定机关,而非其他部门的委托机关。

③ 《工商总局办公厅关于进一步统一规范企业登记注册管理工作的通知》(工商办字〔2018〕1号)。

④ 从笔者获取的调研材料可以发现,行政审批局所签发的营业执照是否合法,在实践中,是一个比较突出的问题,江苏省的多个试点地区,包括南通市、盐城市大丰区、盱眙县等都明确提出了国家工商总局发布的文件与改革措施之间的矛盾。

中方案。[①]

上述冲突表明,部分地方的改革实践者将工商登记视为一种标准型许可事项,以实质集中的方式来行使该事项的审查权;而中央的职能部门则将其视为一种专业型许可事项,反对在横向的事务管辖权上进行转移或集中。但是如果从商事登记制度改革的基本趋势,以及工商登记的审查方式来看,营业执照的核发其实更接近于标准型许可事项。申领营业执照,属于《行政许可法》中的登记类许可,只要提交的申请材料齐全、符合法定形式,即可当场予以登记。[②] 国家工商行政管理总局在上述同一份规范性文件中也强调了,工商登记环节应严格执行"形式审查"制度。从原理上来讲,如果许可事项的审查有明确、客观的法定要件,且只需要采取形式审查的方式,那么意味着审查机关其实并不拥有广泛的裁量空间,该事项可以被视为标准型许可事项而予以集中处理。但是,实践改革者并不会完全遵照理论逻辑,而学理上的分析框架也可能存在偏颇与不足。行政审批局在与原职能部门就许可任务类型的划分、集中事项的遴选等事宜进行协商时,往往还会考虑职权内容所牵涉到的部门利益、职权集中后的承接难度等实际因素,这就有可能导致认定中的不一致甚至实施中的矛盾冲突。当然,无论基于理论分析还是从实践需求的角度出发,一个基本的共识是,不应当对许可权的运行模式采取平均化的处理;许可权集中与否、集中程度如何、采取何种集中手段,都应当从行政任务的特征和需求出发具体加以判断。

行政机关的管辖权分配规则中还有一类地域管辖权,主要指的是同一层级不同地域之间的职权配置规则,一般也可以被视为一种行政权的横向分配。从便利性的角度出发,行政案件的地域管辖规则通常是,行政机关管理

---

① 参见江苏政务服务平台苏州市行政权力事项清单中的"企业设立、变更、注销登记"事项,载江苏政务服务网,http://sz. jszwfw. gov. cn/jszwfw/qlqd/list. do?webId = 3&type = 01&deptId = #fw_jump,2021 年 7 月 27 日访问。

② 《行政许可法》第 12 条第 5 项规定"企业或者其他组织的设立等,需要确定主体资格的事项"可以设定许可。此外,《行政许可法》第 56 条规定:"实施本法第十二条第五项所列事项的行政许可,申请人提交的申请材料齐全、符合法定形式的,行政机关应当当场予以登记。需要对申请材料的实质内容进行核实的,行政机关依照本法第三十四条第三款的规定办理。"

本辖区范围内的行政事务。而且,由于地方立法者享有一定的许可设定权,[①]不同地域之间,许可的内容及其审查要件会存在一定差异。在许可实施过程中,本地行政机关更熟悉本辖区内的管理事务,在规范的具体适用和证据的调查认定等方面也更具有专业性。因此,对于一些"属地性"很强的事项,许可职权的配置一般也应遵循原有的地域管辖权分配规则。但是值得注意的是,在相对集中行政许可权的改革过程中,出现了很多"一网通办""跨省通办""异地代办"的事项。这意味着,很多许可事项是不存在"属地性"的,那么许可权的运行也就不需要受到地域管辖权分配规则的限制。特别是一些地方性法规和省级政府规章不享有许可设定权的事项,[②]其审查标准由国家统一确定,此时完全可以实施跨区域的异地管辖。例如,长三角政务服务"一网通办"平台建立之后,上海市、江苏省、浙江省和安徽省四地就实现了多个许可事项的异地办理并且可以共享电子证照。[③] 随着全国一体化在线政务服务平台的建设完善,包括行政许可在内的各类政务服务事项,都将能够实现"跨地区、跨部门、跨层级数据共享和业务协同",[④]而这显然超越了所有传统的行政管辖权分配模式,达成了深度的信息集中和职权整合。

三、许可权在专业型事项中的纵向配置

在纵向维度上,行政机关管辖权的配置指的是行政职权在不同层级行政机关之间的分配。具体到许可职权的分配,除在横向事务分类上存在专业性外,在纵向层级的选择上也会涉及专业性的问题。许可权的纵向配置,要求

---

① 《行政许可法》第 15 条第 1 款:"本法第十二条所列事项,尚未制定法律、行政法规的,地方性法规可以设定行政许可;尚未制定法律、行政法规和地方性法规的,因行政管理的需要,确需立即实施行政许可的,省、自治区、直辖市人民政府规章可以设定临时性的行政许可。临时性的行政许可实施满一年需要继续实施的,应当提请本级人民代表大会及其常务委员会制定地方性法规。"

② 《行政许可法》第 15 条第 2 款:"地方性法规和省、自治区、直辖市人民政府规章,不得设定应当由国家统一确定的公民、法人或者其他组织的资格、资质的行政许可;不得设定企业或者其他组织的设立登记及其前置性行政许可。其设定的行政许可,不得限制其他地区的个人或者企业到本地区从事生产经营和提供服务,不得限制其他地区的商品进入本地区市场。"

③ 参见长三角"一网通办",http://csj. sh. gov. cn/govService/index,2021 年 7 月 27 日访问。

④ 国务院已专门出台行政法规,推进全国一体化在线政务服务平台的建设,具体参见《国务院关于在线政务服务的若干规定》(国务院令第 716 号)。

将许可职权交由最能发挥专业优势的层级,而不是不加区别地配置于某一层级或者分散于各个层级。因此,通过相对集中行政许可权的改革以实现许可职权在纵向上的重新分配,其结果就会表现为许可事项在纵向层级上的集中,主要可以分为许可权的向下集中(权力层级下放)和许可权的向上集中(权力层级上收)两个方向。权力层级下放是行政管理体制改革中一种比较常见的现象,但是,对于某些专业型事项而言,可能需要对审查权进行向上集中。另外,一些特殊情况下,许可事项内部还可进行专业化的细分,进而表现为许可权在纵向上的分散配置。在此,仍然需要强调已反复提及的一个观点,许可权的集中并不是目的本身,而只是促进许可权规范、高效运行的一种手段。许可权的相对集中,意味着我们应当实事求是地接受许可权在某些领域内能够集中,而在其他一些情况下又需要分散行使的结果。

实践中会存在横向集中与纵向集中相结合的情况,两者之间甚至有可能出现冲突。例如,我们在分析行政审批局模式时,通常将其视为一种通过单独创设许可机关来实现许可职权实质性整合的改革手段,颠覆了传统的事务分立模式,因而属于许可权横向配置上的集中。但是,实践中行政审批局的设立,有时也会在导致许可权纵向集中的效果,这主要与其在纵向上的设置层级有关。采取行政审批局模式的地区,通常不会在省、市、县、乡的每个层级都设置行政审批局,一般最常见的选择是在县一级设立行政审批局,这也与绝大部分情况下行政管理层级的选择相一致。而与之相冲突的是,有部分许可事项原本是由乡镇层面的行政机关予以审批的,如果将这些事务都归入行政审批局的职权范围,就会在实际上导致许可权向上集中的结果。还有一些采取垂直管理的领域,其各项管理职权都会设置在较高层级的行政机关,如果将许可权都集中于行政审批局,一方面会造成事实上的许可权向下集中,另一方面也会与特定领域管理体制改革的目标相冲突。因此,关于专业型事项中许可权的纵向配置,我们一方面需要分别探讨职权下放或者上收的目的和功能,另一方面还要处理许可权横向集中与纵向分配之间的关系。

第一种情况,许可权在纵向层级上配置于较低层级的行政机关。专业型许可事项在纵向层级上的向下集中,表现为权力下放或事项审查的本地化。

许可权的向下集中,主要适用于那些与地方社会经济发展密切相关的领域。这一方面是尊重基层行政机关在本地事务管理过程形成的行政经验,另一方面是考虑到行政管辖和职权行使的便利性。通常来讲,越是基层的管理者越了解本地的行政政策以及公众的实际需求,因而无论对许可机关还是许可申请人,管理层级下放都是纵向上最高效的职权配置方式。事实上,管理层级下放在行政审批制度改革的初期就是一种很重要的改革方式,主要表现为,中央各部委通过审批事项清理,将部分许可事项的审查权下放给地方各级行政机关,实现中央向地方的放权。许可权从中央各部委下放到地方政府,特别是下放到基层行政机关,既表现为央—地关系之中的权力边界调整,也表现为许可权的向下集中;而如果聚焦于地方政府,那么,管理层级下放其实就是一种许可权纵向的向下集中。

在对专业型许可事项的审查权进行横向与纵向的配置时,应当特别注意遵循基层行政机关长期以来形成的行政惯例,因为惯例意味着行政经验,而特定机关对于行政经验的掌握则意味着专业性。在某种意义上,所有的改革其实都在打破长期以来形成的行政惯例,所以,都应当慎之又慎,同时还要注意到实践中的特例。例如,曾提到的将行政审批局设置在市县层级的试点地区,在横向上集中同层级各职能部门许可职权的同时,在纵向上也会部分地集中下级机关的许可职权,改革的结果实际上就造成了部分乡镇级许可事项的向上集中。但在实践中,对于生猪检疫这类需要现场检查生猪及生猪产品的审批事项,或者是农机局的农机驾驶证核发等需要考试场地的许可事项,并不适合集中到市县层级的行政审批局,因此,改革者还要基于便利性的考虑,将这些事项保留在原乡镇层级的审查部门。① 还有一种情况是,对市场监管部门的个体户设立登记、食品餐饮经营许可、小作坊登记等许可事项,县级的行政机关在行使相应许可职权时,一直以来都会委托乡镇、开发区中的对应机构辅助完成受理初审、现场踏勘等工作,甚至在特定情况下,由这些乡镇和开发区直接实施授权范围内的审批权。按照当地的相对集中行政许可权

① 引自笔者从盱眙县获得的调研材料。

的改革部署,这些职能部门的许可权本应被集中于同层级的行政审批局,但由于县级行政审批局并没有与下一层级的乡镇、开发区建立任何联系,没有能力指导下级机关完成前述辅助工作。因此,对于这些特殊的专业型事项,在折中之后只能采取两种处理方式:或者是保留职权分散的模式,由原机关继续行使许可权;或者是采取反委托的做法,也就是许可权形式上被集中于行政审批局,但审批局仍会将许可权再委托给原基层机构,由其实际来完成审查职责。[①] 从这些实例中可以发现,原许可机关由于长期以来的行政惯例,已经与特定的基层机构形成了非正式的协作关系,这是高度"身份性"的,因而属于专业型事项,如果将这些高度依赖于特定协作关系的许可职权予以转移或者集中,实际上会打破原有的专业关系,反而不利于职权行使的规范与高效。

在层级管辖权的设置上,县一级行政机关作为主要执法机关是最常见的一种职权配置方式,而以上的几个特例中则涉及比县级机关更为基层的乡镇。部分许可事项的审查权之所以被设置在乡镇一级,通常是因为职权实施过程高度依赖于特定场地或有很强的地域属性。而管理层级下放,特别是赋予最为基层的乡镇级行政机关更多的管理和执法职权,是政府职能和管理体制改革的一个基本趋势。作为比较的,在综合行政执法改革中,执法权下沉就是一项重点改革目标。例如,中共中央办公厅、国务院办公厅曾先后印发了《关于深化文化市场综合行政执法改革的指导意见》《关于深化农业综合行政执法改革的指导意见》《关于深化市场监管综合行政执法改革的指导意见》《关于深化交通运输综合行政执法改革的指导意见》《关于深化生态环境保护综合行政执法改革的指导意见》等五个综合行政执法改革的指导意见。综合行政执法改革要实现的目标主要包括:横向上归并执法队伍,将执法权整合为文化市场、农业农村、市场监管、交通运输、生态环境等五大领域;纵向上减少执法层级、推动执法力量的下沉。[②] 而 2021 年新修订实施的《行政处罚法》

---

① 引自笔者从常州市武进区获得的调研材料。

② 参见中央编办三局:《扎实推进综合行政执法改革》,载《中国机构改革与管理》2019 年第 2 期。

明确规定，省级政府可以根据实际管理需要，将县级人民政府部门的行政处罚权交由乡镇人民政府、街道办事处行使，这使执法权下沉的改革有了法定依据。[①] 由此可以发现，与行政许可一样，在处罚、强制等行政执法领域，管辖权在横向与纵向的分配上保留了对专业性的尊重：横向在事务管辖分工的基础上进行适度整合（比如分为执法五大领域），纵向则逐步推进管理层级的向下集中。

第二种情况，许可权在纵向层级上配置于较高层级的行政机关。尽管层级下放是政府管理体制改革的一个主要方向，也就是我们通常应当更多地尊重基层部门的行政经验，赋予其更多的管理职权。但是，以许可权的纵向配置这一视角来看，从根本上需要探讨的是，许可权设置在从中央到地方的哪些层级的行政机关才是更高效的。就像许可权并不是在所有领域中都是越集中越好一样，纵向上也不是权力下放的越多越好，不同管理领域对于权力配置的需求是存在很大差异的。在职权纵向配置上，关键还是要抓住央—地关系调整以及不同层级机关间权力关系调整的本质。如有学者指出，在整体管理层级下放的趋势之下，社保资金的管理及其审批权限反而应考虑上收，国家在社保资金使用过程中需要考虑不同省份之间的平衡问题，还需要考虑加大对中西部地区转移支付力度，因此，基于央—地关系的考虑，应通过提高管理层级来加强国家对于社保资金的管理能力，以及全国范围内社保资金使用的统筹协调能力。[②] 总体而言，一些不具有明显的地方属性，但对国家的宏观政策和统筹管理而言有重要意义的事项，在行政职权的纵向选择上应考虑配置于较高层级的行政机关。

在专业型事项的许可职权配置过程中，还应注意与特殊领域内的垂直管理体制相协调。在此，也会出现许可职权的横向集中与纵向分配之间相互冲突的地方。例如，在环境治理领域，环保机构的监测监察执法实施的是省级

---

① 《行政处罚法》第23条规定："行政处罚由县级以上地方人民政府具有行政处罚权的行政机关管辖。"同时在第24条中授权："省、自治区、直辖市根据当地实际情况，可以决定将基层管理迫切需要的县级人民政府部门的行政处罚权交由能够有效承接的乡镇人民政府、街道办事处行使，并定期组织评估。"

② 参见孙彩红：《地方行政审批制度改革的困境与推进路径》，载《政治学研究》2017年第6期。

以下垂直管理的制度。为了加强省级环保部门对市县两级环境监测监察的管理,市县环保机构的管理体制作了一定的调整:市级环保局尽管仍属于市级政府的工作部门,但实行的是以省级环保厅(局)为主的双重管理体制;而县级环保局则调整为市级环保局的派出分局,由市级环保局直接管理。相应的在职权分配上,将市县两级环保部门的环境监察职能上收,由省级环保部门统一行使;而县级环境监测机构的主要职能调整为执法监测,并且该职权随县级环保局一并上收至市级机关行使。① 垂直管理体制建立之后,环保机构的监测监察职权将集中配置于省(自治区、直辖市)、市两级,不仅如此,包含许可在内的其他职权也将逐步收归市一级机关。而当行政审批局设置在县一层级时,如对市级环保部门的许可职权进行集中,事实上会造成职权向下集中的结果,这就违背了环保领域加强统一监督管理的改革目标。实践中采取行政审批局模式的试点地区,也会将这类许可权保留给原较高层级的行政机关自行实施。② 因此,对于诸如土地、环保、安全生产指标等审批事项,尽管与地方经济发展密切相关,但如果需要在更高层级上进行统筹或者有严格监管的需要,③那么,在职权配置上通常就会选择较高层级,或者采取垂直管理体制。总体而言,在垂直管理的领域,其许可权的分配方式表现为横向事务管辖权的分立和纵向层级管辖权的向上集中。

第三种情况,对于同一大类的许可事项,其内部还可作专业化细分,许可权在纵向配置于不同层级的行政机关。无论是将许可权下放至基层或者是向上集中至省市一级的行政机关,都是为了最大限度发挥不同层级行政机关的专业优势,因而并无固定的选择。如上文曾提到的建设项目的环境影响评价,总体上就实行分类管理制度。根据建设项目环境影响程度的大小可区分为三类:可能造成重大环境影响的,应编制环境影响报告书对产生的环境影

① 《中国共产党第十八届中央委员会第五次全体会议公报》明确规定,"实行省以下环保机构监测监察执法垂直管理制度"。另参见中共中央办公厅　国务院办公厅印发的《关于省以下环保机构监测监察执法垂直管理制度改革试点工作的指导意见》。

② 引自笔者从盱眙县获得的调研材料。

③ 如在环保领域,职权配置的目标是"加大环境治理力度,以提高环境质量为核心,实行最严格的环境保护制度,深入实施大气、水、土壤污染防治行动计划",进而采取了省以下环保机构监测监察执法垂直管理的制度。

响进行全面评价；可能造成轻度环境影响的，需编制环境影响报告表对产生的环境影响进行分析或者专项评价；对环境影响很小、不需要进行环境影响评价的，填报环境影响登记表。[①] 据此，在行政许可事项中，就可分为建设项目环境影响报告书审批和建设项目环境影响报告表审批两大类，而对于采取环境影响登记表方式管理的建设项目则未设为许可。[②] 同时，建设项目的环境影响评价文件还采取分级审批制度，根据建设项目涉及的范围，审批权在国家、省、市、县等四级生态环境主管部门中进行分配。[③]

以上是许可职权在建设项目环境影响评价报告文件审批中的整体设置情况，而其内部还可作专业化细分。以所涉建设项目的性质为标准，可分为辐射建设项目和其他一般建设项目环境影响报告文件审批两大类。对于这两大类审批事项，实践中关于许可职权的横向与纵向配置又包括几种不同的处理方式。例如，在采取行政审批局模式的苏州市，其下辖的姑苏区（苏州市下辖区，县级）和昆山市（苏州市下辖市，县级）都分别设有县一级的行政审批局。对于非辐射建设项目环境影响报告文件审批这一事项，姑苏区的行政审批局或者生态环境局都不享有审查权，该项许可职权设置于苏州市一级，且由市行政审批局集中行使，也就是采取横向集中于行政审批局、纵向上收于市级机关的模式；而在昆山市，许可职权的配置就完全不同，非辐射建设项目环境影响报告文件由昆山市生态环境局进行审批，并未横向集中于行政审批局，也未一概上收至市级机关。而对于辐射建设项目环境影响评价文件审批事项，苏州市下辖各县级政府的行政审批局或者生态环境局都不享有审批权，该事项的审批权一概收归市级生态环境局行使。这

---

① 参见《环境影响评价法》第16条。

② 检索多地的政务服务平台中的政府权力清单，一般将建设项目环境影响报告书审批和建设项目环境影响报告表审批分别设为两项行政许可事项，而建设项目环境影响登记表备案一般不作为许可事项，而是被归类为其他行政权力。

③ 《环境影响评价法》第23条："国务院生态环境主管部门负责审批下列建设项目的环境影响评价文件：（一）核设施、绝密工程等特殊性质的建设项目；（二）跨省、自治区、直辖市行政区域的建设项目；（三）由国务院审批的或者由国务院授权有关部门审批的建设项目。前款规定以外的建设项目的环境影响评价文件的审批权限，由省、自治区、直辖市人民政府规定。建设项目可能造成跨行政区域的不良环境影响，有关生态环境主管部门对该项目的环境影响评价结论有争议的，其环境影响评价文件由共同的上一级生态环境主管部门审批。"

显然与含辐射项目具有危险性并涉及重大公共利益这一特点密切相关。总的来讲，在苏州市整体范围内，非辐射建设项目环境影响报告文件审批，部分地区采取了横向集中于行政审批局、纵向设置于较高层级行政机关的职权分配方式，也就是更多地将其视为标准型许可事项；[①]而另外一些地区则在横向上采取分散配置、纵向上将审查权设置于不同层级，并赋予较低层级行政机关相应的许可职权这样一种模式，也就是将该事项作为专业型许可事项来处理；而辐射建设项目环境影响报告文件审批，总体上采取了横向保留事务管辖分工，纵向上设置于较高层级行政机关的模式，这一方面是一种高度专业化的处理，另一方面在层级选择上也与所涉事项需要严格监管的特性相匹配。而且上述例子表明，即便姑苏区和昆山市都属于苏州市下辖的县级政府，但其与上级政府之间存在不同的权力互动关系，这意味着上级政府在向辖区内的各下级政府下放权力时，其范围和内容也是因地而异的。[②] 因此，关于专业型许可事项在纵向上的职权配置，并无统一的标准，关键还是要把握上下层级行政机关之间权力互动关系的本质，并深入分析职权配置所须达成的目标。

第四节　综合型事项的许可权集中运行模式

一、综合型许可事项的界定

另一类许可事项之所以无法被标准化，主要症结不在于单一许可内容的专业性，而是在于要件的审查过程涉及跨部门的协调，此即具有综合性的

---

① 关于这一点，上一节在探讨标准型许可事项及其与行政审批局模式之间的关系时就已作分析，而且指出，从具体的审批过程来看，该事项并非标准型许可事项，而是属于与特定机关职能密切相关的专业型许可事项，市行政审批局并不具有专业裁量能力，实质审查权仍然回到了市生态环境局。

② 例如，根据公布的行政权力清单，姑苏区行政审批局负责实施的行政许可事项为 8 项，而昆山市行政审批局负责实施的行政许可事项有 23 项，后者的职权范围远大于前者。参见江苏政务服务平台，http://szgs. jszwfw. gov. cn/jszwfw/qlqd/deptlist. do? webId = 26&type = &deptId = 113205080141528811# fw _jump, http://szks. jszwfw. gov. cn/jszwfw/qlqd/deptlist. do? webId = 32&type = &deptId = 11320583MB172713XB#fw_jump，2021 年 7 月 30 日访问。

许可任务。随着社会生活的复杂化,政府职能的综合调控属性不断凸显,越来越多的行政任务需要各机关之间通力合作、共同完成。但是,即便是整体政府理念下,行政机关的分工仍然必要。在此种情况下,政府各部门的职权互相关联,但又不能完全合并,这就意味着我们必须开始更多地关注综合任务背景下多机关参与的宏观行政过程,以及其中各种行政行为(包括许可)之间的复杂关系。这一方面基于合法性层面的考虑,决策系统复杂性的上升易导致结果不可预测乃至失控,当参与到综合许可任务中的职能部门和审查环节越来越多时,我们不得不警惕行政机关通过复杂的程序构造来掩盖真实目的,从而逃逸到不合法的状态中。另一方面,这又涉及治理能力的问题,无论政府的组织形态如何,其在治理社会的过程中都应当实现有效与负责,[①]在综合许可任务中,作为整体的政府及其所属机关应当有能力进行综合协调,并高效地达成社会治理目标。因此,无论从法治还是治理的角度来看,对于综合型事项的许可权优化机制的研究具有越来越重要的意义。

此外,值得注意的是,综合型许可事项除指向多机关参与完成的单一许可决定外,更多时候描述的是那些多个部门共同完成的综合许可任务,其中可能包含多项许可决定以及其他相关行政行为。这是综合型许可事项与前述两类许可事项之间的重要差异,在此意义上,也可以将这类事项称为综合型许可任务。这也增加了综合型许可事项本身的复杂程度,对其而言,无法像前两类许可一样简单明确地用一项特征予以界定。除涉及多个职能部门外,许可事项的综合性还可以体现在以下几个方面:

第一,综合型事项所涉行政领域和任务内容具有复杂性。一方面,很多行政领域都会出现跨部门审批的现象,而这些不同的行政领域涉及的任务目标千差万别,因此,我们通常无法宽泛地研究综合型事项的许可权集中问题,而是需要专门选取一个行政领域作针对性的探讨。另一方面,很多时候一个行政领域内部还可再作细分,例如,在建设项目审批中,当投资建设的主体或

① 参见前述章节中关于“行政许可权集中的正当性基础”部分的内容,另参见 Elena Kagan, *Presidential Administration*, 114 Harv. L. Rev. 2245, 2385 (2001), p. 2251 – 2252, 2331 – 2346。

者投资规模不同时,项目审批的实体条件及其流程就存在差异。更为重要的是,实践中复杂的许可任务甚至是多个综合型许可事项的集合。仍以建设项目为例,大型建设项目审批是一项高度复杂的行政任务,而内部又包含多个跨部门的联合审批事项,这些事项本身又是一个个综合型许可事项。例如,建设工程规划许可证的核发是建设项目审批中一个很重要的环节,该许可证的核发除涉及核心的规划部门外,还需要建设、交管、电力、通信等其他职能部门的参与或者配合,因此,建设工程规划许可证的核发本身是一项综合型许可事项,同时又是整个建设项目审批这一综合许可任务的一部分。对此,我们不能将每一个综合型许可事项单独拆分开来,而应当将其置于整体的审批任务之中,来统筹处理各环节之间的关系。

第二,综合审批任务内部的许可事项类型具有多元性。一方面,实践中的综合审批任务内部可能同时包含标准型许可事项、专业型许可事项和综合型许可事项。单独从某些许可事项来看,可能只需按照客观化的标准予以技术性处理,或者是仅涉及特定职能部门的专业裁量,而与其他机关的职权无关联性,但是,当这些标准型或专业型的事项属于一项综合审批任务一部分的时候,就需要考虑其在整体任务中的顺序,以及与其他许可事项之间的衔接与协调问题。另一方面,综合型的许可事项本身,还可以进行分类处理。当一项许可任务的完成涉及跨部门的协调,那么就意味着整个行政任务中的各环节相互关联,或者是需要多个机关共同参与。根据前述章节关于相对集中行政许可权法理结构的分析,有时行为之间只存在事实上的相关性,有时则能够在法律上构成关联行政行为。同样涉及多部门职权、需要多机关参与,不同情况下的程序结构以及各机关之间的影响方式也有区别。从学理上来讲,行为间关联性程度的差异以及各机关之间影响方式的区别,将导向不同的权力集中路径。综合审批任务内部许可事项类型的多元化,意味着其中的不同环节对于许可权集中程度存在差异化的需求。

第三,综合型事项中可以包含多维度的许可权集中手段。正是由于综合任务内部许可事项类型的多元化,以及不同环节对于许可权集中程度需求的差异,在综合审批任务的整体实施过程之中可以包含多种集中手段。根据前述章节的学理分析，一般来讲行为之间关联性越弱、参与机关之间的影响方式越趋于沟通模式，则对权力集中程度的需求越低，可以采取比较形式化的集中手段；反之，各环节之间的关联性越强、参与机关之间的影响方式越趋于权威模式，则对权力集中程度的需求越高，应采取比较实质化的集中手段。在大部分情况下，综合审批任务中各环节之间的关联性是因为同属于一个项目而构成的事实上的关联，而非源于各机关职权在规范上的要件共享或者管辖权上的冲突，因此，可以采取空间集中和程序紧缩的机制来优化审查流程、实现许可权的高效运行。而如果在综合任务中出现了重复的审查环节，或者不同决定之间存在法定共同要件，则可以进行许可事项的归并，乃至进行更实质性的职权整合。因此，在综合型许可事项的实施过程中，可以包含从形式到实质的多维度集中路径。

鉴于综合型许可事项涉及领域众多、内容复杂，本节之后的研究将聚焦于最为典型的建设项目审批领域，以便更形象地说明该类事项的审批流程及其权力集中机制。2019 年，国务院办公厅专门就工程建设项目审批制度改革发布了实施意见，其中关于统一审批流程这一方面，特别提出了精简审批环节、规范审批事项、合理划分审批阶段、分类制定审批流程、实行联合审图和联合验收、推行区域评估、推行告知承诺制等几个方面的要求。[①] 自此，工程建设项目审批制度改革进入了一个新的阶段，其一方面构成了深化"放管服"改革和优化营商环境的重要内容，另一方面也成为综合型事项中许可权集中运行的典型样本。

二、综合型许可事项的流程优化机制

对于复杂行政任务进行审批程序的优化，并不是近年才出现的许可权集中手段，在行政审批制度改革的早期，甚至是在 2015 年相对集中行政许可权的试点工作方案出台之前，就已经有很多地方开始对建设项目审批流程优化

① 《国务院办公厅关于全面开展工程建设项目审批制度改革的实施意见》(国办发〔2019〕11号)。

机制进行各种探索。[①] 审批流程优化与审批事项清理一起,成为行政审批制度改革早期最为核心的两个方面。地方改革者之所以热衷于大型基本建设项目投资领域的审批流程优化,主要基于两个方面的原因:一方面,在许可设定上法律并未给地方政府授予很多权力,从前述历史脉络的梳理就可以了解到,审批事项清理一直是以中央各部委为主导的,地方政府为了突破改革"瓶颈",更多地转向审批流程的优化,即便无法取消审批事项,也能通过程序的调整来达到缩短审批时限的效果。另一方面,在经济诱因的推动下,大型基本建设项目投资领域也成为地方政府主动选择的改革领域,各地政府希望通过细化审批条件、整合审批流程,来达到优化地方投资环境、促进地方产业升级、拉动地方经济发展的目的。

但是,这一阶段的审批流程优化是存在一定缺陷的。第一,正如学者指出的,早期的改革评价机制带有平均主义的倾向,[②]改革者高度关注审批流程整体时限的缩短,几乎将此视为证明许可权集中的唯一标准。第二,在将缩短审批时限作为唯一目标的情况下,流程优化方案很少从根本上审视综合审批任务内部各个环节之间的逻辑关系和各类程序的法理结构,并缺少对不同行政领域、不同程序类型、不同集中手段之间差异性的关注。第三,更为重要的是,在经济诱因的促使之下,改革方案有时候会因为缺乏学理上的正当性支撑而突破法规范的边界。有鉴于前期审批流程优化改革的经验与不足,2019 年国务院办公厅出台的《关于全面开展工程建设项目审批制度改革实施意见》(国办发〔2019〕11 号),以及后续各地提出的细化方案,开始关注综合审批任务的类型化问题,并更细致地梳理了各环节之间的逻辑关系和各流程之间的程序结构,同时还吸收了多样化的许可权集中手段。

以江苏省为例,江苏省于 2019 年开始全面推进工程建设项目审批制度改革,[③]并制定了《江苏省工程建设项目审批事项清单》《江苏省工程建设项目分

---

① 在 2012 年前后,广州、武汉、宁波等地就推出了建设项目审批流程优化方案,如前述章节提到的行业联合审批运作机制、模拟审批等,主要都以建设项目审批制度改革为重点展开的。

② 孙彩红:《地方行政审批制度改革的困境与推进路径》,载《政治学研究》2017 年第 6 期。

③ 江苏省人民政府办公厅《关于印发江苏省工程建设项目审批制度改革实施方案的通知》(苏政办发〔2019〕53 号)。

类审批指导性流程图》以及相关配套制度。[①] 其中与综合型许可事项的流程优化机制相关的，主要是工程建设项目的分类审批指导性流程图。正如上文所述，综合审批任务内部本身也非常复杂，仍然需要根据任务目的的差异再作细分，因此，江苏省从分类管理的需求出发，将工程建设项目进一步划分为政府投资房屋建筑及其他类项目、政府投资线性工程类、一般社会投资项目、带方案出让土地的项目和中小型社会投资项目五个类别。而又由于综合任务内部不同环节和流程之间的逻辑关系十分复杂，为了更清晰地展现其中的程序结构，流程图一般将工程建设项目审批分为项目策划生成、立项用地规划许可阶段、工程建设许可阶段、施工许可阶段、竣工验收阶段五个部分。合理划分审批阶段之后，再分别针对不同的项目类型制定流程优化方案。

综合型许可事项的流程优化，主要通过对复合许可程序进行整合来实现。根据前述章节所论证的复合程序的法理结构以及实现程序紧缩的具体路径，流程优化的关键在于，厘清多阶段行政过程中各环节之间的法定顺序，并通过对各项决定构成要件和相互间结构关系的整理，确定其中存在的关联行为，从而为进一步的职能归并奠定基础。以下选取一般社会投资工程建设项目这一类别，以此为例来探讨一下综合型许可事项的流程优化机制以及许可权集中手段。一般社会投资工程建设项目的审批流程，整体上按照项目策划生成、立项用地规划许可、工程建设许可、施工许可、竣工验收的顺序进行。项目策划生成的初始环节之后，是工程建设项目审批的四大核心环节，按顺序划分为四个阶段。

第一阶段为立项用地规划许可阶段。此阶段的核心部分是三个环节：建设项目用地预审与选址意见书的核发、企业投资项目核准或备案/企业投资技术改造项目核准或备案、建设用地规划许可证的核发（含建设用地批准

---

① 参见江苏省工程建设项目审批制度改革领导小组：《关于印发〈江苏省工程建设项目审批事项清单〉的通知》（苏工改组〔2019〕1 号）、《关于印发〈江苏省工程建设项目分类审批指导性流程图〉的通知》（苏工改办〔2019〕2 号）、《关于印发全省工程建设项目审批制度改革配套制度的通知》（苏工改办〔2019〕3 号）。

书),这三个环节之间具有法定先后顺序。在此阶段,可以并联办理的事项还包括:建设项目压覆重要矿产资源审批;海域使用权许可;航道通航条件影响评价审核;占用或者征收林地的审核或审批;进入非国家级森林和野生动物类型自然保护区建立机构和修筑设施审批;危险化学品生产及储存建设项目安全条件审查;无居民海岛开发利用许可;港口岸线使用审批;风景名胜区内事项许可;地震安全性评价;地质灾害危险性评估。也就是上述事项的办理并无法定前置环节,与立项用地规划许可各环节之间也不存在法定先后顺序,可以在此阶段同步办理。

第二阶段为工程建设许可阶段。此阶段的唯一事项就是建设工程规划类许可证(或乡村建设规划许可证)的核发。对一般的建设项目而言,建设单位根据《城乡规划法》的要求申领建设工程规划许可证即可。但是,如果建设行为在历史文化保护范围内,或者会影响历史建筑时,还需要特别依据《历史文化名城名镇名村保护条例》履行前置审批手续。例如,对于在历史文化核心保护范围内新建、扩建必要的基础设施和公共服务设施的情况,规划部门在核发建设工程规划许可证之前,应先征求文物主管部门的意见;对于在以上范围内拆除历史建筑以外的建筑物、构筑物或者其他设施的,则需要由规划部门会同同级文物主管部门批准。① 除此之外,建设项目安全设施设计审查、文物保护单位的建设控制地带内建设工程设计方案批准、城市及城市规划区内新建民用建筑建设防空地下室审批,这些事项均可以在第二阶段与建设工程规划类许可证并联办理。

第三阶段为施工许可阶段。施工许可阶段最主要的内容是建筑工程施工许可证的发放,但对一些特殊建设工程,在该许可证发放之前,还需要进行

① 《历史文化名城名镇名村保护条例》第28条:"在历史文化街区、名镇、名村核心保护范围内,不得进行新建、扩建活动。但是,新建、扩建必要的基础设施和公共服务设施除外。在历史文化街区、名镇、名村核心保护范围内,新建、扩建必要的基础设施和公共服务设施的,城市、县人民政府城乡规划主管部门核发建设工程规划许可证、乡村建设规划许可证前,应当征求同级文物主管部门的意见。在历史文化街区、名镇、名村核心保护范围内,拆除历史建筑以外的建筑物、构筑物或者其他设施的,应当经城市、县人民政府城乡规划主管部门会同同级文物主管部门批准。"

消防安全设计审查。[①] 就特殊建设工程而言,消防设计审查是建筑工程施工许可证的法定前置环节;而对于其他建设工程,建设单位申请施工许可时需要提交消防设计图纸及技术资料,并在竣工验收时报消防设计审查验收主管部门备案,但无须进行事前审批。[②] 许可机关在此阶段对施工图设计文件进行审查时,还可一并对消防、人防、技防等事项进行技术性审查。

第四阶段为竣工验收阶段。这一阶段的核心内容包含前后两个环节:先进行工程建设项目竣工验收,包括建设工程消防验收、建设工程档案验收、规划核实及土地核验;在此之后,还需履行工程建设项目竣工验收的各项备案手续,包括建设工程消防验收备案抽查,以及建设工程竣工验收备案。与建设项目的竣工验收可以同步并联进行的,还有城镇污水排入排水管网许可证核发,以及建设工程消防设施及系统检测等工作。至此,一般社会投资工程建设项目审批的主要流程基本完结。

值得注意的是,除在上述各阶段中分别提到的可以与主要环节并联进行的事项外,还有一些可以跨阶段同步办理的事项。例如,在第一和第二阶段中,可以并行办理以下事项:新建、改建、扩建对地震监测设施和地震观测环境造成危害的项目批准;建设工程地震安全性评价结果的审定及抗震设防要求的确定;洪水影响评价类审批;建设工程文物保护与考古许可;占用农业灌溉水源、灌排工程设施审批。也就是说,上述事项与立项用地规划许可或者工程建设许可中的各个环节均无法定先后顺序,但属于施工许可阶段中各项决定的前置环节。在第二和第三阶段中可并联进行的主要是超限高层建筑工程抗震设防审批,这一审批环节需要在核发建设用地规划许可证之后进行,同时又是竣工验收阶段的前置环节。在前三阶段也就是在竣工验收之前都可以同步进行的事项包括:取水许可审批;排污口审批;建设项目环境影响

---

① 《建设工程消防设计审查验收管理暂行规定》第 15 条:"对特殊建设工程实行消防设计审查制度。特殊建设工程的建设单位应当向消防设计审查验收主管部门申请消防设计审查,消防设计审查验收主管部门依法对审查的结果负责。特殊建设工程未经消防设计审查或者审查不合格的,建设单位、施工单位不得施工。"

② 《建设工程消防设计审查验收管理暂行规定》第 32 条:"其他建设工程,建设单位申请施工许可或者申请批准开工报告时,应当提供满足施工需要的消防设计图纸及技术资料。未提供满足施工需要的消防设计图纸及技术资料的,有关部门不得发放施工许可证或者批准开工报告。"

评价文件审批;生产建设项目水土保持方案审批;固定资产投资项目节能审查;建设用地供地审查;建设项目安全评价。最后,在第三和第四阶段可以同步进行的事项有:建设工程验线;城市建筑垃圾处置核准;建筑起重机械使用登记;市政设施建设类审批,也意味着建设单位在获得建设工程规划类许可证之后,可以根据实际的进度对前述事项进行办理,并在竣工验收之前完成即可。

以上详细分析了工程建设项目审批的主要阶段与核心环节,以及相应的流程优化机制和许可权集中手段。从这一实例可以发现,综合型许可事项的审批流程是高度复杂的,并且具有很强的专业性。当然,这区别于上一节讨论的专业型事项,此处的专业性并不是指行政机关在实体要件的审查上有裁量空间,而是指其内部各环节之间过于复杂的关系所带来的裁量空间。这种高度烦琐的程序构造会对许可申请人乃至其他行政机关造成理解上的困难,从而形成一种“专业性壁垒”,并构成了程序裁量的空间。而现在通过工程建设项目审批流程的优化,完成了对各环节和各阶段之间关系的梳理和归纳,并以审批指导性流程图的形式予以公布,就在很大程度上压缩了综合审批任务中的程序裁量空间。就如同可以通过不断细化许可裁量基准,来提高专业型许可事项的标准化程度一样,制定统一的审批流程,也能够提高综合型许可事项的标准化程度。

三、综合型许可事项的职能归并机制

在综合审批任务中,通过分析复合程序的逻辑结构,能够厘清各环节之间的法定顺序,并以同步并联审批等程序紧缩机制来达到许可权集中的效果。但流程优化和程序紧缩仍然是形式上的集中路径,许可权并不发生实质性的转移或者合并。根据上一章所分析的四个层次的许可权集中路径,实质集中主要可以通过许可事项归并和职权整合来实现。下文仍以工程建设这一领域为例,并结合上述审批流程的内容,来详细分析一下其中的许可职能归并机制。与工程建设项目分类审批流程优化方案同步出台的,是工程建设项目审批事项清单。江苏省经过清理后,共保留了 59 个事项(包含 83 个子项），其中又可细分为审批管理类事项、评估评价与中介事项、市政公用服务类事项。工程建设项目审批制度的改革，除要通过优化审批流程来更好地处理事项之间的逻辑关系外，还要通过调整这些事项的实施主体和实施方式，来实质性地转移或者合并许可职权。

第一，整合内容相近的许可事项。主要的措施包括：在立项用地规划许可阶段，将建设项目用地预审与建设项目选址意见书核发这两项许可予以合并，一次性核发建设项目用地预审与选址意见书；将工程建设项目招标事项核准，纳入政府投资项目可行性研究报告审批或者企业投资项目核准事项，一并进行审批。在施工许可阶段，将工程质量监督手续、建设工程安全监管手续、人防工程质量监督这些事项，一同并入建筑工程施工许可证的发放这一事项。此外，在竣工验收阶段，原有的房屋建筑和市政基础设施工程竣工验收的备案、城镇排水与污水处理设施建设工程竣工验收情况备案、燃气设施建设工程竣工验收情况备案、绿化工程竣工验收备案、人民防空工程竣工验收备案等，均被合并为建设工程竣工验收备案事项，前述各事项不再单独实施备案手续。

第二，将审批事项调整为内部协作事项。一个典型的例子是建设工程规划许可证的核发。原先在核发建设工程规划许可证时，有多项前置审批环节，需要许可申请人分别从各个部门获得批准文件。根据实际的建设情况，这些前置环节可包括：在宗教活动场所内改建或者新建建筑物的审批；建设项目交通影响评价；涉及国家安全事项的建设项目审批；城市地下空间开发利用兼顾人民防空要求的审批；新建、扩建、改建建设工程避免危害气象探测环境审批；在文物保护单位的建设控制地带内进行建设的审批等。调整后，上述事项均成为各许可机关之间的内部协作事项，由自然资源部门在审查工程设计方案时，分别征求民族宗教事务部门、公安机关交通管理部门、国家安全部门、人防部门、气象部门的意见。据此，建设工程规划类许可证的核发，从一个有多项前置审批环节的事项，转变成了一个多机关参与的多中心决策行为；许可申请人只需面对自然资源部门这一个行政机关，而无须向多个部门提出申请。此外，除最终的许可决定外，其他部门的内部审批行为彼此之间无法定先后顺序，自然资源部门可以同步征求各职能部门的意见，以达到程序集中的效果。更进一步地，这一多中心决策行为还可以采取联合会审的方式，由自然资源部门召集其他相关部门共同审查设计方案，将各部门分别审查设计方案的过程集中到一个会议程序中，并就可能存在标准冲突问题展开协调，从而达到一种更深度的集中与合作。[①]

第三，联合审查与联合竣工验收。联合审查主要指的是，施工许可阶段的消防、人防、技防等技术审查并入施工图设计文件审查，相关部门不再进行技术审查。而且，施工图设计文件审查是一项中介服务事项，也就是上述消防、人防、技防等技术审查以及施工图设计文件审查，都属于无行政裁量空间的标准型事项，可由行政机关以外的专业技术组织来负责实施。除此以外，还有其他一些可以由中介机构来实施的标准型事项，包括地质灾害危险性评估、建设项目安全评价、建设工程消防设施及系统检测、地震安全性评价等。而在最后的竣工验收阶段，则实行规划、土地、消防、人防、档案等事项的联合验收，由联合验收部门统一出具验收意见。正如上文所述，在综合审批任务中包含着多种类型的许可事项，既有前述标准型事项，也有如环境影响评价这样的专业型事项，还有如建设工程规划许可这样多部门参与的综合型事项，对此，需要根据事项的类型及其对权力集中化的需求程度，来具体安排许可权的行使方式。

第四，区域评估与“多规合一”。这两项是更为宏观的职能整合方式，主要是在项目策划生成的初始环节，从整体层面上对建设项目相关的各项条件进行综合评估与协调。所谓区域评估指的是，在各类开发区、工业园区、新区和其他有条件的区域，由政府统一组织对于地震安全性评价、压覆重要矿产评估、地质灾害危险评价、环境影响评价、节能评价、水资源论证、水土保持、洪水影响评价等评估评价事项实行的整体性评估。这是从单一项目评估，转变为区域整体评估，从而实现了区域范围内评估的统一性，也避免了各个建设项目之间评估的冲突与重复。另一种综合协调手段是，职能部门根据“多

① 另参见前述章节“无关联行政行为之复合程序紧缩”部分。

规合一”的要求,在项目策划生成阶段协同提出建设条件以及需要开展综合评估评价的事项要求。第五章最后一节曾论述,与许可权的运行相类似,行政规划领域也有分散和冲突的问题,“多规合一”则是近年来在规划编制和实施中的一项重要改革,这一改革的目的就是为了实现不同类型、不同区域、不同层级规划之间的统一和协调。规划条件是建设项目审批中各个环节的重要依据,如能将规划条件的确定与后续的建设项目审批紧密结合起来,并引入综合决策机制,就能大大降低项目审批过程中部门协调和程序整合的难度。[①] 因此,各职能部门根据“多规合一”的国土空间规划,在项目策划生成阶段就协同提出建设条件,一方面能够将部门协调的阶段进一步提前,另一方面也能在更宏观的层面上实现许可条件的整合。

除事项归并外,还有一种最实质性的许可权集中路径,即通过单独创设许可机关或者是通过组织机构的合并,来实现许可职权的整合。这两种许可职权整合的方式,在江苏省的工程建设项目审批制度中都存在。一方面,江苏省在相对集中行政许可权的改革中选择了行政审批局的试点模式,省内各地设立的行政审批局是工程建设项目审批中多个环节的许可机关;另一方面,在规划与建设领域,国土资源与城乡规划部门的合并,“多规合一”的国土空间规划体系的建构,以及“多审合一”“多证合一”措施的出台,也极大地促进了包含建设项目审批在内的多项政府职能的整合。但是,在工程建设项目审批中,创设行政审批局或者进行组织机构合并,只能够部分地降低此项综合审批任务的复杂程度,在此还需关注两个方面的问题:一是如何在行政审批局与合并后的资源规划局之间进行职权分工,二是如何处理组织机构合并与其他许可权集中路径之间的关系。

经过职权调整之后,在工程建设项目审批中,一部分原本由资源规划局行使的许可职权被集中到了行政审批局。例如,根据江苏省工程建设项目审批流程和事项清单,以及苏州市发布的行政权力事项清单,行政审批局在工

① 参见唐明良、骆梅英:《地方行政审批程序改革的实证考察与行政法理——以建设项目领域为例》,载《法律科学(西北政法大学学报)》2016 年第 5 期。另参见前述部分“有关联行政行为之复合程序紧缩”章节。

程建设项目审批中的主要职权包括：建设项目选址意见书的核发、企业投资项目核准以及企业投资技术改造项目核准、建设工程规划类许可证核发、建筑工程施工许可证的发放、建设项目环境影响评价文件审批。这些许可事项贯穿了立项用地规划许可、工程建设许可、施工许可这三个阶段，由此可见，经过职权调整之后，行政审批局成为工程建设项目审批的核心部门，并集中了多项重要职权。但深入分析发现，并非所有的核心职权都被归并到了行政审批局，因此，仍然需要与资源规划局所保留之职权相协调，并且还需要避免与其他职能整合措施发生冲突。第一，资源规划局保留了建设项目用地预审的职权。建设项目立项阶段的用地预审和选址意见书核发，原本为国土资源与城乡规划两个部门的职权，在两部门组织合并之后，统一由资源规划局来行使。① 而且根据上文所阐述的内容，这两项许可由于内容相近，被合并为"建设项目用地预审与选址意见书的核发"。但是，当建设项目选址意见书的核发被划归为行政审批局的职权之后，反而导致了许可机关的增加和职能的分立。第二，根据上文梳理的建设项目审批流程，在立项用地规划许可阶段，包含三个有法定先后顺序的核心环节：建设项目用地预审与选址意见书的核发、企业投资项目核准或者企业投资技术改造项目核准、建设用地规划许可证的核发。尽管经过职权调整之后，大部分的许可职权集中到了行政审批局，但其中作为最先和最后环节的用地预审和用地规划许可证核发，仍然属于资源规划局的职权，因此，这样的权力集中其实并未减少参与审批的机关数量，也未简化审批流程。第三，行政审批局在行使多项职权时，仍然需要资源规划局的协助。如本章第二节就曾分析过的建设项目选址意见书核发，以及建设工程规划许可证核发，这些事项尽管被集中于行政审批局，但在审批过程中都包含了资源规划局的规划技术审查环节。因此，所谓的职权调整与集中，可能反而使得审查流程变得更为复杂。

---

① 《土地管理法》第52条："建设项目可行性研究论证时，自然资源主管部门可以根据土地利用总体规划、土地利用年度计划和建设用地标准，对建设用地有关事项进行审查，并提出意见。"《城乡规划法》第36条："按照国家规定需要有关部门批准或者核准的建设项目，以划拨方式提供国有土地使用权的，建设单位在报送有关部门批准或者核准前，应当向城乡规划主管部门申请核发选址意见书。"

还需要注意的是，在实现了部门合并、职权整合之后，许可权的行使过程中可能还有事项归并以及程序紧缩的需求，也就是综合型许可事项既可能发生在跨部门之间，也可能存在于单一部门内部。即便是同一职能部门内部，仍然有机构之间的协调问题，这种协调的困难会随着职权的整合而降低，但并不能完全消除。例如，地方的国土资源与城乡规划部门合并后，主体功能区规划、土地利用规划、城乡规划等空间规划的编制和执行职能已归并至同一部门，作为各类许可依据的规划条件可以在一个部门内部实现协调。但是，空间规划多个面向上的融合仍是渐进的，“多规合一”“多审合一”更多的是自下而上不断协调的成果，而不是自上而下“规划”的产物。相类似的，各个维度的许可权集中路径大多也是在前一层次的基础上实现的，职权整合作为许可权的实质化集中，更多是空间集中、程序紧缩、事项归并已经成熟后的进一步深化；反过来，单纯通过创设行政审批局这一主体来形成职权整合的外观，而没有其他集中机制作为基础，其实并不能达到许可权实质化集中的目的。

第七章 结　　论

行政审批制度改革是相对集中行政许可权实施的背景与前身,而相对集中行政许可权是对行政审批制度改革的不断深化。以一种历史脉络的视角来看,审批制度改革前期以部门为主导的审批事项清理,以及各地实施的审批优化机制,构成了相对集中行政许可权的各类改革模式提出的基础。而《行政许可法》关于统一行使行政许可权的规定,则为相对集中行政许可权提供了权威性的规范来源。实践中的相对集中行政许可权改革,大致形成了两种具有代表性的模式:行政服务中心模式和行政审批局模式。行政服务中心及其配套程序优化机制,在审批制度改革的初期就已出现,但在审批事项清理、职能部门空间集合、审批流程优化这些形式上和技术手段上的创新达到一定限度后,改革者开始谋求更实质性的集中。一般认为,行政审批局模式是一种更为彻底的许可权集中模式,并且是在行政服务中心模式的基础上发展而来的,但事实上,两者在实践中是并存的状态。尽管行政审批局模式提出了许可权转移和实质上集中的要求,但实践中仍存在不少困境。而且更重要的是,现有改革模式存在规范性与系统性的缺失。两种模式中都存在不少突破规范边界的措施;而两者择其一的单一模式,也无法与相对集中行政许可权作为一种系统性改革的目标相匹配。

要破除现有模式的困境,需要从三个方面入手:一是论证许可权集中的法治基础和正当性来源,这是要解决现有模式的规范性缺失问题;二是为许可权的行使提供多层次、多维度的集中路径,这是为系统性的改革目标提供一个分析框架;三是针对不同的许可领域和任务类型制定不同的集中模式,以建构一个行政任务导向的相对集中行政许可权的运行模式。行政权力某种程度上的集中化行使,其正当性来自政府整体层面的有效性和负责性需求。而关于如何实现许可权的集中,除有静态的行政组织视角外,还应关注动态的行政过程视角。在许可权相对集中的模式之下,在行为论层面需要注意识别关联许可行为,并以此对职权内容的相关性进行认定;而在程序论视角下的重要问题是,刻画多机关参与决策的程序结构,并明确机关之间的影响方式。以上内容为许可权的集中提供了法理基础,并为权力集中模式下的职权法定原则与程序正当原则赋予了新的内涵。

许可权的相对集中而非绝对集中意味着,许可权的集中化运行应以多层次、系统化的方式实现。基于相对集中行政许可权的法理结构,集中的路径可以包括空间集中、程序紧缩、事项归并、职权整合等多个层次。这是一种层层递进的许可权的多维度集中路径,空间集中与程序紧缩主要是形式上的集中机制,事项归并与职权整合已经触及了许可权的实质内涵,这几个层次整体上表现为许可权集中程度的实质性扩充。而在相对集中行政许可权的运行模式上,需要区分集中范围、集中程度,并根据行政任务的差异,分别采取不同的集中手段。在相对集中行政许可权的改革过程中,需要特别强调的是,许可权的集中只是手段而不是目的,提高许可权的集中化程度也不是最终目标;真正重要的是,如何以某种程度的集中,实现许可权运行的规范与高效。

如果承认政府的治理任务具有多样性,那么在分析许可权的集中化运行模式时,核心问题就不再是确定一种相对集中行政许可权的模板,而是需要对许可权所运行的领域进行类型化。本研究将许可任务分为标准型许可事项、专业型许可事项、综合型许可事项三种类型,这三种类型的许可任务对于权力运行集中程度的需求存在差异。在许可任务类型化的基础上,需要明确与不同许可任务相匹配的组织类型,也就是在同层级部门之间以及各层级政府间进行许可权的分配,以实现许可权在横向与纵向上的集中。最后则根据不同许可任务对于集中程度的需要及其组织类型,选择某一维度的许可权集中路径或是对于多项集中手段进行组合。由此形成的就是一种行政任务导向的相对集中行政许可权的运行模式。

相对集中行政许可权的改革,除本身是一种系统性改革外,也是更大范围的行政体制改革的一部分。许可权的运行机制,与政府治理模式的整体转型密切相关。地方改革者所提出的以"许可—监管—执法"的治理结构,已经在部分领域得到尝试。尽管从理论外延上来讲,批后监管不属于相对集中行政许可权这一概念范畴之内的问题,但要实现许可标准化、监管专业化、执法综合化,前提是划分许可与监管的边界,核心在于提炼和区分行政职权中的可标准化的部分和需要专业化的部分,而这也是本研究区分许可事项类型的重要基础。此外,政府职能和治理模式的转变是一个宏大的议题,除相对集中行政许可权外,还包括权力清单制度、商事登记制度改革、规划体制改革等,这些相关的改革措施在许可权集中化运行过程中都发挥了重要影响。最后,仍需注意的是,从本研究所观察到的情况来看,尽管上述这些改革措施从根本上都指向减少政府介入、释放个人和市场自由的目标,但在具体方式、所处阶段、最终成果等方面表现各异,彼此之间也可能存在交叉重叠乃至互相竞争的地方,因此对于政府治理模式的转型而言,还是需要更大范围和程度上的统筹。

本研究的总体框架如图7-1所示。

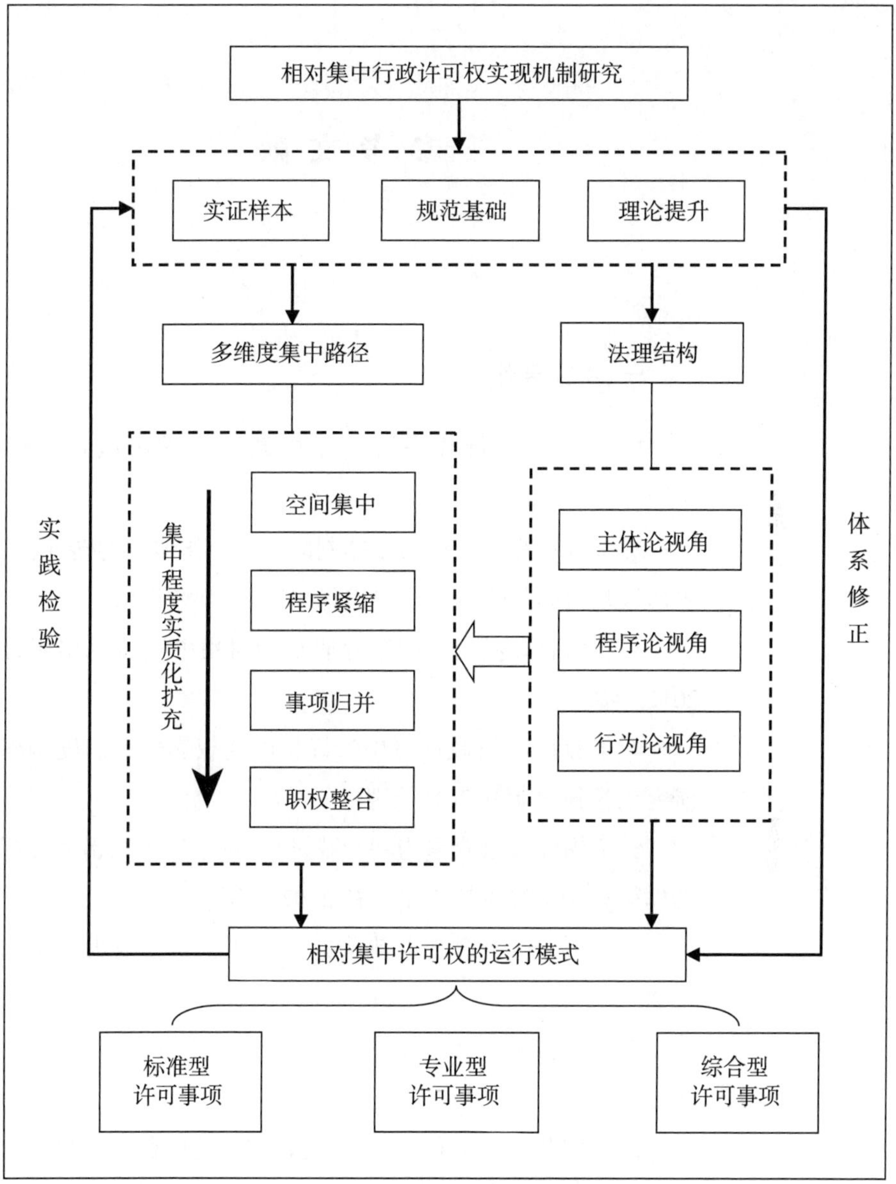

图7－1　相对集中行政许可权实现机制

参 考 文 献

一、中文著作

1. 马怀德:《行政许可》,中国政法大学出版社 1994 年版。

2. 荣敬本等:《从压力型体制向民主合作体制的转变:县乡两级政治体制改革》,中央编译出版社 1998 年版。

3. 石佑启等:《论部门行政职权相对集中》,人民出版社 2012 年版。

4. 王克稳:《行政许可中特许权的物权属性与制度构建研究》,法律出版社 2015 年版。

5. 王锡锌:《公众参与和行政过程:一个理念和制度分析的框架》,中国民主法制出版社 2007 年版。

6. 余凌云:《行政自由裁量论》,中国人民公安大学出版社 2013 年版。

7. 张卿:《行政许可:法和经济学》,北京大学出版社 2013 年版。

8. 叶俊荣:《面对行政程序法:转型台湾的程序建制》,台北,元照出版有限公司 2002 年版。

9. 许宗力:《宪法与法治国行政》,台北,元照出版有限公司 2007 年版。

10. 翁岳生编:《行政法》,中国法制出版社 2002 年版。

11. 周雪光:《组织社会学十讲》,社会科学文献出版社 2003 年版。

12. 朱新力、唐明良等:《行政法基础理论改革的基本图谱:“合法性”与“最佳性”二维结构的展开路径》,法律出版社 2013 年版。

13. [德]汉斯·J. 沃尔夫、奥托·巴霍夫、罗尔夫·施托贝尔:《行政法》(第二卷),高家伟译,商务印书馆 2002 年版。

14. [德]马克斯·韦伯:《社会科学方法论》,李秋零、田薇译,中国人民大学出版社 1999 年版。

15. [德]毛雷尔:《行政法学总论》,高家伟译,法律出版社 2000 年版。

16. [法]亨利·列斐伏尔:《空间与政治》(第二版),李春译,上海人民出版社 2015 年版。

17. [美]B. 盖伊·彼得斯:《政府未来的治理模式》,吴爱明译,中国人民大学出版社 2001 年版。

18. [美]R. 科斯、A. 阿尔钦、D. 诺斯等:《财产权利与制度变迁:产权学派与新制度学派译文集》,上海三联书店、上海人民出版社 1991 年版。

19. [美]戴维·奥斯本、特德·盖布勒:《改革政府——企业精神如何改革着公营部门》,上海译文出版社 1996 年版。

20. [美]赫伯特·西蒙:《管理行为》,杨砾、韩春立、徐立译,北京经济学院出版社 1988 年版。

21. [美]杰瑞·L. 马肖:《行政国的正当程序》,沈岿译,高等教育出版社 2005 年版。

22. [美]杰里·L. 马肖:《创设行政宪制:被遗忘的美国行政法百年史(1787—1887)》,宋华琳、张力译,中国政法大学出版社 2016 年版。

23. [美]凯斯·R. 桑斯坦:《权利革命之后:重塑规制国》,张瑞华译,中国人民大学出版社 2008 年版。

24. [美]理查德·B. 斯图尔特:《美国行政法的重构》,沈岿译,商务印书馆 2002 年版。

25. [美]理查德·J. 皮尔斯:《行政法》(第五版)(第一卷),苏苗罕译,中国人民大学出版社 2016 年版。

26. [美]诺内特、塞尔兹尼克:《转变中的法律与社会:迈向回应型法》,张志铭译,中国政法大学出版社 1994 年版。

27. [美]史蒂芬·布雷耶:《规制及其改革》,李洪雷、宋华琳、苏苗罕、钟瑞华译,北京大学出版社 2008 年版。

28. [美]约翰·克莱顿·托马斯:《公共决策中的公民参与》,孙柏瑛等译,中国人民大学出版社 2004 年版。

29. [美]富勒:《法律的道德性》,郑戈译,商务印书馆 2006 年版。

30. [日]大桥洋一:《行政法学的结构性变革》,吕艳滨译,中国人民大学出版社 2008 年版。

31. [日]盐野宏著:《行政法总论》(第四版),杨建顺译,北京大学出版社 2008 年版。

32. [新西兰]迈克尔·塔格特编:《行政法的范围》,金自宁译,中国人民大学出版社 2006 年版。

33. [英]安东尼·奥格斯:《规制:法律形式与经济学理论》,骆梅英译,中国人民大学出版社 2008 年版。

34. [英]简·莱恩:《新公共管理》,赵成根等译,中国青年出版社 2004 年版。

35. [英]卡罗尔·哈洛、理查德·罗林斯:《法律与行政》(上卷),杨伟东、李凌波、石红心、晏坤译,商务印书馆 2004 年版。

36. [英]罗伯特·鲍德温、马丁·凯夫、马丁·洛奇编:《牛津规制手册》,宋华琳、李鸻、安永康、卢超译,上海三联出版社 2017 年版。

37. [英]马丁·洛克林:《公法与政治理论》,郑戈译,商务印书馆 2013 年版。

38. [英]威廉姆·奥斯威特:《新社会科学哲学:实在论、解释学和批判理论》,殷杰、张冀峰、蒋鹏慧译,科学出版社 2018 年版。

二、中文论文

1. [爱尔兰]Colin Scott:《作为规制与治理工具的行政许可》,石肖雪译,载《法学研究》2014 年第 2 期。

2. 毕洪海:《美国执行一体论的源流、内容与未来》,载《行政法学研究》2017 年第 4 期。

3. 陈端洪:《行政许可与个人自由》,载《法学研究》2004 年第 5 期。

4. 陈越峰:《公报案例对下级法院同类案件判决的客观影响——以规划行政许可侵犯相邻权争议案件为考察对象》,载《中国法学》2011 年第 5 期。

5. 成协中:《行政行为违法性继承的中国图景》,载《中国法学》2016 年第 3 期。

6. 丁辉、朱亚鹏:《模式竞争还是竞争模式?——地方行政审批改革创新的比较研究》,载《公共行政评论》2017 年第 4 期。

7. 方洁:《相对集中行政许可权理论与实践的困境与破解——以行政服务中心"一站式服务"为视角》,载《政治与法律》2008 年第 9 期。

8. 刘东亮:《无害性审查:行政许可性质新说》,载《行政法学研究》2005 年第 2 期。

9. 刘恒、彭箫剑:《相对集中行政许可权的制度变迁》,载《理论与改革》2019 年第 2 期。

10. 刘志光:《两横两纵流程再造:行政审批改革的新空间》,载《中国行政管理》2009 年第 10 期。

11. 骆梅英:《行政审批制度改革:从碎片政府到整体政府》,载《中国行政管理》2013 年第 5 期。

12. 骆梅英:《行政许可标准的冲突及解决》,载《法学研究》2014 年第 2 期。

13. 朴贞子:《政策制定与公民参与》,载《中国行政管理》2005 年第 2 期。

14. 沈岿:《解困行政审批改革的新路径》,载《法学研究》2014 年第 2 期。

15. 沈岿:《论行政法上的效能原则》,载《清华法学》2019 年第 4 期。

16. 石肖雪:《作为沟通过程的行政听证》,载《法学家》2018 年第 5 期。

17. 孙彩红:《地方行政审批制度改革的困境与推进路径》,载《政治学研究》2017 年第 6 期。

18. 唐明良:《标准化与行政审批制度改革:意义、问题与对策》,载《中国行政管理》2013 年第 5 期。

19. 唐明良、骆梅英:《地方行政审批程序改革的实证考察与行政法理——以建设项目领域为例》,载《法律科学(西北政法大学学报)》2016 年第 5 期。

20. 王贵松:《调整规划冲突的行政法理》,载《清华法学》2012 年第 5 期。

21. 王贵松:《论行政行为的违法性继承》,载《中国法学》2015 年第 3 期。

22. 王敬波:《相对集中行政许可权:行政权力横向配置的试验场》,载《政法论坛(中国政法大学学报)》2013 年第 1 期。

23. 王克稳:《我国行政审批与行政许可关系的重新梳理与规范》,载《中国法学》2007 年第 4 期。

24. 王克稳:《我国行政审批制度的改革及其法律规制》,载《法学研究》2014 年第 2 期。

25. 王克稳:《论行政审批的分类改革与替代性制度建设》,载《中国法学》2015 年第 2 期。

26. 王克稳:《行政审批(许可)权力清单建构中的法律问题》,载《中国法学》2017 年第 1 期。

27. 王克稳:《论相对集中行政许可权改革的基本问题》,载《法学评论》2017 年第 6 期。

28. 徐继敏:《相对集中行政许可权的价值与路径分析》,载《清华法学》2011 年第 2 期。

29. 席涛:《立法评估:评估什么和如何评估(上)——以中国立法评估为例》,载《政法论坛》2012 年第 5 期。

30. 杨瑞龙、杨其静:《阶梯式的渐进制度变迁模型——再论地方政府在我国制度变迁中的作用》,载《经济研究》2000 年第 3 期。

31. 袁雪石:《相对集中行政许可权改革的挑战与发展方向》,载《中国行政管理》2020 年第 1 期。

32. 周汉华:《行政许可法:观念创新与实践挑战》,载《法学研究》2005 年第2期。

33. 周志忍:《政府绩效评估中的公民参与:我国的实践历程与前景》,载《中国行政管理》2008年第1期。

34. 朱芒:《"行政行为违法性继承"的表现及其范围——从个案判决与成文法规范关系角度的探讨》,载《中国法学》2010年第3期。

35. 朱新力:《困境与出路:行政审批制度改革的法治进阶》,载《中共浙江省委党校学报》2016年第3期。

36. 朱新力、黄玉寅:《"行政服务中心"模式的实践、正当性与时代出路》,载《浙江学刊》2013年第5期。

37. 朱新力、余军:《行政法视域下权力清单制度的重构》,载《中国社会科学》2018年第4期。

38. 朱旭峰、张友浪:《创新与扩散:新型行政审批制度在中国城市的兴起》,载《管理世界》2015年第10期。

三、外文著作

1. Christopher F. Edley, Jr., *Administrative Law: Rethinking Judicial Control of Bureaucracy*, Yale University Press, 1990.

2. Herbert A. Simon, *Administrative Behavior: A Study of Decision-Making Process in Administrative Organizations* (4th ed.), The Free Press, 1997.

3. Jerry L. Mashaw, *Bureaucratic Justice: Managing Social Security Disability Claims*, Yale University Press, 1983.

4. Peter L. Strauss, Todd D. Rakoff, Cynhia R. Farina, Gillian E. Metzger, *Gellhorn and Byse's Administrative Law: Case and Comments* (11th ed.), Foundation Press, 2011.

5. Lisa Schultz Bressman, Edward L. Rubin, Kevin M. Stack, *The Regulatory State* (2nd ed.), Aspen Publishers, 2013.

6. Lon L. Fuller. *The Morality of Law*, Yale University Press, 1969.

7. Peter Drahos (editor), *Regulatory Theory: Foundations and Applications*,

ANU Press,2017.

四、外文论文

1. Adrian Vermeule, Bureaucracy and Distrust: *Landis, Jaffe, and Kagan on the Administrative State*, 130 Harv. L. Rev. 2463, ii (2017).

2. Cass R. Sunstein; Adrian Vemuele, *The Morality of Administrative Law*, 131 Harv. L. Rev. 1924, 1978 (2018)

3. Elena Kagan, *Presidential Administration*, 114 Harv. L. Rev. 2245, 2385 (2001).

4. J. A. G. Griffith, *The Political Constitution*, 42 Mod. L. Rev. 1, 21 (1979).

5. J. D. B. Mitchell, *The Constitutional Implications of Judicial Control of the Administration in the United Kingdom*, 25 Cambridge L. J. 46 (1967).

6. Kathryn A. Watts, *Proposing a Place for Politics in Arbitrary and Capricious Review*, 119 Yale L. J. 2, 85 (2009).

7. Kathryn A. Watts, *Controlling Presidential Control*, 114 Mich. L. Rev. 683, 746 (2016).

8. Lisa Schultz Bressman, *Procedures as Politics in Administrative Law*, 107 Colum. L. Rev. 1749, 1821 (2007).

9. Lisa Schultz Bressman, *Beyond Accountability: Arbitrariness and Legitimacy in the Administrative State*, 78 Nyu. L. Rev. 461, 556 (2003).

10. Lon L. Fuller, *The Forms and Limits of Adjudication*, 92 Harv. L. Rev. 353, 409 (1978 - 1979).

11. Louis Kaplow, *Rules Versus Standards: An Economic Analysis*, 42 Duke L. J. 557, 629 (1992).

12. Martin Shapiro, *APA: Past, Present, Future*, 72 Va. L. Rev. 447, 492 (1986).

13. Patrick McAuslan, *Planning Law's Contribution to the Problem of an*

Urban Society,37 Mod. L. Rev. 134,153 (1974).

14. Patrick McAuslan, *Law and Urban Development: Impediments to Reform*,11(6) Cities,402,408 (1994).

15. Patrick McAuslan, *Administrative Law, Collective Consumption and Judicial Policy*,46 Mod. L. Rev. 1,20 (1983).

16. Peter L. Strauss; Cass R. Sunstein,*The Role of the President and OMB in Informal Rulemaking*,38 Admin. L. Rev. 181,208 (1986).

17. Richard H. Pildes, Cass R. Sunstein,*Reinventing the Regulatory State*, 62 U. Chi. L. Rev. 1,130 (1995).

18. Stephen F. Williams,*The Roots of Deference*,100 Yale L. J. 1103,1111 (1991).